正谊明道

——紫禁城的精神灵魂

王子林　著

故宫出版社

图书在版编目（CIP）数据

正谊明道：紫禁城的精神灵魂 / 王子林著. — 北京：故宫出版社，2014.1

ISBN 978-7-5134-0539-3

Ⅰ.①正… Ⅱ.①王… Ⅲ.①中国历史—明清时代—通俗读物 Ⅳ.①K248.09

国版本图书馆CIP数据核字（2013）第295512号

正谊明道——紫禁城的精神灵魂

著　　者：王子林

责任编辑：刘　辉　刘　玮

特约编辑：闫利军

装帧设计：王　梓

责任印制：常晓辉

出版发行：故宫出版社

地址：北京市东城区景山前街4号　邮编：100009

电话：010-85007808　010-85007816　传真：010-65129479

网址：www.culturefc.cn

邮箱：ggcb@culturefc.cn

制　　版：保定市万方数据处理有限公司

印　　刷：保定市中画美凯印刷有限公司

开　　本：787×1092毫米　1/16

印　　张：18

字　　数：253千字

版　　次：2014年1月第1版

2014年1月第1次印刷

印　　数：1～3000册

书　　号：ISBN 978-7-5134-0539-3

定　　价：36.00元

前　言

我对西方人是如何进行修身立命的，不甚了解，只知道他们生下来就有原罪，需要向上帝忏悔，每个人心里都有上帝管着他们，于是他们从小就修炼出了一种诚意。

中国古人都是上帝的子民，不需要向上帝忏悔，但都需要从小正心修身，与上帝之心保持一致。上帝之心是什么呢？首先儒家思想是古人的根本思想，它认为宇宙原为空虚，什么都没有，突然之间产生了一股元气，元气再分裂为阴阳二气，二气相交，于是产生四季，出现生命。所以天地有大德曰生。生是上帝之心，朱熹说生就是仁，就是善。既然天的本性是善，作为上帝的子民——人，其本性也是善。所以我们的古人从小读书就从《三字经》开始，第一句话是“人之初，性本善”。人的本性善是从哪里来的？是天给的，故最初为善，来到尘世后，被各种贪欲所蒙蔽而丧失了本性，正心修身的目的就是要恢复本性，像太阳冲破乌云一样光明起来。古人不仅要敬畏天，而且也十分自豪，因为天理就在他们每一个人的心中。他们从小开始读“四书五经”等，先进行正心修身，再结婚生子齐家，然后科举考取功名，步入仕途。在为官之前，他们已经完成了正心修身的步骤，诚意、善已成为他们生命的一部分。圣人最大的特点就是具有一颗善心，圣人是他们心中最理想的人格标准。有了善心，也就是有了天心，确立了天理就在人的心中，于是天地之浩然正气贯乎其身心，过去文人士大夫们气宇轩昂，视死如归之精神就本于此。他们做了官就成为天下的表率，一言一行一方面受到天理的约束，另一方面也受到自身良知的省查。退休后，无论是官至宰相，还是七品芝麻官，都要回归故里，于是他们兴办学堂，教育后辈，开一方之风气。

古老文明就是这样，由她培养出来的人也是这样，有善心有诚意，这就是古代文化的本性和灵魂。紫禁城也具有如此的光芒。

紫禁城的建造正是按照儒家思想来设计的。

紫禁城建成于明成祖永乐十八年（1422 年），按《周礼》把宫城分为前朝后寝，后寝是皇帝燕息之处，前朝是国家举办大典、皇帝处理政务的地方，也就是说前朝是面对天下的地方。前朝最重要的建筑是三大殿和文武二楼。奉天殿（清称太和殿）为大朝正殿，文楼（后改称体仁阁）位于奉天殿东，武楼（后改称弘义阁）位于奉天殿西，永乐时大学士杨荣歌咏道："三殿攸建，文楼武楼之特耸。"如果我们把眼光放得长远一些，会发现文楼后还建有文华殿和崇文门，武楼后还有武英殿和宣武门。而且在明代规定，上朝时，文官站在奉天门（清称太和门）的东侧，武官站在奉天门的西侧。承天门（清称天安门）前的东侧是文官的办公衙署，西侧是武官的办公衙署，大明门前棋盘街东侧有牌坊曰"文德"，西侧曰"武功"。中轴把紫禁城和北京城分成东西文武两半。在紫禁城里，凡是属文、仁、春、阳的建筑都位于东方，凡是属武、义、秋、阴的建筑都位于西方。建筑是人事的反映，因此文为阳为仁，武为阴为义，建构了紫禁城的前朝大厦。于是建筑给我们揭示了一个道理：皇帝靠什么治理天下，靠的就是阴阳之道即文武之道，也就是仁义之道——仁政。要求坐在奉天殿（太和殿）宝座里的最高统治者要"奉天"，即"惟天惠民，惟辟奉天"（《书·泰誓中》），替天行道，推行仁政，施善与民。这不就是上天之心的体现吗？所以永乐帝刚即位时发表谕旨说："上天之德，好生为大。人君法天，爱人为本。四海之广，非一人所能独治，必任贤择能，相与共治。"

于是我们明白了仁义在古代是多么的重要，如果一个人有"不仁不义不忠不孝"的名声，那这个人根本无法立足于世，必为千万人所唾弃。

而紫禁城交泰殿名（原名中圆殿）的出现，又让我们再一次体认到天理的存在。交泰殿位于乾清宫、坤宁宫之间，乾清宫象征天、阳、男，是皇帝的正寝；坤宁宫象征地、阴、女，是皇后的正寝。交泰殿出自《泰卦》，意谓天地乾坤即阴阳相交为大吉。何为吉？因为交泰带来了生命，从此宇宙不再孤寂。殿中有乾隆仿康熙御题的匾额“无为”。什么是“无为”？指天地交泰万物出现即善是一种无为的行为，不以人的意志为转移，这就是天理。

于是我想起了紫禁城曾经的主人乾隆皇帝，他说只有人具有了天地之心即仁心善心，天下归仁之日就不远了。因为仁心可以包容一切。周公作《泰卦》，首言“包荒”，即天地之大，包容广远，再遥远也不会有遗漏，足见天地之仁心。所以“圣贤之心无弃物，尧舜之道欲并生”，非包荒则不足以体天地之心，以尽君师之道。所以孔子在论说尧、舜、禹、汤、文、武授受之命时说“宽则得众”。自古帝王受命保邦，遐迩向风，薰德沐义，非仁则无以得其心，非宽则无以安其身。只有宽才能兼容并包，百姓都有所依托。因为宽是仁之用，仁是天之德，所以天地就位，万物生长。泰山不让土壤，故能成其高；大海不择细流，故能就其深；王者不却众庶，故能明其德。如果人心中具有诚意，则能宽以待物，包荒纳垢，不揭人短处，这样才能成就自己的大德，而人们才会感受到你的恩惠，才会心悦诚服。如果不以宽待物，却以褊急为念，刻薄为务，虽勤于工作，又有什么好处呢？其结果则会失去天地之心，老百姓就不会听你的。

十年前，当我看到漱芳斋乾隆所题的匾“正谊明道”时，我不明就里。今天当我看到这块匾时，心里豁然开朗。董仲舒说：“夫仁人者，正其谊（义）不谋其利，明其道不计其功。”（《汉书·董仲舒传》）仁者，一定是仗义的，不会去妄图眼前的利益；也一定不会不顾道德，而去盘算非分的功业。仁者一定是顾大义谋大利，顾大德而谋大功。

这就是紫禁城的历史之本性，文化之本性，也就是我们每一个人之本性，要求我们不要以功利作为价值的唯一判断标准。

我们如何将我们每一个人之本性扩展开来呢？当父之心走向子之心时，这就是爱，但父不需要从这个上面去求一个爱字；当子之心走向父之心时，这就是孝，但子不需要从这个上面去求一个孝字。这都是发乎本心的，本心即天心。当把自己的心走向别人的心时，会感到他人的心还是在自己的心里，自己的情感和智慧就会得到扩大，就会毫不犹豫地向孺子伸出援救之手。当我们之心走向古人之心时，我们的心就变成永恒了。这就是历史之本性，文化之本性。

其实凡人跟出家人一样，出家人靠念经修行，以施予为目的，普度众生而成佛。凡夫俗子则是经过童年、青年而老年，成家生子、安身立命、养老送终，在一生中，唯善能立于心、行于世而能成就自己，二者都有一颗相同的心即善心。

保持我们的本心，与人为善，有了善心、诚意，便会有通身力，心中才会有天地之浩然正气。

目　录

第一章　国之大事

——肇建紫禁城

一　永乐四年下令：明年五月北京宫殿开工

朱棣是朱元璋的第四子（图1），洪武三年四月初七日被册封为燕王，驻地为元故都大都城。洪武元年八月大将军徐达率军攻入大都城，元统治被推翻。十月，朱元璋下诏改大都城为北平府，置燕山八卫。在当时，明王朝仍然面临着巨大的危险，元惠帝残余势力依然存在，在开平建立北元政权，蒙古骑兵仍然倏忽往来，踪迹莫测。朱元璋把北平这一最重要的封地交给朱棣，也许是他看准了朱棣的能力，也许是上天冥冥之中的安排，这块地给谁就等于是把国家最重要的军事力量给谁。朱棣在奉天殿里接过左丞相李善长交过来的金册、金宝，年仅十一岁的他，哪里知道这份金册的分量！朱元璋把明王朝的命运押在了他的手上，也许朱元璋本人也不知道。金册由两片金页组成，上面镌刻着如下文字：

> 昔君天下者，必建屏翰。然居位受福，国于一方，并简在帝心。第四子棣，今命尔为燕王，永镇北平，岂易事哉？朕起农民，与群雄并驱，艰苦百端，志在奉天地、享神祇。张皇师旅，伐罪吊民，时刻弗怠，以成大业。今尔有国，当恪敬守礼，祀其宗社山

川，谨兵卫，恤下民，必尽其道。体朕训言，尚其慎之[1]。

图 1 永乐大帝像

上面写着驻守北京不是一件容易的事，要时刻牢记父辈创业的艰难，要敬天法祖，加强军士训练，巩固边防，体恤百姓，以尽其道，时刻体会朕的训言。而“尚其慎之”，意思是说要尊崇上面所说的这些话，按此行事，要小心谨慎，言外之意是不可有非份的念头。

果然，后来的历史证明了朱棣的能力，他在北平反了，率军南下推翻了建文帝的统治，改元永乐。但有一点，朱棣永远也无法洗净他的出身身份，因为他是藩王，夺了侄儿的皇位，这在儒家道统看来是大逆不道，是“篡弑”，所以他在南京没有得到建文朝文臣的支持，并展

1 龙文彬：《明会要》卷一三，中华书局，1965 年。

开了对他们的血腥杀戮，很多文臣被处以极刑，以证明自己夺位名正言顺。

明王朝刚刚进入新纪元不久，礼部尚书李至刚的一句话，正中永乐帝心怀，并给永乐帝带来了希望，可以远离让他日夜不安的南京，《大明太宗文皇帝实录》[1]记：

> 礼部尚书李至刚等言：自昔帝王或起布衣平定天下，或系外藩入承大统，而于肇迹之地皆有升崇。切见北平布政司实皇上承运兴之地，宜遵太祖高皇帝中都之制立为京都。制曰可，其以北平为北京。

永乐元年正月十三日，新年刚过，礼部尚书李至刚等振振有词地向永乐帝说：过去帝王不论是起于布衣平定天下，还是系外藩入继大统，都要升崇肇迹之地。窃以为北京实为皇上龙兴之地，宜遵太祖中都之制立为京都。永乐帝听后，最后是按制度，永乐帝才回答说可以的，随即改北平为北京。为迁都北京走出了第一步。

但这有一问题，朱元璋虽于凤阳修建宫殿，原意准备把首都定于凤阳，但反对者众，特别是刘基反对，称："凤阳虽帝乡，然非天子所都之地，虽已置中都，不宜居。"[2]最后朱元璋还是放弃了定都中都的想法。是不是改北平为北京后，就会把首都迁往北京，此时还不是定论。

毕竟迁都北京不是一件容易的事，不仅有人反对，而且重要的是要面临祖制南京为首都的重大难题，也就是说迁都北京预示着否定祖制。如果我们回到永乐十八年正式迁都北京时看一看就知道了，《明史》[3]记：

1　《大明太宗文皇帝实录》卷一六，永乐元年正月辛卯，北平图书馆红格本影印。

2　《大明太宗文皇帝实录》卷九九，洪武八年四月辛丑，北平图书馆红格本影印。

3　《明史·夏原吉列传》卷一四九，中华书局，1974年。

> 十八年，北京宫室成，使原吉南召太子、太孙。既还，原吉言：“连岁营建，今告成。宜抚流亡，蠲逋负以宽民力。”明年，三殿灾，原吉复申前请。亟命所司行之。初以殿灾诏求直言，群臣多言都北京非便。帝怒，杀主事萧仪，曰：“方迁都时，与大臣密议，久而后定，非轻举也。”

大臣借三大殿火灾，向永乐帝发难，说迁都北京非便，这使永乐非常恼怒，为此杀了主事萧仪。并说出迁都北京之前是经过多次与大臣密议，很久才定下的决定，并非草率轻举之为。

无论怎样，有了李至刚等人的这番话，营建北京的工程将为期不远。这一天终于到来了，永乐四年闰七月初五日，以淇国公丘福为首与文武群臣一道上朝向永乐帝建言请求营建北京宫殿，《大明太宗文皇帝实录》[1]记：

> 文武群臣、淇国公丘福等请建北京宫殿，以备巡幸，遂遣工部尚书宋礼诣四川，吏部右侍郎师逵诣湖广，户部左侍郎古朴诣江西，右副都御史刘观诣浙江，右佥都御史仲成诣山西，督军民采木，人月给米五斗，钞三锭。命泰宁侯陈珪，北京刑部侍郎张思恭督军民匠砖瓦造，人月给米五斗。命工部征天下诸色匠作。在京诸卫及河南、山东、陕西、山西都司，中都留守司，直隶各卫选军士。河南、山东、陕西、山西等布政司，直隶、凤阳、淮安、扬州、庐州、安庆、徐州、和州选民丁，期明年五月俱赴北京听役，率半年更代，人月给米五斗。其征发军民之处，一应差役及闸办银课等项，悉令停止。

营建北京的目的是预备皇上巡狩之用，并没有涉及迁都北京一事。

1 《大明太宗文皇帝实录》卷五七，永乐四年闰七月壬戌，北平图书馆红格本影印。

但从永乐帝组建的强大的采办阵容来看，仅就这一目的，不会如此声势浩大，永乐帝完全是按照迁都之规模来进行的。这次举动，是不是可以看着是表面上为巡狩而营建宫殿而实际上是为以后迁都而营建宫殿的一次公开举措呢？“以备巡幸”不过是策略性的措词，是不想招来反对之声。永乐帝与群臣是否都心照不宣？至少在永乐帝和他所任命负责修建宫殿的大臣们应该是谋算好了的。采办团队几乎都是各部衙门的主要负责人，具体分工是：工部尚书宋礼到四川，吏部右侍郎师逵到湖广，户部左侍郎古朴到江西，右副都御史刘观到浙江，右佥都御史仲成到山西，负责当地军民采伐木材，每人每月给米五斗，钞三锭。泰宁侯陈珪与北京刑部侍郎张思恭负责军民匠制造砖瓦，每人每月给米五斗。这些人都是位高权重之人，特别是泰宁侯陈珪，泰州人，行伍出身，以善射被任命为骁骑右卫骑兵总旗。洪武元年跟随大将军徐达等平定中原，授龙虎卫百户职，调任燕山护卫。跟随朱棣北征北虏充当前锋，战功卓著，升为武德将军，本卫千户。其后随朱棣靖难，累立战功。平定内难后侍世子留守北平，纪律严明，守备严密，夙夜不懈，升为中军都督佥事，封泰宁侯。十五年公开迁都一事时，陈珪被任命为营建北京的总指挥。除了派官员负责采办木材办造砖瓦外，永乐帝还下令工部负责征调全国各种匠作。在京诸卫所及河南、山东、陕西、山西都司，中都留守司，直隶各卫所负责选派军士，河南、山东、陕西、山西等布政司与直隶、凤阳、淮安、扬州、庐州、安庆、徐州、和州等州县负责征调民丁，于明年五月赶赴北京服役，以半年为期轮换，每人每月给米五斗。修建宫殿的军民性质为国家服差役，所以不给钱，只给米，但作为对等补偿，凡征发至京修建宫殿的军民所在当地，所有差役与门办银课等项，从即日起停止征收，所以从这点看，军民不会有太多怨言。

营建北京成为全国性的重大工程，从全国各地采办建筑材料，从全国各地征调军民，一项惊天动地的宏大工程开始了。

二 永乐十四年复议营建北京

各路人马分头行动，颇见成效，兵丁民夫已按期赴北京效命。随着各地建筑材料运往北京，运输量日益增多，永乐五年十二月二十八日，下令增设卫辉府北关闸、汤阴县塌河、大名县父家口、浚县李家道口、东昌府南馆陶五处递运所[1]。

永乐六年六月初三日，永乐帝于南京发布谕旨，主要对象是安抚北京军民，称数年之前，北京军民效力战事，补充兵员，提供亿万军需，备历艰难。平定内难以来，军民劳累，尚未得到恢复，营建北京的工程又开始了。但营建北京是国家大计，不得已而为之。但是我们有个度，因此不必驱使那些劳苦之民，要严禁官员渔肉剥削，以致使他们穷困潦倒，赴诉无门，对这样的官员必须绳之以法，决不姑息。从今天起北京各类不是急需的事务和买办悉行停止。凡流移未归之民，一律免除他们三年赋税。对于奉天靖难始终未得到报效的家庭，要厚加存抚。尔等要属遵朕言，违者不宥。又敕谕泰宁侯陈珪和北京刑部：方今盛夏，赴工军民要厚加抚恤，饮食作息一定要按时，不要苛严无度。凡有疾病，悉与医药就治。尔等要体会朕恤民之意，敛怨为功[2]。八月十一日，永乐帝下令赐给赴北京工匠每人钞十锭，并胖袄、袴鞋，作头则加赐毡衫一领[3]。

永乐七年春正月初一日，永乐帝御南京奉天殿接受朝贺，大宴文武群臣及四方使臣。初三日，北京行部及全国布政司、府、州、县各级官员一千五百四十二人来朝，永乐帝借新年之际发布上谕，其中特别讲到了营建北京，称治国之道以民为本，故设官分职，任贤用能，惟求安民而已。为臣能体会朕爱民之心，推而行之，使天下之民各得其所，

---

1 《大明太宗文皇帝实录》卷七四，永乐五年十二月丁未，北平图书馆红格本影印。
2 《大明太宗文皇帝实录》卷七八，永乐六年六月庚辰，北平图书馆红格本影印。
3 《大明太宗文皇帝实录》卷八二，永乐六年八月丙戌，北平图书馆红格本影印。

安居乐业。尔文武群臣受国家委任，宜操节励行，尽诚竭虑。治民者要一心为民造福，治军者要一心体恤军士。时时留意他们的饥寒，体验他们的辛劳，替他们除害兴利。教化重在务本，要提倡孝、悌、忠、信，尊君亲上，敦行礼义，不要去做罪恶的事，才能永享太平之福。营建北京，是国家大事，不得已才勤劳军民。尔等宜善加抚恤，不要贪婪残酷使军民困苦。文官的俸禄都来自于民，武官的功劳实因为军士英勇。让仁恤之心得到扩展，就是对他们的报答。如果不知报答，甚至侵吞，不仅不为国法所不容，鬼神也将忿怒。天道惟赏罚分明，公正无私。国典具在，尔等要殚心尽力，恪尽职守，以达安民之效，以符朕拳拳之心[1]。

二月永乐帝离开南京，开始了他的第一次巡狩，巡狩的目的一是为了北征蒙古，二是视察北京营建工程，为军民打气。三月初八日车驾至北京，于奉天殿丹陛设坛祭告天地，遣官祭北京山川、城隍诸神，御奉天殿受朝贺。五月初一专门给北京六十岁以上老人发布上谕，称：朕以古先帝王为榜样治理天下，以安民为务，而安民之道以教化为先，所以上下相承，风俗淳厚，天下和平。朕受天命继承大统，即位以来，夙夜拳拳，励精图治。今营建北京，目的是要与百姓同享太平。故只能务善去恶，以永保身家。凡一家有家长，一乡一坊有乡坊之长，作为家长，教训子弟，讲读诗书，明达道理。父慈子孝，兄友弟敬，尊卑长幼，各循其序，如此则一家和顺辑睦，有无穷之福。作为乡坊之长，其职责在于教训乡坊之人，务农的要致力于稼穑，但无须是为了以后上交赋税而劳作；精工的要专于技艺，但不必卖弄淫巧；经商的要勤于生计，但不得游手好闲。贫富相睦，邻里相恤，不要互相攻击争吵，不要沉溺赌博，不要奸宄窃盗，不要藏匿捕逃，如此，则乡坊之内相安相乐，有无穷之福。做善事就会带来吉祥，做恶事就会降临灾祸，天道至公，不爽毫发，不可不戒。诚能遵守朕所说的这番话，身家获吉，不然恣意妄为，则身罹灾祸，危及子孙，不可不戒。如果有曾作恶于前而能

1　《大明太宗文皇帝实录》卷八七，永乐七年正月甲辰，北平图书馆红格本影印。

改过于后者，亦是善人。如果不改悔，终沦为恶类，要省之！慎之！千万不可放任自己啊[1]！

经过五年的营建，从各地采伐的木材不敷使用，永乐十年十二月初一，再次下令命工部尚书宋礼采木四川[2]。至十七年才停止木材采伐，七月十八日，永乐帝敕工部尚书宋礼曰：卿到四川采木多年，殚竭心力，可谓劳苦。今木材已够足用，可回京视事。卿身体有老疾，特免上朝参事，如有奏章，可让侍从代为上奏[3]。宋礼采伐木材功大，永乐帝抚恤老臣，溢于言表。北京宫殿所用木材大部分出自四川，宋礼督办采伐，为营建北京提供了源源不绝的木材支持。

十四年八月十八日所下诏书，无疑对参加营建北京的军民工匠是一大福音，诏曰：天下军民预北京营造者，分番赴工，所在有司人给钞五锭，为道里费[4]。

十四年十一月十五日，下令王公文武大臣对是否营建北京宫殿复议之。原因有四：

一是永乐五年营建北京，明确说是以备巡狩。但当时也正在紧罗密鼓地进行另一项秘密的计划，即派江西术士廖均卿到北京堪舆永乐帝的万年陵寝，经过 7 年的营建，于永乐十四年三月初一日，长陵殿建成。迁都北京已成事实。

二是从永乐十一年二月开始永乐帝进行了第二次巡狩北京，四月至北京，工部奏请宫殿即三殿两宫（奉天殿、华盖殿、谨身殿、乾清宫、坤宁宫）择日兴工，永乐帝认为营建之事关系重大，恐怕民力不堪负担，这一请求没有被通过。有可能是当时急务是征伐北蒙，无暇顾及营建一事，等北征蒙古班师回到南京后，才下令召集群臣针对工部提出的请求复议之。

---

1 《大明太宗文皇帝实录》卷九二，永乐七年五月甲辰，北平图书馆红格本影印。
2 《大明太宗文皇帝实录》卷一三五，永乐十年十二月壬子，北平图书馆红格本影印。
3 《大明太宗文皇帝实录》卷二一四，永乐十七年七月辛酉，北平图书馆红格本影印。
4 《大明太宗文皇帝实录》卷一七九，永乐十四年八月丁丑，北平图书馆红格本影印。

三是三殿和二宫要不要建，建则说明营建北京是为了迁都，不建则表明营建不是为了迁都，因为三殿两宫的规制与南京宫城一样；再者永乐帝的潜邸西宫已改建有奉天殿，专门用于永乐帝巡狩之用，永乐七年第一次巡狩和十一年第二次巡狩所御奉天殿就是西宫的奉天殿，现在所建奉天殿和乾清宫又用于巡狩显然是说不过去的。

四是营建北京从五年五月开始到十四年已经9年了，在这九年中，“良材巨木，已集京师”，建筑材料可以说已全部备好，至少有一半以上的建筑工程已经完工。

在经过近十年的营建，花费了如此巨大的财力和人力，此刻三殿两宫的问题已经摆在每一个人的面前，不容回避，必须要有一个交待。经过前几次颁布的谕旨，永乐帝已经作了宣传，营建北京是为国为民。所以在这个关键的年份，关键的时刻，迁都北京已经没有必要再掩盖了，为了齐心协力，最好的办法就是召集群臣讨论一下，然后公布天下，也就名正言顺了。果然一切都是按照预定的方向发展。先是公、侯、伯、五军都督及在京都指挥等官上疏曰：

> 臣等切惟北京河山巩固，水甘土厚，民俗淳朴，物产丰富，诚天府之国，帝王之都也。皇上营建北京，为子孙帝王万（世）之业。比年车驾巡狩，四海会同，人心协和，嘉瑞骈集，天运维新，实兆于此。矧河道疏通，漕运日广，商贾辐辏，财货充盈，良材巨木已集京师，天下军民乐于趋事。揆之天时，察之人事，诚所当为而不可缓。伏乞上顺天心，下从民望，早敕所司兴工营建，天下幸甚！

紧跟着六部、都察院、大理寺、通政司、太常寺等衙门，尚书、都御史等官复上疏曰：

> 伏惟北京，圣上龙兴之地。北枕居庸，西峙太行，东连山海，

南俯中原，沃壤千里，山川形胜，足以控四夷、制天下，诚为帝王万世之都也。昔太祖高皇帝削平海宇，以其地分封陛下，诚有待于今日。陛下继太祖之位。即位之初，尝升为北京，而宫殿未建，文武群臣合词奏请，已蒙俞允。所司抡材川广，官民乐于趋事，良材大木不劳而集。比年圣驾巡狩，万国来同，民物阜成，祯祥协应，天意人心，昭然可见。然陛下重于劳民，延缓至今。臣等切惟宗社大计，正陛下当为之时。况今漕运已通，储蓄充溢，材用具备，军民一心，营建之辰，天实启之。伏乞早赐圣断，敕所司择曰兴工，以成国家悠久之计，以符臣民之望[1]。

公、侯、伯和文武大臣一起上疏，意见统一，营建北京已成众望所归，于是永乐帝应允。

1 《大明太宗文皇帝实录》卷一八二，永乐十四年十一月壬寅：复诏群臣议营建北京。先是车驾至北京，工部奏请择日兴工，上以营建事重恐民力不堪，乃命文武群臣复议之。于是公、侯、伯、五军都督及在京都指挥等官上疏曰：臣等切惟北京河山巩固，水甘土厚，民俗淳朴，物产丰富，诚天府之国，帝王之都也，皇上营建北京为子孙帝王万（世）之业。比年车驾巡狩，四海会同，人心协和，嘉瑞骈集，天运维新，实兆于此。矧河道疏通，漕运日广，商贾辐辏，财货充盈，良材巨木巳集京师，天下军民乐于趋事，揆之天时，察之人事，诚所当为而不可缓。伏乞上顺天心，下从民望，早敕所司兴工营建，天下幸甚！六部、都察院、大理寺、通政司、太常寺等衙门，尚书、都御史等官复上疏曰：伏惟北京圣上龙兴之地，北枕居庸，西峙太行，东连山海，南俯中原，沃壤千里，山川形胜足以控四夷制天下，诚帝王万世之都也。昔太祖高皇帝削平海宇，以其地分封陛下，诚有待于今日陛下继太祖之位。即位之初，尝升为北京，而宫殿未建，文武群臣合词奏请，已蒙俞允。所司抡材，川广官民乐于趋事，良材大木不劳而集。比年圣驾巡狩，万国来同，民物阜成，祯祥协应，天意人心昭然可见。然陛下重于劳民，延缓至今。臣等切惟宗社大计，正陛下当为之时。况今漕运已通，储蓄充溢，材用具备，军民一心，营建之辰，天实启之。伏乞早赐圣断，敕所司择曰兴工，以成国家悠久之计，以符臣民之望。上从之。

在此之前，永乐十二年，大学士杨荣已经发表了北京可立为都城的文章，他在《题北京八景卷后》[1]称：我曾经考察过天下山川形胜，雄伟壮丽，能够建立国都的地方，没有超过金陵的。如果从地势宽厚，关塞险固，总据中原的角度看，又没有超过燕蓟的。虽然古人说长安有崤、函之阻，洛邑为天地之中，但要想作为帝王都会，开创亿万年太平悠久基业，只有金陵、燕蓟两地。想过去太祖高皇帝受天明命，混一九有，以金陵龙蟠虎踞，长江天堑，于是定为国都。至我皇上继承大统，以燕蓟左环沧海，右拥太行，内跨中原，外控朔漠，适宜作为天下的都会，于是下诏营建北京。臣曾随皇上车驾巡狩，至今已有十多年了。我曾遍观金陵形胜，今天又扈从进京，随侍皇上遍阅北京山川。回来后与诸僚友讨论，莫不称叹。我私下思考，我自小曾阅《地理志》这类书，考察山川形胜，心目为之开明，精神为之飞动，但却无法去遨游览观，心中又为之遗憾。今天得以历经两京，又得屡承上命，出使西北，由江淮取道大梁、洛邑，过关中，到达玉门关之外。随皇上两度北征，北至极漠，西抵和林。我足迹关内关外，遍历山川形胜，两京之地真是王气所钟之地啊！实为最好的天下形胜，东南西北，道里适均，足以控制天下万方，可为圣子神孙万世磐石之基！

复议通过后，永乐十五年二月十五日，下令组建班子，任命泰宁

---

1 杨荣论何处为都城："予尝考天下山川形胜，雄伟壮丽，可为京都者，莫逾金陵。至若地势宽厚，关塞险固，总据中原之夷旷者，又莫过于燕蓟。虽云长安有崤、函之阻，洛邑为天地之中，要之帝王都会，为亿万年太平悠久之业，莫若金陵、燕蓟也。昔太祖高皇帝受天明命，混一九有，以金陵龙蟠虎踞，长江天堑，遂定都焉。迨我皇上继承大统，又以燕蓟左环沧海，右拥太行，内跨中原，外控朔漠，宜为天下都会，乃诏建北京焉。及今十有余年，车驾凡两巡狩。荣叨禄翰林，既尝历观金陵之胜，今而复忝扈从，得以追陪文臣之末，随侍皇上遍阅北京山川之概。退而与诸僚友讨论，莫不称叹。……窃自幼时尝阅地志，考其山川形胜，心目为之开明，精神为之飞动，思欲遨游览观而不可得。及今得以循历两京，又得屡承上命，奉使西北，由江淮道大梁、洛邑、逾关中，以达玉门关之外。及侍皇上两率师出塞，肃清胡虏，北至极漠，西抵和林，观两京之地，王气所钟，实为天下形胜之最，东南西北，道里适均，真足以控制万方，为圣子神孙万世磐石之安也。"见清·于敏中《钦定日下旧闻考》卷五，第76页，北京古籍出版社，1981年。

侯陈珪为工程总指挥，安远侯柳升、成山侯王通为工程副总指挥。命礼部铸印颁发，制视都督府文曰“缮工之印”。命吏部设经历司，置经历一员，从五品，都事四员，正七品。十七日，肃王朱楧来朝，命掌缮工事[1]。五月初一下令行在都察院左副都御史李庆兼督营造，成山侯玉通，兴安伯徐亨，都督薛禄、金玉、章安、谭广各分管一事。命泰宁侯陈珪、安远侯柳升总督。行部尚书郭资、侍郎崔衍专管领用粮赏。接着又下令李庆和陈珪等总督营造。命行在工部修建安乐营，以安居患病的营造匠夫，令太医院分派官员率领医士三百五十人给药疗治。仍派遣监察御史、锦衣卫官员巡视有无病逝的匠夫，令有司用棺装殓并送归家乡安葬[2]。

果不其然，十四年复议营建北京定下来后，据大学士杨荣《圣德瑞应赋》[3]记载，永乐十五年十一月初二日，奉天殿、乾清宫即三殿两宫正式开工建造，即是向天下表明迁都已成定局，为了说明开工修建的奉天殿和乾清宫是天意所示，牵强附会地说不久殿中出现五色瑞光，由地面直达霄汉，朗耀辉彻，又出现明亮团圆的五色庆云，大如日轮的璀璨天花回旋宫苑。金水河、太液池冰凝瑞相。凡此种种，自是卿云瑞霭缤纷，几日不散。

三　永乐十九年迁都北京

进入永乐十八年，工程已接近尾声，九月初四日，行在钦天监经

---

1 《大明太宗文皇帝实录》卷一八五，永乐十五年二月丙戌，北平图书馆红格本影印。

2 《大明太宗文皇帝实录》卷一八八，永乐十五年五月丙戌，北平图书馆红格本影印。

3 杨荣《圣德瑞应赋》：圣天子在位之十有五年，为永乐丁酉，是年十一月二日始创北京之奉天殿、乾清宫。于时文武小大之臣以洎百工艺能材智之流，莫不骏奔趋事，各竭其力，以报答圣天子生成之大恩。未几，殿中俱现五色瑞光，由地亘天，朗耀辉彻，卿云彩霱，煜煜轮困，天花璀璨，大如日轮，回旋宫苑，蔽亏霄汉。金水河、太液池冰复凝瑞，内含诸象，毫发可鉴。自是卿云瑞霭缤纷，杂沓无日不见，文武群臣上表称贺，以为圣天子至德所感，实应太平。圣心谦抑不敢自当，复申敕百僚懋勤厥职，以上答天眷。

过测算，最后选定永乐帝御新殿受朝的上吉日为明年正月初一日。十一月初四日，永乐帝以明年御新殿受朝，诏谕天下曰：开基创业，兴王之本为先；继体守成，经国之宜尤重。昔朕皇考太祖高皇帝受天明命，君主华夷，建都江左，以肇邦基。肆朕缵承大统，恢弘鸿业，惟怀永国，眷兹北京，实为都会。惟天意之所属，寔卜筮之攸同。乃仿古制，狥舆情，立两京，置郊社宗庙，创建宫室。上以绍皇考太祖高皇帝之先志，下以贻子孙万世之弘规。爰自营建以来，天下军民乐于趋事，天人协赞，景贶骈臻。今已告成，选永乐十九年正月朔旦御奉天殿朝百官，诞新治理，用致雍熙。于戏！天地清宁，衍宗社万年之福；华夷绥靖，隆古今全盛之基。故兹诏示，咸使闻之[1]。

十二月二十九日，春节除夕这天，宣布北京城、紫禁城完工，无疑这是莫大的喜讯，《大明太宗文皇帝实录》[2]记："初，营建北京，凡庙社、郊祀、坛场、宫殿、门阙，规制悉如南京，而高敞壮丽过之。复于皇城东南建皇太孙官，东安门外东南建十王邸。通为屋八千三百五十楹，自永乐十五年六月兴工，至是成。升营缮清吏司郎中蔡信为工部右侍郎，营缮所副吴福庆等七员为所正、所丞，杨青等六员为所副，以木瓦匠金珩等二十三人为所丞，赐督工文武官员及军民夫匠钞，胡椒、苏木各有差。"《实录》把十四年王公文武群臣复议营建北京通过后的第二年即十五年六月定为兴工日期，其目的是证明之前营建北京之举确实为巡幸，而不是迁都，以避免不必要的争论。

十九年正月初一日，于奉天殿举行了盛大的庆祝典礼，正式宣布迁都北京，杨荣在他写的《皇都大一统赋》[3]里记载了这一盛况：以今年春正月朔旦，皇上御奉天殿，朝百官，凡内外文武群臣舆夫，四方远藩之长来觐，于庭者莫不欢忻踊跃，以为气象宏伟，规模壮丽，卓冠千

1　《大明太宗文皇帝实录》卷二三一，永乐十八年十一月戊辰，北平图书馆红格本影印。

2　《大明太宗文皇帝实录》卷二三二，永乐十八年十二月癸亥，北平图书馆红格本影印。

3　［明］杨荣：《文敏集》卷八，《钦定四库全书·集部·别集类》，台湾商务印书馆影印，1986年。

古，真足以临四方，朝万国，实为圣寿万万年鸿福之征，宗社万万年磐石之固，圣子神孙帝王万万世隆长之庆也。猗欤盛哉！

正月十五日，永乐帝颁布大赦天下诏，曰：朕荷天地祖宗之佑，继承大宝，统驭万方，祗勤抚绥，夙夜无间乃者，仿成周卜洛之规，建立两京，为子孙帝王永远之业。爰自经营以来，赖天下臣民殚心竭力，趋事赴工，今宫殿告成。朕御正朝，祗祀天地宗社，眷怀黎庶，嘉与维新，弘敷宽恤之仁，用洽好生之德，大赦天下。自永乐十九年正月十五日昧爽以前，除谋反大逆，谋杀祖父母、父母、妻妾，杀夫，奴婢杀主，谋故杀人，虫毒、魇魅、毒药杀人，强盗不赦外，其余已发觉未发觉，已结正未结正，罪无大小，咸赦除之。敢有以赦前事相告言者，以其罪罪之，所有事宜条例列于後[1]。

四 广三十丈深十五丈的奉天殿

嘉靖三十六年四月十三日，三大殿被烧毁，实录记载五月十一日，上谕内阁要求重建奉天殿，派员到四川、湖、贵采办大木，但当时已不可能按原奉天殿的檐柱尺寸采伐到足够长和径粗的大木料，故嘉靖帝

图 2 永乐时奉天殿体量（背景灰色部分）（采自林哲《永乐时期北京紫禁城奉天殿形制考略》）

---

1 《大明太宗文皇帝实录》卷二三三，永乐十九年正月戊寅，北平图书馆红格本影印。

说："三省采木官一员恐干理不成，我思旧制固不可违，因变少减，亦不害事。原旧广三十丈，深十五丈云。"这从则记载中我们才得知正统六年按原制重建的奉天殿广三十丈，深十五丈，面积是现在太和殿的2.6倍（图2）。由于采伐不到大木，嘉靖帝想缩减尺寸。减少尺寸有两种方法，一是缩减地基面积，二是缩减木石尺寸。大学士严嵩提出如果缩减基础面积，地基要重新夯筑，则耗资巨大，在原基础上减少木石尺寸是最好的办法，他说："又旧制因变少减，固不为害。但臣伏思作室筑基为难，其费数倍于木石等。若旧基丈尺稍一移动，则一动百动。从新更改，俱用筑打，重费财力，久稽岁月，完愈难矣。臣愚谓基址深广似合仍旧，若木石围圆比旧量减或可。臣询之于众，皆同此论，谨俟圣裁。"[1]

奉天殿广三十丈，深十五丈（图3），折合为今制米即东西宽95.19米，南北深47.60米，面积达4531.04平方米。唐大明宫含元殿广228唐尺，深99唐尺，折合为今制米即东西长75.9米，南北深41.3米。武

图3　永乐时的奉天殿复原图

1 《大明世宗肃皇帝实录》卷四四七，嘉靖三十六年五月癸亥，北平图书馆红格本影印。

则天修建的明堂乾元殿四面皆广 300 唐尺，高 294 唐尺，折合为今制米即长宽各 90 米，高 86 米。元大明殿广 200 元尺，深 120 元尺，高 90元尺，折合为今制米即东西宽 63.36 米，南北深 38 米。这些宫殿都没有奉天殿的面阔大，故杨荣《皇都大一统赋》称奉天殿“觚棱云耸”，金幼孜《皇都大一统赋》称“竦摩空之伟构”，李时勉《北京赋》称“奉天凌霄以磊砢”，陈敬宗称“屹中天以层构，抗浮云而上征。激日景以纳光，耀丹碧于紫清”，足见奉天殿气势宏伟，如高山耸入云端一样屹立于前，赫然当朝。

为什么永乐帝能够修建如此庞大的宫殿？

一是与天子守边有关系，这是历史上的第一次，因此宫殿一定要“真足以临四方，朝万国”，气势夺人，威镇四海。

二是有成片上千年的巨干楠木存在，为建造宏大的宫室提供了可能。在古代以木结构建造房屋，楠木是公认的最好的栋梁之材，树干高大笔直，有的径围达 2 米以上，高 30 多米，而且木质细密，能承受巨大压力。古代宫殿从夏商周开始就使用木材建造，《论语》称：“哀公问社于宰我。宰我对曰：‘夏后氏以松，殷人以柏，周人以栗。’”《正义》注释说：“建邦立社，各以其土所，故凡建邦立国必立社也。夏都安邑宜松，殷都亳宜柏，周都丰镐宜栗，是各以其土所宜木也。”可知当时建造明堂宫殿所用的木材是就地取材，松、柏、栗木是主要的材料。秦、汉、唐都城均定于关中，或许是受到夏商周用松、柏、栗木建造宫城观念的影响，或许是由于无法解决交通运输问题，由于受秦岭山脉大巴山的阻隔，陆路运输在当时来说简直是不可能完成的任务，只能就地取材，故不见有大规模采伐楠木建造宫室的记载，上千年的楠木被保存了下来。虽然唐肃宗时剑南节度使史俊《题巴州光福寺楠木》有“凌霜不肯让松柏，作宇由来称栋梁”句，但他所指的是楠木用于当地建造庙宇。

三是有畅通的水路运输。元统一后，疆土辽阔，经济发达，有条件进入偏远的深山里采伐楠木，而且有水路大运河直通京城，交通运输不成问题，于是元大内中出现了用楠木建造的宫殿，楠木采伐随之开始。但元人认为："尝观纪籍所载，秦汉隋唐之宫阙，其宏丽可怖也。高者其七八十丈，广者二三十里……方今幅员之广，户口之多，贡税之富，当倍汉秦而叁隋唐也。顾力有可为而不为，则其所乐不在于斯也。"所以元宫殿没有刻意去追求宫殿规模，采伐楠木适可而止。

上千年的成片巨干楠木的发现，证明秦汉唐王朝没有采伐楠木，使之保存了下来。而大运河水路运输是明代大规模组织采伐的首要条件。历史上最大规模采伐楠木就是从永乐四年开始的，由工部尚书宋礼亲至四川督促采木，历时十年，至永乐十四年时，"良材巨木，已集京师"，十五年六月，宫殿开工。大学士杨荣《圣德瑞应赋》[1]亦记有此事："乃肇置北京……初命需材西蜀，得大木于山谷间，运输之所难致，已而山川效灵，默佑显相，弗假人力，其木自行。"

五　四篇歌咏北京的赋文

迁都北京，紫禁城落成，大学士杨荣[2]、金幼孜[3]、李时勉[4]、陈敬宗[5]目睹壮丽的宫城，各写了一篇歌咏都城的赋文，杨荣称："臣备员侍从，睹兹盛美，敢不铺张其事，以昭示于无穷焉！"从他们写的赋文中，我们可以看出他们所铺张之事。

赋文首赞太祖的丰功伟绩，杨荣曰："维皇明之有天下也，于赫太祖，受命而兴。龙飞淮甸，风云依乘。恢拓四方，弗遑经营。既渡江

---

1 《中国明朝档案总汇》（一），第19页，广西师范大学出版社，2001年。

2 ［明］杨荣：《文敏集》卷八《皇都大一统赋》，《钦定四库全书·集部·别集类》，台湾商务印书馆影印，1986年。

3 ［明］金幼孜：《金文靖集》卷六《皇都大一统赋》，《钦定四库全书·集部·别集类》，台湾商务印书馆影印，1986年。

4 ［明］李时勉：《明文海》卷二《北京赋》，《钦定四库全书·集部·别集类》，台湾商务印书馆影印，1986年。

5 ［明］陈敬宗：《御定历代赋录》卷三六《北京赋》，《钦定四库全书·集部·别集类》，台湾商务印书馆影印，1986年。

左，乃都金陵。”金幼孜曰：“洪惟天朝，太祖高皇帝诞膺景命，龙飞淮甸，既渡大江。遂都金陵，抚有区夏。肇造洪基，以开万世太平之业。”李时勉曰：“我太祖皇帝首仗义师，以平暴乱。豪杰景从，声振江汉。削除僭窃，拯民涂炭。定鼎金陵，抚绥万邦。”接着再赞当今圣上的伟大，继承高皇帝之志，励精图治，定都北京，杨荣曰：“迨于圣皇嗣大一统，刚健日新，聪明天纵，囿四海以为家，登群贤而致用，思继志之所先，惟都邑之为重。”金幼孜曰：“逮我皇上继承大统，克绍丕图，仁恩诞敷，声教洋溢，雨旸应期，民物阜蕃，薄海内外罔不率从。”陈敬宗曰：“惟圣皇之建北京也，绍高帝之鸿业，启龙潜之旧邦，廓天地以宏规，顺阴阳而向方，准四裔以布维，揭八表而提纲。”

天意所示。杨荣曰：“宸谟睿算，上合天心。昭孚祖考，百神协顺。川岳效灵。”金幼孜曰：“天意人心，感孚和同。”李时勉曰：“于是仰瞻析木，俯测地灵。龟筮兆吉，天人叶应。”

祥瑞骈集。杨荣曰：“瑞光煜乎半空，卿云烂兮五色。醴泉涌兮琼浆，甘露滑兮玉液。灵芝产于碧山，景星见于南极。天意人心，感孚和同。灵应叠臻。”金幼孜曰：“灵应弥彰，布轮囷之卿云，发璀璨之祥光。醴泉涌其浩浩，甘露下其瀼瀼。赫万灵之呵护，蔼瑞气于穹苍。”李时勉曰：“神祇献珍，而山石自出。河岳效灵，而神木自行。”

良材齐聚。杨荣曰：“巨细毕输，长短悉录，驾云车之百辆，振龙骧之万斛。纷纭辐辏，弥布川陆。厥材之良，不一而足。”金幼孜曰：“萃四海之良材，伐南山之巨石。”

人心所向。金幼孜曰：“由是敕冬官洎内外文武百执事经营于兹，而凡民庶士卒工匠之流，莫不骏奔子来，趋事赴工，罔敢或后……乃敕群工，乃命百职。万方子来，效勤殚力。”李时勉曰：“民子来兮相续，期不日而功成。……群力毕举，百工并兴。”陈敬宗曰：“赉工倕锡，匠石欢声。传众奔走，万国雷动。”

卜定吉日。杨荣曰：“于是良时载启，吉旦既卜。”金幼孜曰：“乃卜良辰，乃蠲吉日。”

营建方法。杨荣曰："爰辨方而正位，视往圣而独超，继高皇之先志。乃相乃度，载经载营。"李时勉曰："于是仰瞻析木，俯测地灵，龟筮兆吉"，"尔乃悬水树臬，识景表营，方位既正，高下既平。"

地理形势。杨荣曰："西接太行，东临碣石。巨野亘其南，居庸控其北。势拔地以峥嵘，气摩空而崱屴。……北通朔漠，南极闽越。西跨流沙，东涉溟渤。来百货之纵横，杂轮蹄之填咽。"金幼孜曰："北通朔漠，南极闽越。西跨流沙，东涉溟渤。来百货之纵横，杂轮蹄之填咽。天造地设，灵钟秀毓。总交会于阴阳，尽灌输于海陆。南临巨野，东瞰沧溟。西有太行之巀嵲，北有居庸之峥嵘。"李时勉曰："惟北都在冀之域，右挟太行，左据碣石。背叠险兮重关，面平原兮广泽。宗恒岳其巍巍，镇巫闾而奕奕。冠九州之形胜，实为天府之国。"陈敬宗曰："壮天险于居庸，亘重关于太行，会百川于辽海，环河岳于封疆。"

万国来朝。杨荣曰："四方道理之适均，万国朝觐之所同"，"凡内外文武群臣与夫四方远藩之长来觐于庭者，莫不欢忻踊跃"。金幼孜曰："四方贡赋，道里适均。""真有以卓冠四方，为万国之都会。""四方藩服率皆在庭。"李时勉曰："皇道正直，视万国之环拱，适居中而建极。""总部落以千帐，莫不畏威怀德，相率而来归。"陈敬宗曰："拱北辰兮帝居，陋巩固于金汤。均万国兮会同，而适居天下之中央也。"

仓禀充实。金幼孜曰："又若廪庾轮囷，惟万惟亿。丰岁所储，累世之积。玉粒金稃，露积充溢。国用所资，人足家给。"

商贾云集。杨荣曰："富商巨贾，肩摩袂接。"李时勉曰："而蛮商番舶，帆樯隐天，上下不绝而往来。"

宫殿巍峨。五门三朝即大明门、承天门、端门、午门、奉天门和奉天殿、华盖殿、谨身殿。二宫即乾清宫和坤宁宫。宫门午门、端门、左掖门、右掖门、乾清门、日精门、月华门、景运门、隆宗门、左顺门、右顺门、宝善门、思善门。其他宫殿有仁寿殿、奉先殿、大善殿、文楼、武楼、文华殿、武英殿、钦安殿、文渊阁。东西六宫和东西七所。宫城外建筑有宗庙（太庙）、社稷、都城九门、皇城、太孙宫、诸王宫、鼓楼、钟楼。祭祀建筑有圜丘、方丘、地坛、先农坛。文武办公衙署五军都督府和六部。还有太学辟雍，神祠庙宇等。虽然规制悉如南京，而高敞壮丽过之。故杨荣曰："然而历观前代，迄于往古，帝王所都难可毕。举丰镐之美，崤函之固，宛洛之奇，汾晋之富，虽或雄据于一时，控驭于中土，而于今兹帝都之壮丽，又岂可以同年而语哉！"

在德不在险。杨荣曰："扩基图于万世，伟壮观于九重。真帝王悠久之业，据山河表里之雄。然而圣天子以六合为家，以四溟为池，以仁义为干橹，以礼乐为藩维。不恃险以为固，惟在德之所施。至和塞乎穹壤，恩泽洽乎荒陲。致九有以宁谧，跻万国于雍熙。此其所以德侔乎尧舜，道合乎轩羲。宁天地亘古今，而莫能与齐也。"

六 永乐十九年四月初八日三大殿灾

肇建紫禁城永乐帝可谓奔走呼喊，把营建北京当作国家的头等大事。要完成迁都之重任，安定人心是当务之急，故永乐帝多次在不同的场合发布谕旨，以表自己爱民之心，并要求各级官员体恤军民。甚至连工匠的吃、穿、病、死，他都一一过问，特别是组建了一支由太医院选拔的三百五十人医疗队伍，随时给工匠看病治疗。永乐帝强调说文武群臣要处处为百姓着想，急百姓之所急："尔文武群臣受国家委任，宜操节励行，尽诚竭虑。治民者专务恤民，治军者专务恤军，察其饥寒，体其劳勤，为之除害兴利。"永乐帝在营建北京的过程中，表现出是一种亲民和善的态度，是一位仁君，正如杨荣所说："皇上扩天地之量，

---

1 ［明］杨荣：《文敏集》卷八《皇都大一统赋》，《钦定四库全书·集部·别集类》，台湾商务印书馆影印，1986 年。

戒之以勿亟，抚之以厚恩。赉赐骈蕃，慰谕备至。”[1]

可是，谁能料到，紫禁城刚竣工不到半年，四月初八日天降一把大火烧了三大殿。关键是三大殿，而不是别处，三大殿是紫禁城的核心，是大朝正殿，是国家权力的象征。被天火所烧，能不使永乐帝胆战心惊吗？他怎么向天下解释呢？

早在十七年监察御史邓真向永乐帝陈诉十事，其中第六事称工部以掌管造作之便，利用北京宫殿营造之急务，不度民力，不分缓急，随意差人买办物料，以一科百，以十科千，动至政千万计，民受其害，不可胜言。户部尚书夏原吉在火灾之前亦对营建北京不满，曾说："连岁营建，今告成。宜抚流亡，蠲逋负以宽民力。”等到三大殿发生火灾后，夏原吉又重申前请。永乐帝即命所司执行减免钱粮赋税。但引发了群臣议论，多数群臣主张建都北京非便。但不管怎样，迁都北京的方针是绝对不能动摇的，为了压住事态的发展，永乐帝怒杀直言主事萧仪[1]。

永乐帝为营建北京付出了心血，但最后得到的却是一把火，三大殿被烧毁，能不痛哉！能不悲哉！

火灾两天后，永乐帝即下罪己诏，诚恳真切，从各个方面进行了深刻的反省，他说：我躬应天命，仿古制，立两京。今天三大殿发生火灾，心情惶恐，莫知所措，难道我怠慢了敬天事神的礼仪吗？难道我没有遵循祖法政务出了差错吗？难道我善恶不分使小人在位贤人隐遁了吗？或者刑狱含冤滥及无辜而我不辩曲直吗？或者只听谗言谄谀而不纳忠言吗？或者横征暴敛剥削搜刮而殃及田里吗？或者赏罚不当穷奢妄费而国用无度吗？或者租税太重徭役不均而民生无望吗？或者军旅未息征调无方而馈饷空乏吗？或者工作过度征需繁数而民力凋弊吗？或者奸人附势群吏弄法贪残恣纵而导致的吗？下厉于民，上违于天，完全是朕冥昧未究所引起的，尔文武群臣受朕委任，休戚相关，朕所行如有不当，

---

1 《明史》卷一四九《夏原吉列传》，中华书局，1974 年。

宜条陈无隐，庶图悔改，以回天意[1]。

三大殿火灾，给他内心深处蒙上了一层厚厚的阴影，直到他去世，也没有下旨重建三大殿。可能是他一直在责备自己，是不是违背了天意，是不是执政出了问题，是不是没有与民休息。

作为后人，我们要感谢朱棣，是他为我们建造了一座旷世无双的紫禁城，没有他的坚持，紫禁城是建不成的。沧海桑田，世道无常，但紫禁城保存了下来。从紫禁城中我们看到了中国古代文明的光芒，找到了中国古代文化精神之魂，我们幸甚!

永乐帝所建之紫禁城，与前代不一样，既有他个人意志的体现，也包含着中国古代深厚的文化元素。

在诠释紫禁城精神灵魂之前，我们要先来看看与永乐帝密切相关的两个地方，一是十三陵，二是武当山。

---

1 《大明太宗文皇帝实录》卷二三六，永乐十九年四月壬寅，敕谕文武群臣曰：朕躬膺天命，祇绍鸿图，爰仿古制，肇建两京。乃永乐十九年四月初八日，奉天等三殿灾，朕心惶惧，莫知所措，意者于敬天事神之礼有所怠欤？或祖法有戾而政务有乖欤？或小人在位、贤人隐遁而善恶不分欤？或刑狱冤滥及无事而曲直不辨欤？或谗慝交作、谄谀并进而忠言不入欤？或横征暴敛、剥削掊克而殃及田里欤？或赏罚不当、蠹财妄费而国用无度欤？或租税太重、徭役不均而民生不遂欤？或军旅未息、征调无方而馈饷空乏欤？或工作过度、征需繁数而民力凋弊欤？或奸人附势、群吏弄法，抑有司阘茸罢慢、贪残恣纵而致是欤？下厉于民，上违于天，朕之冥昧未究所由，尔文武群臣受朕委任，休戚是同，朕所行果有不当，宜条陈无隐，庶图悛改，以回天意。

第二章　四势呈祥

——勘定皇陵天寿山

永乐七年三月初八日，永乐帝巡狩车驾至北京，于奉天殿丹陛设坛告天地，遣官祭北京山川、城隍诸神，御奉天殿受朝贺。这次来北京除了视察正在开工建设的北京外，还要宣布进行另一项重大的工程，据《大明太宗文皇帝实录》[1]记载五月二十六日，“营山陵于昌平县时，仁孝皇后来（未）葬，上命礼部尚书赵羾以明地理者廖均卿等择地得吉于昌平县东黄土山。车驾临视，遂封其山为天寿山。是日遣武安侯郑亨祭告兴二（工），命武义伯王通董役事，均卿等咸受官员”。天寿山陵原名黄土山，位于昌平县东，由江西术士廖均卿勘定，经永乐帝察视，定为自己的万年寿寝（图1），下令于五月二十六日动工兴建。这一信息，使迁都北京成为可能。因为在古代，按照常例，帝王的万年陵寝与居住的宫殿要同属一地，一般来说万年陵寝定在哪儿，首都就要迁到哪儿。

天寿山陵又称十三陵（图2），是一个天然具有像晋代郭璞《葬书》所记风水格局的山区，其山属太行山余脉，西通居庸，北通黄花镇，南跨昌平州，不仅是陵寝的屏障，也是燕京的屏障（图3）。清人梁份《帝陵图说》曰：“太行山起泽州，蜿蜒绵亘，北走千百里山脉不断，至居庸关。居庸万峰矗立，回翔盘曲而东，拔地特起，为天寿山。山崇

1 《大明太宗文皇帝实录》卷九二，永乐七年五月己卯，北平图书馆红格本影印。

图 1　朱棣长陵

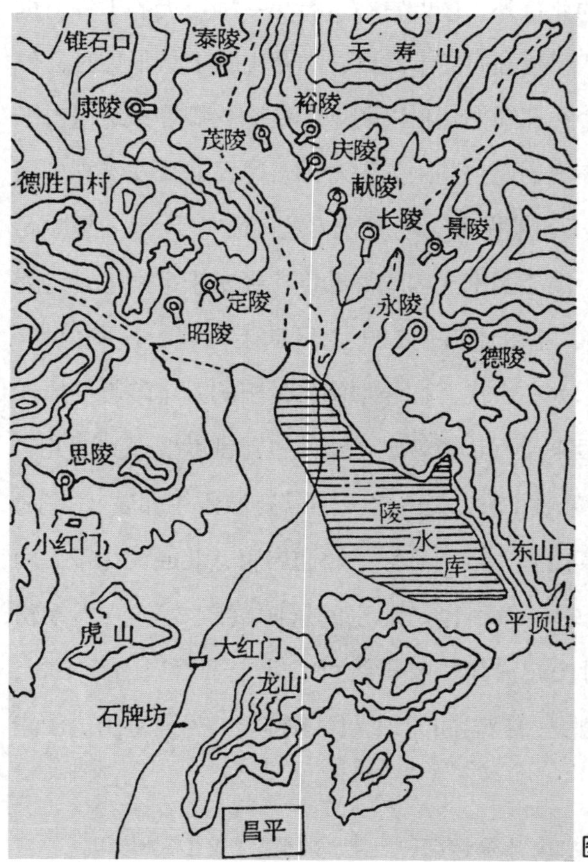

图 2　明天寿山各陵位置图

图3 北干龙燕山山脉

高正大，雄伟宽宏，主势强，力量全，风气聚，穴道正，水土深厚，昆仑以来之北干王气所聚矣。”明末清初著名学者顾炎武《恭谒天寿山十三陵》一诗，也对天寿陵极为赞扬：“群山自天来，势若蛟龙翔。东趾踞卢龙，西脊驰太行。后尻坐黄花，前面临神京。中有万年宅，名曰康家庄。可容百万人，豁然开明堂。维时将作臣，奉旨趋傍傍。”

据廖均卿之子廖信厚撰写的《均卿太翁钦奉行取扦卜皇陵及行程回奏实录》记载，早在两年前即永乐五年时，堪舆皇陵的工作就悄悄地启动了，时间可能与五月北京宫殿开工差不多。根据此书记载整理如下：

永乐帝主北京定位，四海响应，万民乐业。一天，永乐帝对礼部尚书赵羾说：“朕居南位，移旋北地，干戈宁静，国泰民安。朕观此处地脉厚重，山峰拱顾，可为长久之计，但未卜山陵，倘得精阴阳者足矣。”永乐帝的意思虽未明说，但显然是要为迁都北京作准备，即要在此勘定自己的万年陵寝之地。

尚书赵羾奏曰：“金陵重地，事必有精通地理者。”

图4 廖均卿像

上曰："依卿准奏，行取来说。"

赵羾通过查阅书籍得知唐时杨筠松、廖瑀、曾文辿精通地理，有仙道之机，他们后来都到了江西。赵羾对永乐帝说："现已行文到省、府、县。"

很快找到了家居江西赣州府兴国县廖瑀的后人廖均卿（图4），廖均卿承其祖业，精通阴阳之术。当廖均卿接到勘择皇陵檄文的时候已是永乐五年十二月初九日，第二天即起身到县报到，十一日一早见县宪，县宪说："奉上取用你们甚急，就此往京，我当起送，毋得违误。"十三日到府，二十一日到省，见布政大人，蒙赐启程安排，时间紧迫，即日奉命赴北京卜选陵地。一道同行的还有曾文辿的后人曾从政和丰城的王侃、巫涯等风水先生。

北京路途遥远，一路北行，至徐州时，忽降大雪，深若五六尺。顶着风雪而行，二十四日才到达北京。二十五日早饭后，赵府长史司官送钱到驿站，每人各给银十一锭，众人望空叩头谢恩。二十七日由太监马赵二人率领护卫，随同廖均卿等先后查看了京西的燕台驿和玉泉山等地。饭菜由光禄寺典簿并厨子军人挑送，赐酒三次共九杯外加馒头粉汤。

冬天北京寒冷，又大雪封路封山，无法深入山区寻找风水宝地，于永乐六年三月二十一日返回南京，内阁宣召廖均卿等入朝，至武英殿面听宣喻。

圣主问：“众地理家各有秘传乎？”

廖均卿奏曰：“画有京畿地形图并集成龙穴砂水四论共计三本献上。”

永乐帝观看后，龙颜大悦，吩咐赐酒饭，廖均卿等叩头而退。

礼部官陪席，饭后廖均卿、曾从政、王侃、巫涯赴鸿胪寺报名。二十四日宣三人入武英殿门首，上询问他们南京风水如何？均卿奏曰：“好！只因水口石头朝外。”

上曰：“朕亦嫌之，均卿之言是也。”即叩头而退。

二十五日领旨察看太祖皇陵孝陵，均卿等从左砂看到后龙，再看来龙，看完即入武英殿回话。赐酒，赏钱一千贯、夏布衣一套、纱衣一领。礼部带入武英殿戊子库，赐御书一本。

因第一次到北京没有完成使命，万年吉壤没有找到，三月二十六日午时，内阁中书传旨：廖均卿等即刻出发，前往北京。沿途寻找吉壤，画图作记，以为堪舆，等你们回南京时听你们汇报。

廖均卿等一行，风餐露宿，沿途山川形势美不胜收。五月初一日到达北京。六月初一日，内阁安排骑马出城，察看黄土山。初十日登上黄土山高峰顶上，见风水绝妙，礼部遂问：“黄土山果吉？”均卿回答说吉，遂绘制山图，到次日才将图绘完。十二日众人又登上后龙山察看来脉结于何处。七月十二日内阁备马送廖均卿等动身，十三日到通州上船，二十五日到龙江驿上岸，回到南京。

这次到北京收获很大，风水勘定圆满完成，八月初一日上朝时，廖均卿等将黄土山山图和《朝献山图表》献给圣主，表章对黄土山风水大加赞美，称：

臣受杨师秘传术，谬参造化玄机。兹奉我皇圣旨，卜取御陵，臣与礼部尚书赵羾相视营陵，敢不披肝吐胆以尽忠言！详察各处山川，堪建陵基者惟昌平州东黄土山一十八道岭峰美丽，真堪陵室根基。其脉天皇出势，天市降形，贪狼木火以为宗，势若鸾翔而起主。太乙双峰，屹立于斗牛之间；天乙呈详，奋讯于奎娄之位。三台、华盖，拱帝座以弥高；四辅、紫微，面坎宫而作极。东黄土景，堂堂乎三阳开泰；十八岭峰，巍巍乎四势呈祥。形肖铜锣，穴居中央。礼部尚书赵羾相：六秀皆足，八贵堪评。天门山拱震垣，地户水流囚谢。凤阁龙楼，卓列罗城。捍门华表，镇塞星河。山如万马奔赴，水似黄龙踊跃。内有圣人登殿之水，世产明君；外有公侯拜舞之山，永来朝贡。四维趋伏，八极森列。青龙奇特，白虎恭降。太微白马，尊于银潢之南；少府紫微，起于天河之北。维皇作极，俾世其昌。发龙气旺，帝业最胜。山河巩固，地势宽平。艮亥脉作癸山丁向，卦例相合。五星聚会，主大臣股肱协力；木火得局，育玉叶庆衍藩昌。悉合仙经，宜任陵室。

永乐帝看后大喜，确定吉壤已经找到，下令赐酒，赏钱三百、夏衣一套、白米三石、酒五缸、鱼肉各五十斤。初三日谢恩。

初七日早召入武英殿赏钱五十贯，又令廖均卿等再去北京，晚即从龙江驿出发，准备开船前往，但因风受阻未行。永乐七年正月才到达北京。十三日至十六日去黄土山查看，当时天降大雪，积雪七八尺深，十分寒苦。十七日冒着风雪再看黄土山。十九日天晴又去查看一番。二十四回到城内，当天朱太监带领他们到午门上看京城风水，又从午门一直看到齐华门下。二十五日到齐华门看风水，一直看至安定门、得胜门。二十六日到西直门看风水。

十六日早晨，由礼部安排在午朝门接圣驾。四月初四日，廖均卿等随驾去昌平看黄土山吉地，初五日到沙河驿，初六日随驾一同登上黄土山，朝四面查看，向永乐帝讲解黄土山风水。初七日随驾回京。此后廖均卿等又先后赴京西潭柘寺和香山等处查看。

闰四月初二日再次随驾查看黄土山。初三日一早，永乐帝返回南京。廖均卿等人继续留在北京寻找上佳风水吉地。初四日来到京北阳山的茶湖岭查看。初五日查看京北怀柔的洪罗山。初六日查看百叶山。此后先后到辛家庄、斧口、谷山、文家庄、石门驿、汤泉等地查看，足迹遍及京郊，希望能找到吉地，以备永乐帝选取。

五月初五日，廖均卿等至百顺门朝上，永乐帝当殿吩咐："廖均卿等臣，遍游山川，劳苦风霜，各封赏授官职。"又下旨："本月初八日吉辰，登黄土山立向点穴，明日各献穴法。"

次日，与廖均卿一同卜选陵地的王侃、巫涯各上本写明穴法，惟廖均卿没有上本，上问太监："廖均卿如何无本?"待百官退朝后，廖均卿才上奏说："臣观黄土山，势如鸾凤之奔腾，穴似金盘之荷叶，水绕云从，位极至尊。经云：仰掌金盘荷叶中，谁知波浪有仙踪。形似铜盘。臣冒奏：必扞响处始为工。盖响中之穴，以其声鸣于天下。"

初七日未刻，圣驾至沙河，百官随行。初八日子时，永乐帝才决定下来，对随行的官员和负责的风水术士们说："王侃、巫涯二本扞铜锣形判中穴法非也。廖均卿所奏响中穴法，依拟便行。"丑时廖均卿等随圣驾往黄土山定穴。辰时祭祀后土、五方神、龙神与杨老仙师。至巳时末，圣主赐廖均卿金剑一把，重十四两，银锄一张，重二十两。让他开点吉穴，打开金井，皇陵工程正式启动。

以上便是廖均卿勘定天寿山陵寝的详细过程，由他的儿子廖信厚整理记录，史料真实可靠，与明实录所记营建天寿山陵的时间吻合。廖均卿给永乐帝上的那份表章，把黄土山形容为绝妙的风水吉地，恰似天上的紫微垣星局，如此吉祥，如此美妙，更加坚定了永乐帝迁都北京的信心（图5）。

据明实录记载，距离廖均卿点穴十八天之后即五月二十六日便下令武安侯郑亨祭告兴工。作为天寿山陵的主体陵寝长陵开始营建，这等于公开了迁都北京的决心。

永乐八年二月十二日，行在工部尚书吴中言：营建山陵合用工匠民夫，请于山东、山西、河南、北京及浙江布政司、直隶府川县，征用北京旁近卫所，亦宜量拨军士从之，仍命有司月给粮赏[1]。

永乐十一年春正月十七日，仁孝皇后梓宫发引，先期斋戒。三日，遣官以葬期奉告天地、宗庙、社稷。永乐十一年二月十七日，葬仁孝皇后于长陵[2]。

永乐十四年三月初一日，长陵殿成，奉安仁孝皇后神位，命赵王告祭[3]。

永乐二十二年七月十八日，上崩。永乐二十二年九月初十日，上尊谥号体天弘通高明广运圣武神功统仁至孝文皇帝，帝号太宗。十二月十九日葬长陵。[4]

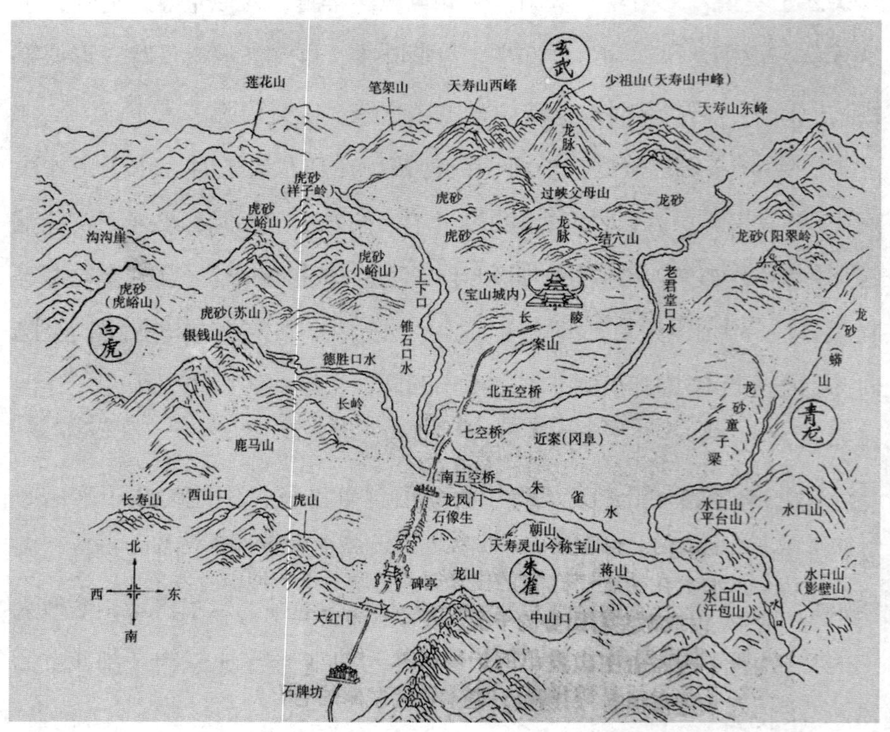

图5 天寿山陵的风水形势图［采自胡汉生《明代帝陵风水说》］

1 《大明太宗文皇帝实录》卷一一〇，永乐八年二月己酉，北平图书馆红格本影印。

2 《大明太宗文皇帝实录》卷一三六，永乐十一年正月丙寅，北平图书馆红格本影印。

3 《大明太宗文皇帝实录》卷一七四，永乐十四年三月癸巳，北平图书馆红格本影印。

4 《大明太宗文皇帝实录》卷二七四，永乐二十二年八月壬午，北平图书馆红格本影印。

帝陵天寿山由以廖均卿等江西术士勘定，完全符合风水法则，四势完美，藏风得水，实现了永乐帝当初“倘得精阴阳者足矣”的愿望。我们根据《均卿太翁钦奉行取扦卜皇陵及行程回奏实录》所记录的廖均卿呈奏的那份风水表章中可以看出，黄土山形势完美，有十八道山峰，龙、穴、砂、水彼此配合，四象具备，八极森列。北有天寿山主峰，三峰并峙为玄武；东有蟒山、阳翠岭、童子梁等山峦、岗阜等形成青龙；西有虎峪山、大峪山、小峪山、祥子岭、苏山、银线山等山脉形成白虎；南有天寿灵山为朱雀。陵寝的东南方向有平台山、影壁山，西南方向有长寿山，西北方向有笔架山，东北方向有东水峪，形成四维。这些山分别组成了陵寝的四势和罗城山脉，力量全，风气聚。天寿山主山格局如紫微垣星局，紫微垣是天皇大帝居住之所，处于三垣的中心，最为尊贵。主山坐北朝南，位于正北方，是陵区内最高峰，由三座山峰组成，故称三台星。主山山脉向前落下时又形成父母山和结穴山大小不同的两座山，山势呈逐渐降低状。结穴山为圆形，故比喻为华盖星。穴位即长眠处比喻为帝座星，定在结穴山前，故三台星和华盖星拱拥帝座星。主山三峰呈尖形为廉贞火，但结穴山呈圆形为金不属木，为何廖均卿说是木火局呢？主要是因为父母山为平直形为木、土之故，如此则土腹藏金，即土生金，金生水，水生木，木生火。总体来说黄土山山形像火，根据水生财，山主人丁之说，火旺则人丁旺，故称此地“玉叶庆衍藩昌”，子孙繁盛，而且也暗与明王朝之火命相符。黄土山地貌是四周罗列为山，中间为平地，故称“形肖铜锣，穴居中央”。主山穴位的龙脉分为两条，第一步龙为艮龙，从东北方向来，第二步龙为亥龙，从西北方向来，二者合起来就是艮亥龙脉，在二十四山净阴净阳中为净阴，为贵龙，而按天星说法，亥为天皇、紫微，艮为天市，故称“天皇出势，天市降形”，龙脉尊贵。穴的朝向定为癸山丁向，符合《催官篇》所言“艮亥为龙，丙丁在向”，为上乘吉祥坐向。风水中的明堂指主山穴前与界水内的平地，天寿山陵寝明堂开阔，有三块，一块位于北五孔桥以北的平地称为内明堂，一块位于北五孔桥以南与南五孔桥以北的平地称为中明堂，一块为沙河水流经于陵前的平地称为外明堂，高耸为阴，平仰为阳，故廖均卿称“东黄土景，堂堂乎三阳开泰”。阳在南，阴在北，符合先天八卦“天南地北”、“阴阳交媾”的理气说法。长陵丙的方位有汗包山东峰，酉的方位有大峪山，合艮、亥两方位的山峰，正是太微、少微、天市和紫微四垣天星。陵区东西的阳翠岭、蟒山、大峪山和虎峪山四座山峰形成紫微垣的四辅，东北东水峪所在的山峦和西北的笔架山山峰正好处于奎、娄和斗牛方位，象征天乙、太乙星官，故称“太乙双峰屹立于斗牛之间”。流经陵寝内的水如天上的银河，天寿主峰似少府、紫微星位于银河之北，汗包山似太微、天马星位于银河之南。天寿山陵的水口在巽、巳方之间，在长生十二运中为“墓”、“绝”方，主文武双贵。而天寿山的水从各山口发源，在主山前会合为一脉，水势变大，到了平台山一带，被蒋山、平台山、汗包山和影壁山四座山重重所锁，水势变得缓慢，停蓄后，流出的方位正好在地户巽巳，故廖均卿说“地户水流囚谢”。“流囚谢”，出自《葬书》“流于囚谢”，是说水聚集而满，溢而复出，收得住气，便是囚谢[1]。

在南京时，永乐帝专门向廖均卿等人询问南京风水如何？因此，我们可以确定永乐帝营建北京城和紫禁城的时候，风水理论肯定要运用于其中，至少不会出现像南京那样水口石头朝外而收不住生气的缺陷。

1　参见胡汉生：《明代帝陵风水说》，第 126–139 页，北京燕山出版社，2008 年。

第三章　享祀无极

——创建真武道宫于武当山

一　真武翊助之功

继天寿山陵兴工后，第三项巨大的工程即武当山真武道宫于永乐九年也动土开工修建。建陵是为了为迁都作准备，修建武当山真武道宫又是为什么呢？

由于历史上皇位继承都是实行世袭制度，藩王一般不可能入继大统，除非皇帝无子。朱棣原为藩王，却推翻了现任帝王建文帝，成了新任帝王，这不符合正统法，是"篡弑"，为天下所不容。但那又是一个相信君权神授的时代，神发挥着巨大的作用，它可以改变一切。为什么朱棣要倾全国之力修建真武道宫？就是要把真武神抬出来为自己作辩护，所以我们看到了真武神在朱棣取得帝位后，从众神中脱颖而出，获得了最崇高的地位。

首先，我们要明白一个问题，朱棣靖难时是否借用了真武神的护佑打败了建文帝的军队夺取了帝位？也就是说从当帝王之前，天神已出现来护佑朱棣。

永乐四年因武当山两次出现榔梅结果，朱棣特派道士陈永富到武当山答谢真武神的敕文中提到了真武翊卫国家一事，称："矧兹二年，两见其实，皆由高真翊卫国家，尔辈精意祝釐所致。兹特遣道士陈永富斋香诣高真道场，以答神灵。”永乐十三年八月十三日，北京地安门东北佑显宫真武庙竣工，永乐帝《御制真武庙碑》[1]一文记载了真武帝于靖难之时阴翊默赞朱棣，“常翊相予艰难之地”，称：

> 朕维凡有功德于国家者，无间于冥灵，必有酬报之典。天下之际，理一无二。惟北极玄天上帝真武之神，其有功德于我国家者大矣。昔朕皇考太祖高皇帝，乘运龙飞，平定天下，虽文武之臣克协谋佐，实神有以相之。肆朕肃靖内难，虽亦文武不二之臣疏附先后，奔走御侮，而神之阴翊默赞，掌握枢机，朝运洪化，击电鞭霆，风驱云驶，陟降左右，流动挥霍，濯濯洋洋，缤缤纷纷，翕欻恍惚，迹尤显著。神用天庥，莫能纪极。

继北京地安门真武庙建成后，武当山真武神道宫观于永乐十六年十二月落成，赐名大岳太和山，亲撰《御制大岳太和山道宫之碑》[2]，碑文中也提到了真武于靖难时翊助他的事迹：“肆朕起义兵，靖内难，神辅相左右，风行霆擎，其迹甚著。”

上述所引真武翊助朱棣的材料都是靖难成功后所言，如果我们相信朱棣本人的言辞，那么朱棣靖难时，确实借助了真武神来为自己造势，稳定军民之心，鼓舞士气，使自己获得了成功。

朱棣靖难起事的原因，是不想步兄弟被削藩之后尘。原来，早在洪武十五年时，朱元璋的结发妻子马皇后病逝。从各地奔来的藩王齐聚道场，参加为马后举行的法会。在念经的高僧中，有一位长相如病虎眼似三角的高僧道衍也在其中，他是经人推荐而入选的。在法会上，他结识了燕王，二人一见如故。马后灵柩发引入葬后，朱棣为了表示孝敬之

---

1 ［明］朱棣：《御制真武庙碑》，《道藏》第 19 册《大明玄天上帝瑞应图录》，文物出版社、上海书店、天津古籍出版社出版，1994 年。

2 ［明］朱棣：《御制大岳太和山道宫之碑》，《道藏·大明玄天上帝瑞应图录》，第 19 册，文物出版社、上海书店、天津古籍出版社出版，1994 年。

心，要求父皇选派高僧随同北归，为已故的母后诵经荐福。道衍随棣到北平后，住在庆寿寺，常出入朱棣府中，《明史》称：“迹甚密，时时屏人语。”

道衍就是姚广孝，长洲人，本是医家子弟，十四岁时度发为僧，改名道衍，三十岁时，前往径山习禅，拜道士席应真为师，精研阴阳术数之学。他虽身在空门，但所习十分广博，精通儒道释诸家，常常以元代刘秉忠为榜样，心怀远大抱负。

太祖朱元璋驾崩后，皇太孙朱允炆即位，建文帝开始削藩，以次削夺了周、湘、代、齐、岷诸王的权力，相继获罪。道衍遂密劝朱棣举兵。“与其坐而待毙，不如起而振之。”朱棣担心地说：“民心向着南京一方，还有什么办法改变呢？”道衍说：“臣只知道天道，民心不用担心，它总是顺应天意的。”道衍的这番话坚定了朱棣的起事决心。燕王府是利用故元宫殿而修建的，深邃隐蔽。道衍利用后院加紧练兵。又于地下深挖了两层地下室，其上四周筑以厚墙，墙上密甃尖锐扎手的瓶罐碎片。秘密于地下日夜打造兵器，为了防止铸造的声音被外人听到，畜养了众多鹅鸭，以扰乱铸造的声音。

洪武三十一年十一月从京师派来的工部侍郎张昺被任命为北平布政使、都指挥史，谢贵、张信掌北平都指挥使司，他们到北平来的目的，是怀装着建文帝的密旨，监视燕王的一举一动。建文元年六月，朝廷利用燕王府护卫百户倪谅背叛朝廷一事，下召张昺进府逮捕府中官属。很显然，这是要拿燕王开刀，废黜燕王的序幕拉开了。于是谢贵、张昺带领武装卫士包围了燕王府，要求朱棣交出燕王府属官。朱棣与张玉、朱能等商议对策，朱棣心中知道如果让张昺进府，就等于把燕王府交给了朝廷。最后朱棣采纳了朱能先擒杀谢贵、张昺头目，使其群龙无首，不战自败的策略。朱棣遂称自己的病好了，要在东殿接受内外官僚的祝贺，请谢贵、张昺参加，却遭到二人拒绝。朱棣为消除二人的疑虑，开列了被官军逮捕人员的名单交给二人，果然二人中计，起身前往燕王府，被朱能擒杀。斩杀了朝廷命官，朱棣宣布起兵，这段史实，

《明史》[1]记载如下："建文元年六月，燕府护卫百户倪谅上变，诏逮府中官属。都指挥张信输诚于成祖，成祖遂决策起兵，适大风雨至，檐瓦坠地，成祖色变。道衍曰：'祥也。飞龙在天，从以风雨。瓦堕，将易黄也。'兵起，以诛齐泰、黄子澄为名，号其众曰'靖难之师'"。明朝规定，皇帝的宫殿用黄瓦，亲王则用青瓦。道衍如此说是想稳定军心，你们的大王有上天护佑，不久的将来就会当上皇帝，改易黄瓦。《明史》并没有提到真武神。

记载朱棣起兵有真武天兵出现的是嘉靖时人高岱《鸿猷录》和李贽的《续藏书》，《鸿猷录》[2]记："初，成祖屡问姚广孝师期，姚屡言未可。至举兵先一日，曰：'明日午有天兵应，可也。'及期，众见空中兵甲，其帅玄帝像也，成祖即披发仗剑应之。"这则记载，朱棣显然成为真武神的化身，因为真武神的形象就是披发跣足，仗剑踏龟蛇。故万历时人王世贞作《武当歌》[3]，直接把成祖的帝王须即胡须说成是玄天上帝的相发横飞长垂："不闻成祖帝王须，曾借玄天师相发。"

二　创建武当山真武道宫

永乐即位后，浩大的工程相继在全国展开，永乐五年五月开始营建北京，七年五月开始营建天寿山陵寝，十年九月武当山真武道宫动工，虽然营建北京和天寿山陵没有确切的人数统计，但是修建武当山道观时仅军队就动用了 20 万。修建的时间也是漫长的，北京建了 13 年，

1　《明史·姚广孝列传》卷一四五，中华书局，1974 年。

2　［明］高岱：《鸿猷录·靖难师起》卷七，上海古籍出版社，1992 年。

3　王世贞《武当歌》云："黑帝不卧玄冥宫，再佐真人燕蓟中。乾坤道尽出壬午，日月重朗开屯蒙。人间大小七十战，一胜业已归神功。久从北极受尊号，却向西方称寓公。武当万古郁未吐，得吐居然压华嵩。是时岂独疲荆襄，雍豫梁益皆为忙。少府如流下白撰，蜀江截云排豫章。太和绝顶化城似，玉虚仿佛秦阿房。南岩宏奇紫霄丽，甘泉九成差可当。十年二百万人力，一一舍置空山旁。英雄御世故多术，卜鬼探符皆恍惚。不闻成祖帝王鬚，曾借玄天师相发。呜呼！汉武空邀王母过，高真不显宋宣和。功名虽盛毋乃晚，混沌时来当奈何。"

天寿山陵寝建了7年，武当山真武道观建了6年。如果国库不充盈，天下不太平，这些工程如何将建成？估计连想都不敢想。

为何要创建真武道宫？永乐帝在《御制真武庙碑》中说是为了报答天神的翊助之功，故建武当山真武道宫和北京真武庙："若夫神之宏功伟烈，行乎天地，统乎阴阳，充周普遍，幽深玄远，窈乎莫测，浩乎难穷，而报之为实难。不有为永久之图，则亦无以称朕之心焉。尝以武当山，神之修真凝道，超举升化之地，已命创建宫观，永永祀神。……顾惟北京，天下之都会，乃神常翊相予于艰难之地，其可无庙宇为神攸栖，与臣民祝祈倚庇之所？遂差吉创建，崇殿修庑，缔构维新，亢爽高明，规模弘邃，神灵感孚，来游来止。"

永乐十一年十月十八日给道士张宇清的敕文中称：武当天下名山，真武成道灵应感化之地。元末，宫观悉毁于兵。遂使羽人逸士修炼学道者，无所依仰。朕积诚于中，命敕建宫观，上以资荐皇考、皇妣在天之灵，下为天下生灵祈福[1]。永乐十年七月十一日下诏要创建武当山真武道宫：

> 武当天下名山，是北极真武玄天上帝修真得道显化去处，历代都有宫观，元末被乱兵焚尽，至我朝，真武阐扬灵化，阴佑国家，福庇生民，十分显应。我自奉天靖难之初，神明显助威灵，感应至多，言说不尽。那时节已发诚心，要就北京建立宫观，因为内难未平，未曾满得我心愿。及即位之初，思想武当正是真武显化去处，即欲兴工创造，缘军民方得休息，是以延缓到今。如今起倩些军民，去那里创建宫观，报答神惠，上资荐扬皇考皇妣，下为天下生灵祈福。用工夫不多，至容易不难。特命隆平侯张信、附马都尉沐昕等，把总提调管工官员人等，务在抚恤军民夫匠[2]。

1 《大明玄天上帝瑞应图录》，《道藏》，第19册，文物出版社、上海书店、天津古籍出版社出版，1994年。

2 《武当山历代志书集注（一）·敕建大岳太和山志》，第100页，湖北科学技术出版社，2003年。

据《大明玄天上帝瑞应图录》[1]记：“国朝敕命隆平侯张信、驸马都尉沐昕，统率军夫二十余万，敕建武当山宫观。圣谕详明，具载黄榜。永乐十年秋九月庚子之吉兴工。”（图1）

经过六年的营建，一座庞大的真武道宫屹立于武当山，据《大明太宗文皇帝实录》[2]记：“永乐十六年十二月丙子朔，武当山宫观成，赐名曰太岳太和山。山有七十二峰、三十六岩、二十四涧，峰之最高者曰天柱，境之最胜者曰紫霄。南岩上轶游气，下临绝壑。紫霄南岩旧皆有宫，南岩之北有五龙宫，俱为祀神祝厘之所，元季兵毁，至是悉新建宫。五龙之东十余里名玄元玉虚宫，紫霄曰太玄紫霄宫，南岩曰大圣南岩宫，五龙曰兴圣五龙宫。又即天柱峰顶，冶铜为殿，饰以黄金，范真武像于中。选道士二百人供洒扫，佃田二百七十七顷并耕户以赡之。仍

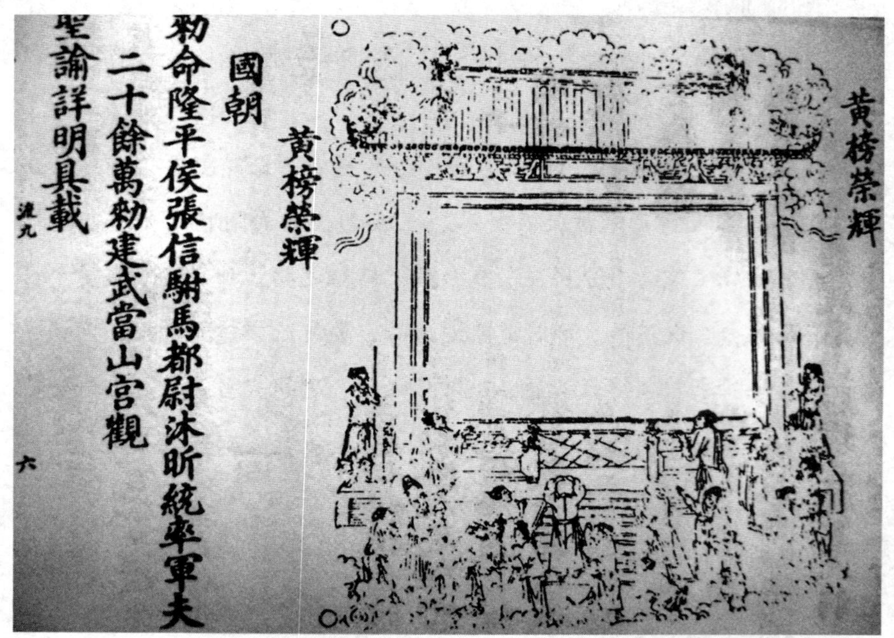

图1　敕修武当山真武宫观黄榜图

1　《道藏》第19册《大明玄天上帝瑞应图录》，文物出版社、上海书店、天津古籍出版社出版，1994年。

2　《大明太宗文皇帝实录》卷二百七，永乐十六年十二月丙子，北平图书馆红格本影印。

选道士任自垣等九人为提点，秩正六品，分主宫观，严祀事。上资太祖高皇帝、孝慈高皇后之福，下为臣庶祈弭灾沴。凡为殿观、门庑、享堂、厨库，千五百余楹，上亲制碑文以纪之。”（图2）

图2　武当山金殿

三　玄武其神

（一）玄武原为地狱之神

玄武一直以来被人们当作是一位北方神，但根据汉代人的解释，他最初却是一位地狱之神。战国诗人屈原《楚辞·远游》云：“时暧曃其曭莽兮，召玄武而奔属。”东汉王逸《楚辞章句》注释说“呼太阴神使承卫也”，可知太阴神是地狱神。

汉人刘安《淮南子·天文训》说：“北方，水也。其帝颛顼，其佐玄冥，执权而治冬。其神为星辰，其兽玄武。”按照东汉人许慎《说文》的解释，玄为黑色，冥为幽，即又阴又暗之义，武与冥古音相通，武，古音读没，为冥之双声音转，玄武即玄冥。故叶舒宪先生在《中国神话哲学》[1]里称颛顼与玄冥，从音义学的角度，二者的意思是相同的，都是对幽暗不明的北方的一种象征指代，而北方的地狱的别称为“蒙谷”，所以北方神颛顼为阴间地狱之神。

地狱又称幽都，晋人张华《博物志》记：“昆仑山北，地转下三千六百里，有八玄幽都，方二十万里。”屈原《招魂》云：“魂兮归来，君无下此幽都些。”《淮南子·地形训》称：“掘昆仑虚以下地，中有增城九重……旁有九井……是其疏圃，疏圃之地，浸浸黄水，黄水三周复其源。”阴间幽都位于昆仑山的北边，地转下三千六百里处，那里有浩漫大水即黄泉与四海相通，所以颛顼、玄冥又身兼水神的功能，《左传》说“水正曰玄冥”，《后汉书》称“玄冥，水神也”。

阴间是与阳间不同的一个世界，最大的特点是黑暗，其色自然为黑色，所以水的颜色也是黑色的。据何新先生《玄武神的演变故事》[2]的考证，称到了晋代，张华《博物志》记“海之言晦昏无所睹也”，冥、昧古音同，读若“晦”，其音义又与海相通，海古音从每。所以海也是从冥演变而来的，其色为黑色。

汉代《河图帝览嬉》云：“北方玄武之所生，其帝颛顼，其神玄冥。北方七神之宿，实始于斗，镇北方，主风雨。”颛顼、玄冥都是北方玄武所生，也就是说三者同为一体，又说他为天空北方七宿，始于北斗。晋人干宝《搜神记》引管辂的话说：“南斗注生，北斗注死”。显然北方神玄武又是一位主死亡的阴间之神。

这位北方神管辖的地界，汉人刘安《淮南子·时则训》为我们描绘了一幅令人胆寒的地域：“北方之极，自九泽穷夏晦之极，北至令正之谷，有冻寒积冰，雪雹霜霰，漂润群水之野，颛顼、玄冥之所司者万二千里。”那里极偏僻幽暗，冻寒积冰，雪雹霜霰，而漂润群水之野就达一万二千里，谁进入此地，将永远走不出来。

---

1 叶舒宪：《中国神话哲学》，第 92 页，中国社会科学院出版社，1997 年。

2 何新：《诸神的起源》，第 199 页，三联书店，1986 年。

（二）玄武起源于引绳测天

根据汉人的解释，玄武是北方阴间神，如果再往上追溯，则与远古先民立杆测影有关。何谓立杆测影？就是古代测量日影的方法，也就是《周礼》所讲的土圭之法。当远古先民要聚在一起，进行生产、生活时，什么对他们最重要？是时空的确定。时间是一年四季，空间是东南西北，而这二者都是由太阳决定的。太阳早晨从正东方升起，中午偏向了南方，黄昏从正西方落入地平线下，夜间太阳潜伏于北方的地下，次日又从东方复出，如此周而复始。大地上的一切生命均要按照太阳的运行规律而运行，就像《周易》所讲的“承天而时运”，总是承受天的作用按时序运行，于是先民们想到了一种测量日影的方法。

《周礼·匠人》记：“匠人营国，水地以县。置槷以县，视以景。为规，识日出之景与日入之景，昼参诸日中之景，夜考之极星，以正朝夕。”用一根绳子悬挂一个重物作为准绳，同时把地面整理水平，并将八尺高的槷（臬）即木柱，也就是表垂直地立于地面之上，然后以表为圆心画出一个圆圈，将日出和日落时的表影与圆圈相交的两点记录下来，参考白天正午的影子位置和晚间北极星的方位，这样两点的直线就是正东西方向，而直线的中心与表的连线方向则是正南北方向。

立杆测影除了确定空间方位外，还要确定季节。在一年中，每天正午（太阳正南）时，杆影的长度是变化的，变化的规律是：夏季短、秋季居中、冬季长、春季居中，这种变化每年循环一次。用圭表测量出连续两次表影最短（或最长）之间所经历的时间就是一年。一年中表影最长时是冬至，最短时是夏至，长短居中时分别是春分和秋分。在古人的观察中，早晨太阳从东边升起，傍晚太阳从西边落下，因此东、西方向和春分点、秋分点就显得至关重要。

《尚书·尧典》记载了帝尧建立时空秩序的过程：命令羲仲到东方旸谷测量太阳的影子，确定春分点，这时人们分散在田野，鸟兽开始生育繁殖。命令羲叔到南方明都测量太阳的影子，确定夏至点，这时人们住在高处，鸟兽的羽毛稀疏。命令和仲到西方昧谷测量太阳的影子，确定秋分点，这时人们又回到平地上居住，鸟兽换成新毛。命令和叔到北方幽都测量太阳的影子，这时人们住在室内，鸟兽长出了柔软的细毛。帝尧听取了他的汇报，说："啊！你们羲氏与和氏啊，一周年是三百六十六天，要用加闰月的办法确定春夏秋冬四季而成一岁。由此规定百官的事务，许多事务都会兴办起来。"时空秩序确立之后，才有可能开始安排管理分工和进行生产活动。

按照太阳昼夜的运行规律，夏季昼长夜短，太阳出得早，落得晚，每日西沉时已偏向了北方，所以古人认为北方是太阳被埋葬于地下的"墓地"，称为暮谷、昧谷、蒙谷。《史记·封禅书》："长安东北有神气，成五采，若人冠绕焉。或曰东北，神明之舍；西方，神明之墓也。"裴骃集解引张晏曰："神明，日也。日出东北，舍谓阳谷；日没于西，墓谓蒙谷也。"北方永远见不到太阳的光芒，如同黑夜一样，故《尚书》称北方为幽都，《博物志》称幽都在昆仑山北，北方与"阴"发生了必然的象征联系[1]。

为了更为准确地确定四季，白天除了观察太阳的影子外，夜晚还要通过窥窬之孔观察北斗星的运行。北斗星由七颗星组成，呈斗形，绕着北天极即北极星旋转，当柄斗指向正东方时为春分，指向正南方时为夏至，指向正西方时为秋分，指向正北方即子位时为冬至。北斗星绕天一圈，正好是太阳运行一年的时间。当北斗星回归子位时，正好是冬至日，表示一年的终结，新的一年的开始，这就好像太阳落入北方一样，因此北方，也就是北极星所在地方，是黑暗的地方，是生命终结的地方。但它周而复始，永无停息，故称为"复"即轮回往复，《礼记》记招魂亦称为"复"，就是用了北斗回归子位之意。所以又称北方神为冬季之神、地狱之神。

但要找到北极点，还必须要通过牵星术即引绳测星法。北极点是

---

1 叶舒宪：《中国神话哲学》，第 92 页，中国社会科学院出版社，1997 年。

通过系于表尺顶端的一根绳子找到的。据余健先生《堪舆考源》[1]的考证，“绳”字的形态为“系+黾”，“系”即“玄”，“玄”乃“镟”之初文，“黾”读音为“冥”，与“冥”通，绳为“玄黾”也即“玄冥”的合文。卜辞有“大玄冥”即“大绳”，而“大绳”之义即“大神”。“玄冥”本与龟蛇没有任何关系，而是与“绳”有关系。

通过确定空间与四季的实践活动，在先民的意识中形成了永不磨灭的记忆，北方就是地狱，北方神就是地狱神，故《礼记》记招魂者要举死者的衣服面北而招魂。

（三）玄武神的蜕变

先民以引绳测天，以绳子创造了“玄冥”北方神。到了殷商时，龟卜盛行，龟卜实际上是立杆测影的变体。据余健先生《堪舆考源》2的考证，殷人以某种工具燃烧以灼龟的腹甲，然后观其卜裂之纹以定吉凶，龟版如大地，燃烧腹甲的契柱如圭表，裂纹如日影。以炬灼象征大地的龟版，犹如太阳以巨为媒介投影于大地，示下民以天语、天命，以卜吉凶。东汉《白虎通》称：“灵龟者神龟也，黑色之精，五色鲜明，知存亡吉凶。”于是，到了汉代，龟成了北方神的形象，《河图》称“北方黑帝，神名叶光纪，精为玄武”，又曰“北方黑帝，体为玄武，其人夹面兑头，深目厚耳”，玄冥为人面龟身。屈原《九歌章句》有“玄武步兮水母”，东汉王逸把玄武解释为天龟水神。

龟蛇合体的北方神形象，在汉代时终于被创造了出来，东汉魏伯阳《周易参同契》[3]说：“玄武龟蛇，盘虬相扶。”东汉张衡《思玄赋》曰“玄武宿于壳中兮，腾蛇蜿蜒而自纠”，唐人李善注云“龟与蛇交曰

1　余健：《堪舆考源》，第 64 页，中国建筑工业出版社，2005 年。

2　余健：《堪舆考源》，第 42 页，中国建筑工业出版社，2005 年。

3　《道藏》第 20 册，文物出版社、上海书店、天津古籍出版社出版，1988 年。

玄武”。东汉蔡邕书立于武汉大别山（龟山）上的石碑，上有“北方玄武，介虫之长，龟蛇交曰玄武”句。《后汉书·王梁传》记“王梁主卫作玄武”，唐人李贤注云：“玄武，北方之神，龟蛇合体。”为什么龟与蛇缠绕在一起？唐人段成式《酉阳杂俎》记：“朱道士者，太和八年常游炉山，憩于涧石，忽见蟠虵如堆缯绵，俄变为巨龟，访之山叟，云是玄武。”他解释说有堆如缯绵的蟠蛇，忽儿变为巨龟，所以玄武为龟蛇的合体。

而玄武与测天有关的信息逐渐不被人们所知了。

对玄武，古人还有另外一种解释，这种解释对后世影响深远。《礼记·曲礼上》记“行前朱鸟而后玄武”，唐人孔颖达注释说：“玄武，龟也，龟有甲能御侮用也。”宋人洪兴祖《楚辞补注》称：“玄武谓龟蛇，位在北方故曰玄，身有鳞甲故曰武。”宋人朱熹《楚辞集注》亦称：“玄武，北方七宿，谓龟蛇也。位在北方故曰玄，身有鳞甲故曰武。”他们认为龟有甲能御侮，故曰武，突出了威猛之义。当玄冥被改称为玄武时，人们对北方神的认识就发生了质的变化，注意力引向了“武”上。武，从止，从戈。据甲骨文，人持戈行进,表示要动武。一旦勇武之义被引进了北方神话之中时，玄武就脱变为一位勇猛的北方神了。南宋赵彦卫《云麓漫钞》[1]称其形象为“披发黑衣，仗剑踏龟蛇”，一位全新定位的北方战神产生了。

在四神中，惟玄武神被演变为手持宝剑，身穿金甲的武将形象，这是为何呢？这肯定与北方有关系，自古以来，汉人的统治处于四方的中心，而北方是最让汉人睡不着觉的地方。匈奴、突厥、鲜卑、契丹、女真，他们的铁骑时常把汉人从梦中惊醒。玄武本来就是汉人创造的神，现在他又兼勇武的特性，汉人正需要这样的一位北方神来守卫北方，为汉人服务。

---

1 ［南宋］赵彦卫：《云麓漫钞》卷九，《钦定四库全书·子部·杂家类》，台湾商务印书馆影印，1986 年。

（四）玄武神与帝王

唐太宗李世民于唐高祖武德九年六月初四日，于玄武门发动了宫廷政变，杀死了自己的长兄，当时的皇太子李建成和四弟齐王李元吉，逼他的父亲退位，当上了皇帝，史称“玄武门之变”。李世民成功的地点，暗示了玄武的翊助之功，无疑这是玄武得到帝王们信奉的根本原因，也为玄武地位的提升创造了条件，因为政治的因素高于一切。唐贞观八年，天下大旱，飞蝗遍地，朝廷下令祷于天下名山大川，但俱未感应，均川刺史姚简奉命到武当山斋醮致祷，结果天降大雨，《玄天上帝启圣录》[1]：“是时，枯槁复苏，歉回为稔。人皆享升平之乐，免沟壑之患。姚简其兹灵异奏闻，太宗降旨，就武当山建五龙观，以表其圣迹。”也就是在这个时候，才得知玄帝被五气龙君命守此山。唐太宗为感谢五气龙君，于武当山敕建五龙祠。但这个时候，玄武的地位并不高，他只是一位听命于五气龙君镇守武当山的神而已。

到了宋代，玄武神又一次与皇帝携起手来，宋太祖刚登基不久，玄武即于大内端明殿显灵，自称是“天都北极真武灵应真君”，告知太祖说看见了上帝的批鉴：“闻天下霸业侯王，尚或守据一方，未怀臣顺。近曾亲见上帝批鉴，并合归宋朝为一统，永昌万世帝王之业。”[2]使太祖极为高兴，因为玄武为宋朝描绘了一幅美好的蓝图。

但自宋朝开国以来，北部边疆面临着前所未有的冲击，契丹、女真人虎视眈眈，北方告急。而且宋人与契丹、女真人的战争中始终处于劣势，这使统治者想到了玄武神，希望这位北方神能起来站在宋人的一边，保卫北部边疆，于是我们看到了宋朝皇帝近于疯狂地加封玄武：

1　《道藏》第 19 册《玄天上帝启圣录》，文物出版社、上海书店、天津古籍出版社出版，1994 年。

2　《道藏》第 19 册《玄天上帝启圣录卷三》，文物出版社、上海书店、天津古籍出版社出版，1994 年。

天禧二年，宋真宗加封玄武为“镇天真武灵应佑圣真君”，改玄武为真武，是因为大中祥符间，为避赵氏始祖赵玄郎讳故，从此，玄武又称为真武。

嘉祐二年，宋仁宗加封玄武为“北极右垣镇天真武灵应真君”。

大观二年，宋徽宗加封玄武为“佑圣真武灵应真君”。

靖康元年，宋钦宗加封玄武为“佑圣助顺真武灵应真君”。封号中多了“助顺”二字，据杨立志《历代皇帝与武当山玄帝信仰》的考证，靖康元年，金兵铁骑滚滚南下，金为北方新兴强国，真武为北方之神，故当时有人认为奉祀真武是“金虏之谶”，宋钦宗加封真武“助顺”之号，显然是以金为“逆”，以宋为“顺”，希望通过加封，让真武神来保佑辅助大宋王朝。

嘉定二年，宋宁宗加封玄武为“北极佑圣助顺真武灵应福德真君”。

宝祐五年，宋理宗加封玄武为“北极佑圣助顺真武福德衍庆仁济正烈真君”。

在皇帝加封玄武尊号的同时，又把玄武从北方请到武当山，说武当山是真武的升道之处。《太上说玄天大圣真武本传神咒妙经》、《元始天尊说北方真武妙经》等经相继出现，声称真武神是净乐国王的太子，出家于武当山修行42年，功成飞升，被上帝封为太玄，镇守北方。《玄天上帝启圣录》记真武得道升天的场景为五龙捧圣：“玄帝在岩，潜虚玄一。默会万真，四十二年矣。……跣足拱手，立于紫霄峰上。须臾，五气龙君捧拥，驾云而升，至大顶天柱峰乃止。”这段记载，显然真武的地位得到了提高。

但无论宋朝皇帝怎样加封玄武以及请玄武到武当山安家，最终玄武还是没有助宋家王朝保住自己的天下。

元人统一天下，仍然被说成是玄武的翊助之功，赵孟頫在《启圣嘉庆图序》[1]里说：“皇元之兴，实始于北方。北方之气将王，故北方

1 《道藏》第19册《玄天上帝启圣灵异录》，文物出版社、上海书店、天津古籍出版社，1994年。

之神先降。事为之兆，天既告之矣。”虽然玄武被宋人请到了南方武当山，但人们还是认为北方是玄武显灵的地方。元大都的肇建亦是玄武的显灵。至元六年十二月庚寅，有神蛇出现于城西高梁河中，首耀金彩，翼日辛卯，又有灵龟出游，背纹金错，祥光绚烂。认为是玄武神应，于是于明年二月甲戌于所现之地建庙以祀，以昭神贶。元翰林侍讲徐世隆撰《元创建真武庙灵异记》[1]称：“我国家肇基朔方，盛德在水，今天子观四方之极，建邦设都，属水行方盛之月，而神适降，所以延洪休昌景命，开万世太平之业者，此其兆欤!”

明代朱棣坐镇北平，南下靖难时，又搬出了玄武为之助阵，而且更为直接，说玄武率天兵响应，朱棣即扮成真武形像披发仗剑响应。

玄武神最后成为成就帝王之业的护佑之神，其地位得到了最大限度的提高，朱棣在《御制大岳太和山道宫之碑》[2]称：“盖闻大而无迹之谓圣，充周无穷妙不可测之谓神，是故行乎天地，统乎阴阳……陶铸群品，以成化工者，若北（极）玄天上帝真武神是已。按道书神本先天始气，五灵玄老太阴天乙之化生。”《玄天上帝启圣录》[3]亦云：“玄帝果先天始气五灵玄老太阴天一之化，按混洞赤文所载玄帝乃先天始气太极别体，上三皇时下降为太极真人，中三皇时下降为太初真人，下三皇时下降为太素真人。”“而帝位居金阙之贵，总统枢机，陶铸群品，佐天罡。大圣真君调理四时，运推阴阳，造化万物，莫极崇高矣!”玄武成了先天始气太极别体，可与道教最高神三清相当。故永乐帝对玄武行国家典礼，即每岁元旦、圣旦、三月三日、九月九日、朔望日，俱遣礼部太常寺上官到地安门真武庙行礼[4]。

---

1 《道藏》第19册《玄天上帝启圣灵异录》，文物出版社、上海书店、天津古籍出版社，1994年。

2 《道藏》第19册《御制大岳太和山道宫之碑》，文物出版社，上海书店、天津古籍出版社，1994年。

3 《道藏》第19册，第571页、576页，文物出版社、上海书店、天津古籍出版社出版，1994年。

4 《大明会典》卷一百八十一，第1468页，江苏广陵古籍刻印社，1989年。

四　天柱峰酷似龟形

我们发现了一个问题，是什么原因促使宋人选择了武当山作为真武的升道之山呢？元人刘道复《武当福地总真集》[1]称“回旋若地轴天关之象，地势雄伟，非玄武不足以当之，因名之曰武当”，元延祐二年三月《元赐武当山大天一真庆万寿宫碑》[2]记：“有山曰太和，又曰仙室，以玄武神居之，名武当。踞地八百里，峰七十有二，最高曰紫霄之峰。”元人赵孟頫《启圣嘉庆图序》[3]称：“紫霄天柱，岩岩峻极，非玄武，孰能当之。”为何名武当山，是因为只有玄武才配得上这座山，才名符其实，也就是说此山形像龟，而玄武就是龟的化身，故玄武当之。

现在通过航拍，发现了这一现象，武当山天柱峰与其西北方一座山峰的造型非常像一只巨大的神龟，有“天造玄武”之称（图3）。这一奇特的造型可能早在先秦时就已为从山南登顶者所认识。中国古人非常相信天垂象之说，如果没有这一原因，玄武神怎么能从北方跑到这个偏僻的地方来安家呢？又怎么能够使人们信服呢？所以宋人杜撰了玄武在武当山升天的故事，使玄武成为宋家王朝的家神。永乐时于天柱峰修了一圈城墙，酷似龟背的边缘线，使龟的形象更加完美。所以说武当山天柱峰的神龟形象，对于修建武当山真武道观的负责人和永乐帝来说已不是什么秘密，因为武当山的建筑设计肯定要经过永乐帝的御览。元明两代均于天柱峰顶龟背上建庙供奉真武铜像（图4），真武铜像均为坐姿，恰似一只巨龟驮着真武大帝，呈现出一幅天神骑龟遨游天空巡视天下图，这是何等壮观的设计！

1　《武当山历代志书集注（一）·武当福地总真集》，第5页，湖北科学技术出版社，2003年。

2　《道藏》第19册《玄天上帝启圣灵异录》，文物出版社、上海书店、天津古籍出版社出版，1994年。

3　《道藏》第19册《玄天上帝启圣灵异录》，文物出版社、上海书店、天津古籍出版社出版，1994年。

图 3 武当山天柱峰龟形山

图 4 武当山金殿所供明永乐真武铜像

第四章　磐衍象山

——紫禁城的空间结构

一　天子守边

本来都城在南京，非要花如此巨大的财力和人力迁到北京来，而北京历来被称为苦寒之地，难道真是到这里来吃苦的？正统七年十二月二十四日，翰林院编修徐理上书言五事，称："一国之武备莫先于治兵，要使国兵足以制边兵，边兵足以制夷狄可也。我朝太宗皇帝建都北京，镇压北虏，乘冬遣将出塞烧荒哨瞭。今宜于每年九月，尽敕坐营将官巡边，分为三路：一出宣府以抵赤城、独石，一出大同以抵万全，一出山海以抵辽东，各出塞三五百里烧荒哨瞭。如遇虏寇出没，即相机剿杀。"[1] 迁都北京是为抵御元蒙残余势力的进犯，正如崇祯时人刘侗《帝京景物略》[2] 说："文皇帝得天子守边之略，于厥初封，都燕陵燕，前万世未破斯荒。"

过去都是"天子居中，诸侯守边"，永乐帝改变这一格局，可能与他本人为诸侯有关。朱元璋通过杀戮功臣，分封自己的儿子为藩王的办法，把全国最重要的地方的军政大权牢牢地掌握在朱姓家族的手中，以为这样就可以控制天下，不致大权旁落他人之手，为子孙打下一个牢固

1　《大明英宗睿皇帝实录》卷九九，正统七年十二月庚戌，北平图书馆红格本影印。

2　［明］刘侗：《帝京景物略·叙》，第 3 页，北京古籍出版社，1992 年。

的基业，正如朱元璋对要继承皇位的孙子朱允炆所说的那样：“朕以御虏付诸王，可令边尘不动，贻汝以安。”然而后来的事实却适得其反。朱棣在诸王中势力最强，军队最精锐，然而他并没有听从中央的削藩决议，还打着“靖难”的旗号，一举推翻了建文帝的统治，因此他最知道藩王势力强大意味着什么，对中央构成的威胁将是巨大而可怕的。他取得帝位后，为了避免悲剧的重演，他决定迁都北京，这样就不致于兵权旁落他人。纵观历史，历代边患都出现在北方，特别是唐代以来，北部边疆游牧民族的兴起给汉人政权带来了极大的威胁，因此在客观上迁都北京，能集中全国的财力和兵力形成最坚固的堡垒，以保持边疆稳定。

天子守边的出现也是历史发展的必然。

北宋以前，西北一带是最重要的前线，先有匈奴，后有突厥，西北长期受到这些少数民族的侵扰，因此国家的力量主要集中于这一带。西汉时，匈奴势力强盛不断东进南下，严重地威胁着西汉王朝的安全。汉武帝时，国泰民安，他利用“文景之治”积累的财富，决定对匈奴进行反击，于是产生了两位震慑匈奴的大将卫青和霍去病。卫青，字仲卿，河东平阳（今山西临汾西南）人。年少时曾为平阳侯曹寿家奴，善骑射，有勇力。因其姐卫子夫受汉武帝宠爱，于元光五年受任车骑将军。元朔二年春，率军击败匈奴娄烦王、白羊王两部，歼敌数千人，攻占河南地（今内蒙古伊克昭盟一带），受封长平侯。五年春，率军奔袭匈奴右贤王部，乘夜突然袭击，歼敌 1.5 万人，升任大将军。接着，两次率军出击漠南（今蒙古高原大沙漠以南）单于本部，歼敌近 2 万人，迫使单于远徙漠北（今蒙古高原大沙漠以北）。元狩四年夏，与霍去病各率 5 万铁骑主动越过大漠（今蒙古高原大沙漠）进击匈奴。他以正面钳制，两翼包围的战法，歼匈奴近 2 万人，追至寘颜山赵信城（在今蒙古国杭爱山南）而还。霍去病，河东平阳（今山西临汾）人，为大将军卫青之甥。一生四次领兵出击匈奴，均大获全胜而回，歼灭匈奴 11 万多人，降服匈奴 4 万余众，开河西、酒泉之地。在西北，匈奴与汉王朝的直接对抗中受到了最沉重的打击，彻底消除了匈奴对汉王朝的威胁。

但汉以后，突厥人兴起，继续成为西北最不稳定的重要因素。

突厥人属于中亚民族，原为柔然人的锻奴，有发达的冶铁技术，但以游牧经济为主。梁武陵王天正二年突厥打败柔然，建立起幅员广阔的突厥汗国，势力迅速扩展至蒙古高原，后分裂为东西突厥。隋唐时，西北边疆的冲突主要来自东突厥。唐太宗刚即位时，东突厥的10万大军进驻渭水北岸兵临长安城下。由于天下初定，唐军没有马上出击，而是与东突厥订立盟约，并赠颉利可汗大量金帛。东突厥军队退走后，太宗推行与民休息的政策，革除弊政，励精图治，在短短的数年时间内，国力空前强盛。贞观三年，唐太宗乘东突厥内乱之际，派李靖、李绩率领军队分道出击。次年二月，打败了东突厥，俘虏了颉利可汗，15万突厥人南下归附。西北各族的君长于是奉唐太宗为“天可汗”即天下共主的意思。

打败东突厥后，西北一带无战事了，但东北一带却出现了严重的危机。中国的政治、军事格局也随之发生了巨大的变化，国家力量由西北转向了以幽州城为核心的东北一带。第一次提升东北地位是在唐太宗贞观后期。由于彻底消灭了东突厥人，消除了西北长期存在的隐患，唐太宗就可以放心地调动整个国家力量来处理东北局势。

东北不稳定的因素，开始是来自朝鲜。自隋代开始，就一直与朝鲜争战不休。最后一次战争，高句丽俘虏隋军一万余人，并把战死的隋军尸体筑成“京观”纪念物。唐政权建立后，高句丽遣使入贡，也毁了“京观”，但没有宾服。贞观十七年，朝鲜半岛发生动荡，百济进攻新罗，占领其40余城，并与高句丽图谋断绝新罗通往唐朝的通道。新罗遣使入朝，请求唐朝出兵。唐太宗派人出使高句丽，命其停止争战，遭到高句丽拒绝，这严重地刺伤了唐太宗的自尊，遂决定发兵东征高句丽，曾先后7次出兵攻打。但每次都没取得决定性的胜利，使唐王朝不断地把国家力量调整到东北一带。而山东的登、莱二州是水军进入朝鲜半岛的必经之路，从隋代开始这里就成为造船中心和屯兵、屯粮的基地。唐代仍以二州为进攻高句丽的基地，大量的物资集中到了这里。

第二次提升东北的地位是在唐玄宗时期。唐玄宗好功喜大，继续用兵边疆，设立十大兵镇，于边境驻扎重兵，以节度使为最高军事长官。节度使领若干州，权力很大，他们除了管理军政外，又兼管本道民政及财政，权势积重。唐朝崇尚边功，因此节度使建立边功的机会最多，在唐朝有一个不成文的规定，节度使由中央派大臣充任，立功后往往入朝拜相。但李林甫当上宰相后，情况就发生了改变，他为了巩固本身权位、堵塞边帅入相的路径，藉口文官不懂军事，多用胡人担任节度使。安禄山就是在这种机遇下走上了政治舞台的。他本是混血胡人，貌似忠诚，生性狡诈。年轻时在边境市场充当突厥与唐朝互市的中介人。后来得到幽州节度使张守的赏识，被认作养子。安禄山贿赂使臣，献媚皇帝，由于得到玄宗和杨贵妃的欢心和信任，因此不断加官晋爵，于天宝元年出任平卢节度使，不到十年，安禄山已身兼平卢（今辽宁朝阳）、范阳（今北京）、河东（今山西太原西南）三镇节度使，玄宗还把地方财政、民政大权交给安禄山，结果东北尽在他的掌控之中。仅仅十年的时间，安禄山羽翼丰满，到了尾大去不掉的地步。按当时全国兵力的布署来看，总兵数为 57 万，边兵竟占 49 万，而东北作为全国最重要的边疆重地，大部分兵力布署于此，他实际上已具备称霸一方的实力。而东北以范阳为中心，地理位置优越，如果安禄山以范阳为据点起兵，可以南下直取中原，中原将无任何抵御之力。

玄宗自认为把边疆重任交给安禄山后就太平无事了，整日于宫中与杨贵妃纵情享乐，信任宦官高力士，把朝政交给宰相李林甫处理。长安城里歌舞升平，哪里会想到“羯鼓一声，范阳兵变”。天宝十四年十一月初九日，安禄山以讨杨国忠为名，发动所部三镇兵及同罗、奚、契丹、室韦兵共 15 万，号称 20 万，起兵范阳，大张旗鼓，挥戈南下，直趋两京（指长安与洛阳）而来，沿途州县，望风瓦解，守、令或逃或降，或被擒杀。十一月十五日，安禄山起兵反唐六天后，消息才传到骊山华清宫。此时，正值华清宫梅花怒放，玄宗正与杨贵妃一起击羯鼓赏梅，杨国忠直奔进来，大叫：“安禄山反了！”而玄宗哪里会相信这是真的，对安禄山恩大于天，安禄山怎么会反呢？但安禄山于洛阳称大燕皇帝却是千真万确的事。很快唐军在潼关溃败的消息传到宫中，玄宗才慌了神。安禄山长驱直入长安，玄宗匆忙南逃，走到马嵬驿（今陕西兴平）时，军队停止前进，高呼杨国忠、杨贵妃兄妹误国，要求杀死二人以谢天下，于此上演了一场唐玄宗"挥泪斩玉环"的爱情悲剧。

朝鲜战争与安史之乱标志着东北政治、军事实力的兴起，政治的焦点转向了东北。特别是安禄山时，范阳羯鼓动地来，震惊了天下，使天下人意识到来自东北的力量足以摧毁整个国家。故诗人杜牧说此地是"王者不得，不可为王；霸者不得，不可为霸；滑贼得之，是以致天下不安"[1]。

唐末天下大乱，出现"五胡十六国"，东北少数民族崛起，作为北方重镇的北京在历史上开始由封国、北方重镇转变为少数民族政权的都城，直接威胁着汉人的政权。虽然隋唐统一中国后，并没有定都于此，但随着对朝鲜的不断用兵，蓟城成为我国北方最重要的军事重镇。唐末以后，居于辽宁西北西辽河上游的契丹族迅速崛起，于后唐清泰三年，契丹人占据幽州，建立陪都，因位于辽国南部，故称南京，又称燕京。不久，后周殿前都点检赵匡胤发动兵变建立宋，统一中原，与北方辽国形成两大势力集团。与此同时，崛起于东北松花江流域的女真族却日益强大，建立金国。金灭辽后打败宋朝军队，占据燕京城，把首都从远在松花江的会宁迁到了燕京。

正当金朝与南宋对峙时，我国北方又一个少数民族蒙古族兴起了。在大汗铁木真的率领下统一了各部，于宋开禧二年建立蒙古政权。贞祐三年蒙古骑兵南下攻入中都，中都毁于战火，变成一片废墟。忽必烈即位后，雄心勃勃，大军挥戈南下，完成了统一中国的大业。至元四年营建新都，至元八年忽必烈建国号曰大元，第二年改中都为大都，并从上都迁都于此。大都城是继隋唐长安城之后作为完成统一中国大业的王朝

1　［唐］杜牧：《樊川文集》第五《罪言》，第 87 页，上海古籍出版社，1978 年。

的政治中心的又一座崭新的都城。全国的政治中心转向了大都城，表明中国的政治中心已经北移。

虽然朱元璋灭了元政权，建立明王朝，定都南京，但元蒙残余势力并没有被彻底铲除，北方仍潜伏着巨大的危险。

北京是燕王朱棣的龙兴之地，他在此经营 20 多年，形成了一个以他为中心的政治、军事集团。朱棣夺取政权后，开始了一个长远的计划即北征，想为子孙打下了一个永久的基业。第一次宣告亲征是在永乐八年正月二十七日，他书谕太子，正式声明要亲率六师北征，太子留守总统军国之务。第二天，朱棣诏谕从征将士要挺拔自奋，建立大功。二月初四日，发布了告天下诏，指责鞑靼叛逆不化，杀使扰边，破坏北边安宁。要求将士以大击小，以顺取逆，以治攻乱，以逸伐劳，荡除有罪，扫清沙漠。使人民无转输之苦，将士无战斗之虞，可以解甲而高枕无忧了。

为了能够更好地集中全国之力量对付元蒙残余势力，巩固明朝政权。决定把首都迁往北京，从此，朱棣改变了历代“天子居中，诸侯守边”的历史。

这种改变，并非他一个人独行，迁都北京时，朱棣没有忘记这位曾翊助他的真武大帝，他把真武从武当山请到了北京。朱棣说：“顾惟北京天下之都会，乃神常翊相予于艰难之地，其可无庙宇为神攸栖，与臣民祝祈倚庇之所？遂差吉创建崇殿修庑，缔构维新，亢爽高明，规模弘邃。”不仅要在北京建庙供奉，而且还要把供奉玄武神的宫殿修得高大雄伟，气势磅礴。

紫禁城的空间设计就融入了玄武天象。

二　龟蛇缠绕的空间

我们说武当山被作为真武大帝的升化之处，受到人们的崇拜和信奉，最大的原因是天柱峰酷似龟形。要想把真武请到北京来，并不是简单地于北京盖几座庙就可以实现的，而是要把京城最重要的中心空间即紫禁城模拟为天神玄武的空间。玄武神最明显的标志是龟蛇的化身，龟蛇缠绕在一起，如何来表现龟蛇呢？

首先，于宫城北垒山以象征龟。龟是灵兽，《礼记·礼运》记龟为祥瑞四灵之一，汉人刘向《说苑·辨物》称："灵龟文五色，似玉似金，背阴向阳，上隆象天，下平法地，磐衍象山，四趾转运应四时，文著象二十八宿，蛇头龙翅，左睛象日，右睛象月，千岁之化，下气上通，能知凶吉存亡之变。"龟象天法地，长寿千岁，明确称龟磐衍象山。反过来说如果山象龟，龟表长寿，再附上"仁者乐山，仁者寿"之意，故此山则可名曰万岁山。又按风水法则，山有四象即青龙、白虎、朱雀、玄武，北边的山称为玄武山，晋人郭璞《葬书》[1]称："万物负阴而抱阳，故凡背后不可无屏障以蔽之，如人之肩背，最畏贼风，则易于成疾。坐穴亦然，真龙穿障，受幕结成形局，玄武中峙，依倚屏障以固背气，此立穴之大概也。"北边有山如玄武中峙，则可以作为坚固背气的屏障之用。

据永乐时大学士杨荣《皇都大一统赋》称："至若太液之池，万岁之山……又有福山后峙，秀出云烟，实为主星，圣寿万年。"杨荣称紫禁城后有山，他称之为福山，其功能是主圣寿万年。明人刘若愚记："殿之南则万岁山，俗所谓'煤山'也。"据称万岁山是用开挖护城河的土渣堆筑而成的，有一条磴道通向山顶，每到重阳日，圣驾在山顶升座，可极目远眺，山门曰万岁门[2]。

紫禁城后有山，名曰万岁山（图 1）。显然，万岁山（今景山）是按照北方山为玄武山之说而垒筑的。

把宫城后的山称之为万岁山，早已有之，元人陶宗仪《南村辍耕录》[3]记："至元四年正月，城京师以为万事本，右拥太行，左注苍海，

1 ［晋］郭璞：《葬书》，《四库术数类丛书》（六），第 26、27 页，上海古籍出版社，1991年。

2 ［明］吕毖编：《明宫史》，第 8 页，北京出版社，1963 年。

3 ［元］陶宗仪：《南村辍耕录》卷二一，中华书局，1997 年。

图 1　万岁山（景山）

抚中原，正南面，枕居庸，奠朔方，峙万岁山。”元代建都北京，宫城大内后有靠山曰万岁山，万岁山即琼华岛，《钦定日下旧闻考》[1]记：“琼华岛周围计二百七十四丈，旧有广寒殿，相传为金章宗时李妃妆台遗址，元改名万寿山，又称万岁山。”到了明代，《中都志》记：“(明中都凤阳) 万岁山……形势壮丽，岗峦环向。国都启运，筑皇城于是山，绵国祚于万世。”明中都凤阳建于朱元璋时期，早于北京紫禁城，是紫禁城的蓝本。永乐帝迁都北京后，并没有利用元代宫城的靠山琼华岛，而是于东侧以巨大的人力在宫城北垒筑了一座山，以作为紫禁城的靠山名曰万岁山，它不仅是龟山的象征，也表明承袭了中都后山的叫法，其目的是为了体现父皇中都之意志即绵国祚于万世。

笔者还发现在明初万岁山是一座秃山，上面没有任何建筑。《明史》[2]记：“孝宗践阼，将建棕棚万岁山，备登眺。臣抗疏切谏。祭酒费闇惧祸及，锒铛絷臣堂树下。俄官校宣臣至左顺门，传旨慰谕曰：‘若言是，棕棚已毁矣。’”孝宗之前，万岁山上连盖一座简易的棕棚都是不可能的。于山顶建亭始于弘治十一年，《明史》[3]记：“(李) 广劝

1　［清］于敏中等编纂：《钦定日下旧闻考》卷二六，《钦定四库全书·史部·地理类》，台湾商务印书馆影印，1986 年。

2　《明史·高瑶列传附虎臣万传》卷一六四，中华书局，1974 年。

3　《明史·李广列传》卷三〇四，中华书局，1974 年。

帝建毓秀亭于万岁山。亭成，幼公主殇，未几，清宁宫灾。日者言广建亭犯岁忌，太皇太后忿曰：'今日李广，明日李广，果然祸及矣。'广惧自杀。"可见，在紫禁城建成之时至弘治十一年，万岁山上是没有任何建筑的，也最忌讳在山上盖房子，以致犯岁。没有建筑的山，其形状就很有可能被垒成龟形，即像武当山天柱峰龟形那样。我们现在看到的山上有五座亭子，其中四亭则是清乾隆十六年时加上的，五亭分别为万春、观妙、周赏、辑芳、富览。有了五座亭子，给我们的感觉是山变成了五指山即笔架山。

除了神龟万岁山镇守紫禁城外，还必须要有蛇的缠绕，这就是金水河（图 2）。

现在我们看到的紫禁城里的金水河是否是永乐时所开挖的？大学士金幼孜《皇都大一统赋》称"禁城之下金水溶溶"，杨荣《皇都大一统赋》亦称："金水之滨，瑶阶玉除。"说明金水河为当时修建紫禁城时所开挖的一条河流。金水河的走向怎样呢？明人刘若愚记："紫禁城内之河，则自玄武门之西，从地沟入，至廊下家，由怀公门以南，过长

图 2　从西北角楼处流入的金水河

庚桥、与马房桥，由仁智殿西、御酒房东、武英殿前，思善门外、归极门北、皇极门前、会极门北、文华殿西，而北而东，自慈庆宫前之徽音门外，蜿蜒而南，过东华门里古今通集库南，从紫禁城墙下地沟，亦自巽方出，归护城河。或显或隐总一脉也。”[1]金水河从西北乾位天门入，蜿蜒曲折地从西流向东南巽位地户，形成天地相通之局。如果我们从空中俯瞰紫禁城，会发现金水河就像一条蛇一样缠绕环抱着紫禁城。水要像蛇形，才有生气，三国时人管辂《管氏地理指蒙》[2]称水有三奇：“曰横、曰朝、曰绕，精神气既，相其委蛇以乘，其止为跃渊之宜。”

万岁山和金水河的关系是龟与蛇的关系，紫禁城正好处于龟蛇的环抱之中。

而龟蛇是天神玄武的化身，紫禁城神奇的空间令我们震撼，它与武当山异曲同工，一个是自然天成，一个是人为创造，这正应了宋人蔡元定《发微论》所言的那样：“有宇宙即有山川，最不加多，用不加少，必天生自然而后定，则天地之造化亦有限矣。是故山川之融结在天，而山水之裁成在人。或过焉，吾则裁其过，或不及焉，吾则益其不及，使适于中，裁长补短，损高益下，莫不有当然之理。其始也，不过目力之巧，工力之具；其终也，夺神功，攻天命，而人与天无间矣。故善者，尽其当然而不害其为自然；不善者，泥于自然卒不知其所当然。所以道不虚行，存乎其人也。”

如果我们从全国的角度来审视武当山和紫禁城万岁山时，会发现有两座龟山，一座龟山为人造在北方，另一座龟山在南方为自然天成，北方的真武大帝手持宝剑注视南方，武当山的真武大帝双手扶膝目视东方，形成真武大帝护佑全国的格局。

---

1 《明宫史》，第 11、12 页，北京出版社，1963 年。

2 《管氏地理指蒙·三奇第五》，《钦定古今图书集成·博物汇编》卷六五五，中华书局、巴蜀书社影印，1985 年。

图 3　钦安殿

三　万岁山下的钦安殿

万岁山下便是紫禁城，北门玄武门内耸立着一座崇殿修庑，缔构维新，亢爽高明，规模弘邃的建筑名曰钦安殿（图 3），据大学士杨荣《皇都大一统赋》记：“若夫钦安之后，珠宫贝阙。”在庆祝紫禁城落成时，杨荣曾亲眼目睹钦安殿。钦安殿是作什么用的呢？《大明世宗肃皇帝实录》[1]告诉了我们：“(嘉靖十四年十月丙午）初，上又以文祖建钦安殿祀真武之神，诏持（按：广本、阁本和抱本均为特）增燎垣、作天一门及大内左右诸宫益加修饬，至是皆告成。上亲制祀（祝）文告列圣于内殿，仍具皮弁服祭真武之神于钦安殿。”

钦安殿建于永乐，供奉的是真武大帝。这让我们惊喜若狂，确实

1　《大明世宗肃皇帝实录》卷一百八〇，嘉靖十四年十月丙午，北平图书馆红格本影印。

永乐帝把真武神不仅请到了北京，还请到了宫内，难怪他要建造一个玄武的空间。

钦安殿自建成后从未发生过火灾，保存至今。此刻，随我们一道进入钦安殿里看一看，殿正中靠后檐立正龛一座，底座为青白石须弥座，上立乾隆时制作的楠木金漆云龙龛，玄武铜像呈右舒式坐于宝座上，披发跣足，著金甲，手执断魔雄剑，呈武相，面相鎏金，神态庄严，目光炯炯，威威然有帝王之度（图 4)。我们现在看到的外罩云龙皂氅为乾隆时制作。坐像前置铜龟蛇合体和“玄天上帝”神牌一座。座前立有四位从神，执旗者黑脸为水将，执剑鞘者为火将，执书卷者为玉女，执印者为金童。四位从神均为鎏金铜像，武将戴盔贯甲，衣带飘垂，威武庄严，文官面相和穆，长袍宽袖，衣纹刻画细致入微，转折自如，造像精美绝伦。

我们想起了武当山天柱峰金殿与钦安殿一样也供奉着一尊铜鎏金真武大帝像和四尊从神像。据记载于永乐十四年九月初九日下令都督何浚：“护送金殿船只至南京，沿途船只，务要小心谨慎，风水顺利即行。船上要十分整理清洁。”[1]金殿在北京铸造好后运至南京，再逆水而上运至武当山。金殿里的真武铜像，据实录称安供于永乐十六年十二月丙子朔[2]，呈坐姿，双膝垂地，双手置于膝上，披发跣足，外罩黑色皂衣，里著金甲，为文相。

永乐帝营建武当山与迁都北京，供奉真武神，一南一北，一文一武，完成了以玄武镇佑明王朝的布局。

我们现在看到的钦安殿位于御花园中，据《大明英宗睿皇帝实录》[3]记：“戊寅……增建御花房。”御花园是景泰六年夏四月增建的。

---

1 《武当山历代志书集注（一）·敕建大岳太和山志》，第 104 页，湖北科学技术出版社，2003 年。

2 《大明太宗文皇帝实录》卷二七〇，永乐十六年十二月丙子：“又即天柱峰顶，冶铜为殿，饰以黄金，范真武像于中。”北平图书馆红格本影印。

3 《大明英宗睿皇帝实录》卷二五二，景泰六年夏四月戊寅，北平图书馆红格本影印。

图 4　钦安殿真武铜像

永乐时此地空间开阔，只有钦安殿和东西七所。

建供奉玄武神的钦安殿于玄武门内，此布局古已有之，唐玄宗御撰的《大唐六典》之“尚书省工部”条记载：“殿（按：指紫宸殿）之北面曰玄武门。”原注曰：“其内又有玄武观。”又据《玄天上帝启圣录》[1]称：“上帝命玄帝曰：卿可当披发跣足，蹑踏龟蛇，建皂纛玄旗，躬披铠甲，位镇坎宫，天称元帅，世号福神，每月下降，揖扶社稷，并福生灵，亿劫不怠，辉光日新。”按八卦，坎为水，位于北方。钦安殿建于北门内，正居坎位，符合玄武神之宫位。

东西七所，据永乐时大学士杨荣《皇都大一统赋》记：“若夫钦安之后，珠宫贝阙。藻绣交耀，雕栊巀嵲。六宫备陈，七所在列。”六宫指东西六宫，七所指东西七所，位于钦安殿两侧，弘治年间西七所发生火灾，内阁大学士刘健等奏称：“切见近年以来灾异频仍，内府大灾尤甚，军器库火，番经厂火，乾清宫西七所火、内官监大（按：火），而前日清宁宫之灾为异，尤大臣等目击，实为寒心。窃惟古之圣王，未有不遇灾而惧者，或避殿减膳，或责己求言，修治政事，明正赏罚，然后可以转祸为福，变灾为祥。”[2]弘治十年十二月重建西七所[3]。嘉靖八年十月西七所又被烧毁，十四年因增建钦安殿燎垣和天一门、十五年建金香亭和玉翠亭时，原西七所的建筑格局被打破，故只恢复了五所。东七所也因嘉靖时建钦安殿围墙和围墙外的观花殿，拆除二所，保留五所。钦安殿两侧的东西七所遂成为东西五所即乾清宫东西五所。万历十一年春拆去观花殿，垒垛石山子，券门石匾名曰堆秀。山上盖亭一座，名曰御景亭[4]。

东西七所的设置，源于司马迁《史记·天官书》“北宫玄武”之说，

---

1 《道藏》第19册《玄天上帝启圣录卷一》，文物出版社、上海书店、天津古籍出版社出版，1994年。

2 《大明孝宗敬皇帝实录》卷一三七，弘治十一年十一月丙子，北平图书馆红格本影印。

3 《大明孝宗敬皇帝实录》卷一三二，弘治十年十二月甲午，北平图书馆红格本影印。

4 ［明］吕毖编：《明宫史》，第15页，北京出版社，1963年。

图5　玄武门（神武门）

“北宫”是指“北宫七宿”：斗、牛、女、虚、危、室、壁，七宿为北方天空的星宿，郑玄《尚书正义》解释说：“四方皆有七宿，各成一形。东方成龙形，西方成虎形，皆南首而北尾；南方成鸟形，北方成龟形，皆西首而东尾。”故于钦安殿左右建七所以象征北方天宫七宿。

钦安殿与玄武门（图5）、东西七所，共同组成了宫城北方建筑格局，使北方形成了一个特殊的区域即以玄武为命意的建筑区域及空间意象，北方属水，北方神曰玄武，并与万岁山相呼应。

嘉靖时于钦安殿前增建天一门（图6），发现天一门与钦安殿前六龙丹陛石雕二者数理关系的是韩增禄先生，他在《建筑与易说》中说地六是用天一门内正中间、钦安殿前的一块丹陛石雕上的六条龙来表示的。在紫禁城中轴线上，其他宫殿前面或后面（如保和殿）的丹陛石雕上，大都雕有九条龙（共分为三组，每一组一上二下共三条龙）。而钦安殿前面的这块丹陛石上，却雕有六条龙（两条龙相对为一组，从上到下共分三组）。六龙丹陛石雕，在整个紫禁城内，也是极其罕见的。坤宁宫

图6　天一门

北面有一块六龙丹陛石雕，其寓意为“用六永贞”、“顺天承乾”。而钦安殿这块六龙丹陛石雕，则是同“天一生水”即“天一门”相对应的。

这种数理关系体现了河洛象数原理，按《河图》、《洛书》所记，天地是由五行生成数来构成的，天地生成之十个自然数中，奇数一、三、五、七、九，为天数，偶数二、四、六、八、十，为地数。一、二、三、四、五，谓之生数，五个生数各相加五，即得六、七、八、九、十，谓之成数。而且它们又与五行即金、木、水、火、土之间，又有如下的关系：天一生水，地六成之；地二生火，天七成之；天三生木，地八成之；地四生金，天九成之；天五生土，地十成之。这种与五行相配的天地生成数，称之为河洛象数。而一与六共宗，居于北方。

如果我们把万岁山、金水河、钦安殿、七所及北方连在一起来看时，紫禁城庞大的龟蛇玄武空间就建立起来了，宏大的天象构建了紫禁城，龟蛇缠绕环抱，天神镇守，这是何等的创举。

做这些庞大的象征物，肯定有其目的，那就是为了实现天子守边的理想。

永乐帝守边，这是自古以来的头一次，反对迁都者不绝，于此建都，非人力能达到圆满，还必须借以神助。天子守边，边在哪儿？就在脚下，北京正好位于中国北方。请北方神玄武守此，正所谓名符其实，因此把紫禁城设计为北方天神的空间，让龟坐镇，让蛇缠绕环抱，以似天神镇守。

在朱棣最艰难之时，玄武神出手相助，有如此之浩天大功，永乐帝能不把这位尊神请来吗？同时还能为自己当上帝王证得名份，乃天授神权。

在永乐帝的心中，也许只有让天神玄武镇守紫禁城，镇守北方，守边才能守得住，自己才能睡得踏实。

四　万岁山与金水河的风水原则

于紫禁城北垒筑玄武靠山，开挖金水河似蛇缠绕紫禁城，不仅取象玄武天象，还符合风水法则，也就是堪定天寿山陵寝的那一套。紫禁城坐北朝南，山向为壬山丙向，金水河从西北引入，为亥位，符合南唐人何溥《灵城精义》[1]所言：“壬山丙向，水从乾亥出。……必富贵者也。”《宅经》亦曰：“山来水回，贵寿而财。”让紫禁城处于山川之中，使之成为一块吉地。

风水强调山水配合在一起，晋人郭璞《葬书》[2]言：“气为水母，有气斯有水，原其所始。水之流动，实生气之所谓也。生气升而为云，降而为雨。山川妙用，流行变化，势若循环，无有穷已，是故山之与水，当相体用，不可须臾离也。”现在我们看到的景山（万岁山）西街，

1　［南唐］何溥：《灵城精义》卷下，《四库术数类丛书》（六），第 144、145 页，上海古籍出版社，1991 年。

2　［晋］郭璞：《葬书》，《四库术数类丛书》（六），第 30 页，上海古籍出版社，1991 年。

在明代原为一条人工开挖的河流，它流入紫禁城护城河后成为金水河的水源。于万岁山西麓开挖河流，使水傍山而行，水流动好像把山里的气给带了出来。《管氏地理指蒙》[1]云："水随山而行，山界水而止。界分其域，止其逾越，聚其气而施耳。水无山则气散而不附，山无水则气塞而不理……山为实气，水为虚气。土逾高其气逾厚，水逾深其气逾大。土薄则气微，水浅则气弱。"

根据卦象，在后天八卦方位中，西北为乾卦，属天门，东南为巽卦，属地户。金水河从西北天门乾位引入，东南地户巽位流出[2]。乾与巽，是天门与地户的关系，象征天地相通。而在先天八卦中，西北又变为兑位，为泽，东南则为艮为山，西北与东南的关系又是山与泽的关系，则象征山泽通气。这条河贯穿整个紫禁城，象征天地相通，气充盈于其间。

金水河从西北引入，西北为乾，流经西方兑位而属金，故曰金水河。又气是水之母，金水河实际上是一股乾金之气。《葬书》[3]云："夫土者气之体，有土斯有气。气者水之母，有气斯有水。气本无体，假土为体，知土而知有此水也。五行以天一生水，且水何从生哉？生水者金也，生金者土也。土腹藏金，无质而有其气。乾藏坤内，隐而未见及乎生水，其兆始萌。言气为水母者，即乾金之气也。"

气是没有形体的，于是凝结为山而为体。气是水之母，所以有土又有水。我们可以进行反推得出这个结论，水是从金那里产生的，而金又是从土那里产生的，所以有土就有水。"土腹藏金"指的是藏气，故金水河是乾金之气。西北乾位又称亥位，郭璞说水从乾亥出，一定大富大贵。因为亥气为旺，"盖亥属水，兑属金，从西，兑入天皇，是金，

---

1 《管氏地理指蒙·头陀纳子论》，《钦定古今图书集成·博物汇编第658卷》，第58006页，中华书局、巴蜀书社影印，1985年。

2 西北为天门，东南为地户，明之前的都城的建构上已有之。《吴越春秋》记："范蠡乃观天文，拟法于紫宫，筑小城，周千一百二十二步，一圆三步。西北立龙龙飞翼之楼，以象天门。东南伏漏石窦，以向地户。"

3 ［晋］郭璞：《葬书》，《四库术数类丛书》（六），第16页，上海古籍出版社，1991年。

能生水，则亥气为旺，此正用五行而论生旺者也。”[1]

当金水河流到奉天门（太和门）前时，其形状像一张卧着的弓，这亦是按风水法则而为之的，风水称这种形状的水为眠弓水、金城环抱、冠带水和朝宗水（图 7)。朝宗出自《尚书·禹贡》：“江、汉朝宗于海。”诸侯朝见天子，春天朝见曰朝，夏天朝见曰宗。把金水河做成环抱状，一是象征朝拜，二是象征固若金汤。把朝宗一词与风水结合，郭璞是始作俑者，他说：“朝海拱辰，如万水之朝宗，众星之拱极，枝叶之护花朵，廊庑之围副厅堂。非有使之然者，乃一气感召，有如是之翕合也。”[2]

紫禁城东南角巽位是水口，为了避免出现南京城那样水口朝外，于此按风水法则使河道弯曲加大，拐弯增多，看不见水的去处，并建桥梁数座像带子一样以缚住，让水漫点流，形成“流囚谢”，与刚流入紫禁城时形成鲜明对照，目的是以收住这股乾金之气。如明人廖希雍《葬

图 7　奉天门（太和门）前的金水河

1 ［南唐］何溥：《灵城精义》，《四库术数类丛书》（六），第 141 页，上海古籍出版社，1991 年。

2 ［晋］郭璞：《葬书》，《四库术数类丛书》（六），第 24 页，上海古籍出版社，1995 年。

经翼》[1]所言水口那样："或起捍门，相对特峙，或列旌旗，或出禽曜，或为狮象蹲踞，回互于水上，或隔水，山来缠裹，大转大折，不见水去方佳。"

五　山水的本性是善

唐人杨筠松说："有山无水则阴盛阳枯而气无以资，有水无山则阳盛阴衰而气无以生。"山水属阴阳，缺一不可。山静止不动为阴，水流动为阳，孤阳独阴都是不好的，晋人郭璞云："物无阴阳，违天背原。孤阳不生，独阴不成。二五感化，乃能冲和。"[2]唐人柳宗元说："山川者，特天地之物也；阴阳者，气而游乎其间者也。"[3]所以万岁山与金水河二者的关系是阴阳关系。紫禁城背山面水，也就是负阴抱阳，有了阴阳，如此才能冲气以为和即充满生气，有了生气，生命才会衍行，符合儒家的根本思想"一阴一阳之谓道"。

在儒者看来，山水的本性就是善，与山水亲近，也就是在养我之本性，清代乾隆帝的老师朱轼说："吾将以为山水以为乐音，以养吾心焉耳。旨哉斯言，凡智者之乐水，仁者之乐山，以及先儒乐观天地生物气象无往非善即无往非乐，无往非乐即无往非养也。"

1　［明］廖希雍：《葬经翼》，《丛书集成新编·哲学类·宗教类》（2），第253页，台北新文丰出版公司印行，1986年。

2　［晋］郭璞：《葬书》，《四库术数类丛书》（六），第26页，上海古籍出版社，1991年。

3　［唐］柳宗元：《柳宗元集》，第1269页，中华书局，1979年。

第五章 替天行道

——紫禁城的前朝

永乐帝建造的紫禁城体现了怎样的思想？是否彰显了中国传统文化的精神灵魂？精神灵魂是什么？笔者将依据建筑本身来论证说明。紫禁城最重要的建筑分成两大部分即前朝和后廷，前朝表达了什么？后廷又表达了什么？只要把这两部分弄清楚了，紫禁城所凝固的精神灵魂就会像乌云散后的晴空一样，明亮透彻，使人想深深地呼吸，就像已深藏了很久的佳酿一样，纯正、馨香，沁人心脾。

一 巍峨壮丽的紫禁城

永乐帝以历代圣王治世之道为鉴，主张以仁政治理国家，于永乐元年九月初一日，敕谕中外文武群臣曰："为治之道在宽猛适中，礼乐刑政施有其序。唐虞三代至汉唐宋率由兹道。舜诛四凶，明五刑，夏禹承之，声教达于四海。周公相武王，灭国五十，至成康而后刑措不用。汉高祖初定天下，命萧何定律令，韩信申军法，至文景，挟书之律，肉刑之惨，一皆除之。唐高祖革隋弊政，定官制，颁律令，太宗承之，惩斩趾，禁鞭背，力行仁义，几致刑措。宋初太祖惩五代之乱，用刑颇重。咸平以后，务从宽仁。载之前史，可考见矣。朕皇考太祖高皇帝奋起布衣，当胡俗沈浸百年之后、奸雄睥睨反侧之余，拨乱反正，不得已而用刑，特权一时之宜。及立为典常，既有定律颁之天下，复为祖训垂宪子孙，而墨、劓、剕、宫并禁不用。朕以菲德缵成大统，仰思圣谟，夙夜祗服，惟欲举贤材，兴礼乐，施仁政，以忠厚为治。尔文武群臣尚思各共乃职，敬乃事，勿为朋比，勿事贪黩，勿恣情纵，欲以干匪彝至于用刑，必钦必慎，期于刑措，用臻康理。以上不负皇考创业之艰，而朕于守成之道亦庶几焉。尔惟钦哉!”[1]

在营建北京的过程中，永乐帝两次巡狩北京，视察工地，多次发布敕谕，一再叮嘱，再三强调，不要对百姓苛刻严厉，要设身处地为百姓着想，营建北京宫殿是国家大事，是为了开创永久基业，不得已劳累百姓，对参加修建的军民要厚加抚恤，要求官员要认真体会他的爱民之意。永乐帝的理想是把爱民之心，推而行之，使天下之民各得其所，各安其业，实现“至若王畿之内，辇毂之间，沃野弥望，原陆宽闲。烟火相接，鸡犬相闻。宵无警柝，外户不关。以牧则蕃，以种则获。以田以渔，以耕以凿。随其所营，皆得其乐”的大同社会。

如果当时不是国泰民安作为保障，怎么可能同时展开三大工程建设，天寿山陵寝、北京城和武当山，其工程项目都十分浩大，仅武当山就动用了 20 万军队，还没算上民夫，北京城动用的军队人数至少不下 20 万，天寿山陵寝动用的军队也不会少于 10 万，而且历时时间长，武当山花了 6 年，天寿山陵寝花了 7 年，北京城花了 13 年，仅他们的补给，就有可能耗尽国家所有的税银，而且把数量庞大的军队放在那搞工程，稍有不慎，其后果将不堪设想。20 万军队在古代是一个什么概念，它的力量足可以摧毁整个国家，想当年安禄山在北京掌控 15 万军队就可以把唐王朝推翻。但三大工程相继告成，至永乐帝去世国家也没发生过动乱，说明什么？正是永乐帝的爱民与国富民强，才成就了他的大业。

如此爱民的一位帝王，他能不遵循儒家思想来设计建造紫禁城？

---

1 《大明太宗文皇帝实录》卷二三，永乐元年九月丙子，北平图书馆红格本影印。

答案是肯定的。前面探讨了紫禁城运用武当山和天寿山陵寝的天象、风水设计思想，以体现君权神授，下面几章将着重探讨紫禁城所体现的儒家仁道思想，这是紫禁城最重要的内容，也是永乐帝所创建的北京城、紫禁城的光芒所在，因为儒家思想是统治者的核心思想，紫禁城的精神灵魂就在此。

永乐十八年，北京城、紫禁城告成厥工，据统计庙社、郊祀、坛场、宫殿、门阙，加上皇城东南的皇太孙宫和东安门外东南的十王府，总计房屋八千三百五十间，规制悉如南京，而高敞壮丽过之[1]。李时勉《北京赋》亦云："若夫其宫室之制，则损益乎黄帝合宫之宜式，遵乎太祖贻谋之良居。"据《大明会典》[2]记载：吴元年，作新内。正殿奉天殿，前为奉天门，殿之后曰华盖殿，华盖殿之后曰谨身殿，皆翼以廊庑。奉天殿之左右各建楼，左曰文楼，右曰武楼。谨身殿之后为宫，前曰乾清宫，后曰坤宁宫。六宫以次序列。周以皇城。城之门，南曰午门，东曰东华，西曰西华，北曰玄武。洪武十年，改作大内宫殿。阙门曰午门，翼以两观，中三门，东西为左右掖门。午门内曰奉天门，门之左右为东西角门。门内正殿曰奉天殿，御以受朝贺。殿之左右有门，左曰中左门，右曰中右门。两庑之间，左曰文楼，右曰武楼。奉天殿之后曰华盖殿，华盖殿之后曰谨身殿，殿后则后宫正门。奉天门外两庑之间有门，左曰左顺门，右曰右顺门。左顺门之外为东华门，内有殿曰文华殿，为东宫视事之所。右顺门之外为西华门，内有殿曰武英殿，为上斋戒时所居。二十五年，改建大内金水桥，又建端门、承天门，楼各五间，及长安东西二门。永乐十五年作西宫于北京，中为奉天殿，殿之侧

1　《大明太宗文皇帝实录》卷二三二，永乐十八年十二月癸亥，北平图书馆红格本影印。

2　《大明会典》卷一八一《工部一·内府》。《大明太祖高皇帝实录》卷二五，吴元年九月，记："癸卯，新内成，正殿曰奉天殿，前为奉天门，殿之后曰华盖殿，华盖殿之后曰谨身殿，皆翼以廊庑。奉天殿之左右各建楼，左曰文楼，右曰武楼。谨身殿之后为宫，前曰乾清宫，后曰坤宁宫，六宫以次序列焉。周以皇城，城之门南曰午门，东曰东华，西曰西华，北曰玄武。制皆朴素，不为雕饰。"

为左右二殿。奉天殿之南为奉天门，左右为东西角门。奉天门之南为午门，午门之南为承天门。奉天殿之北有后殿凉殿、暖殿及仁寿、景福、仁和、万春、永寿、长春等宫（今在西城，各殿门俱更别名）。十八年营建北京宫殿门阙，悉如洪武初旧制（图1）。

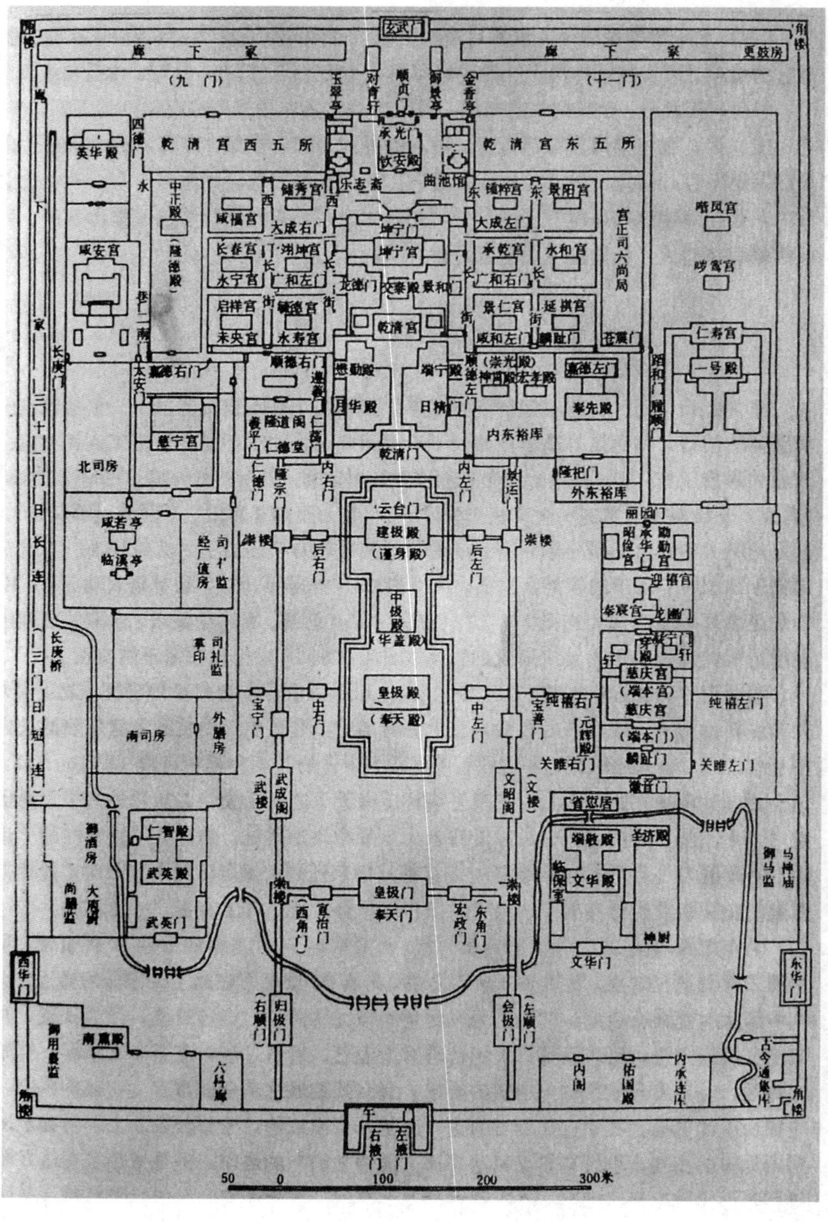

图1　明代紫禁城图

（一）天上宫阙

都城作为中国古代最至尊的地方，是天子之京畿，万方之枢纽，莅临中国，安抚四夷，主宰百官，统率万民，发布各种政令，推行各项措施。所以明人徐善述说这个地方一定要地理面积广大，上合天星垣局，下钟正龙王气[1]。

陈敬宗《北京赋》云："其右则乾清、坤宁之宫，太一、紫微之所壮皇居于九重，肃勾陈兮天府。"紫禁城比拟天上的紫微垣，是人间的天宫。金水河穿越紫禁城，恰似天上的银河横亘（图2），《古今事物考》[2]云："帝王宫阙置金水河，表天河银汉之意，自周有之。"既然金水河似天河银汉，那么两侧的宫殿就像天上的星宿一样闪耀，三大殿似三台星，东西六宫似勾陈六星，乾清宫似帝座星，坤宁宫似天后座，东

图2　金水河似天河横亘于紫禁城中

1　［明］徐善述、徐善继：《人子须知资孝地理学统宗·论帝都必合星垣》，《故宫珍本丛刊》（第411册），第33页，海南出版社，2000年。

2　王三聘：《古今事物考》，《国学基本丛书》，第8页，商务印书馆。

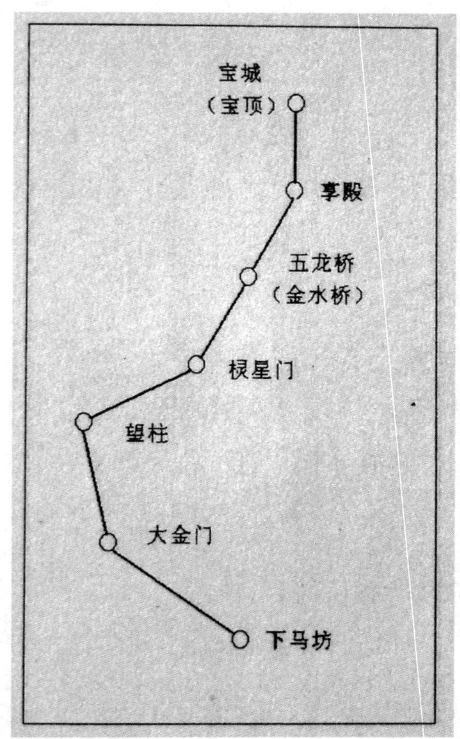

图 3　朱元璋孝陵北斗七星图（采自《朱元璋魂归明孝陵北斗》）

西七所似北方七宿，而四个角楼却似角宿守护紫禁城，它们共同组成了一幅壮丽无比的天上人间蓝图。

除此之外还于紫禁城内中轴上布置七座宫殿象征北斗七星，它们是奉天殿（太和殿）、华盖殿（中和殿）、谨身殿（保和殿）、乾清宫、中圆殿（交泰殿）、坤宁宫和钦安殿。建筑摹仿北斗七星而建，据学者考证太祖朱元璋修建孝陵时就已有了用北斗七星来设计建筑布局的先例（图 3），宝城、享殿、五龙桥、棂星门、望柱、大金门和下马坊七座建筑连在一起，正好呈一北斗形[1]。同时为了更显著地点明北斗七星，以紫禁城内七座屋顶上的建筑圆球来象征七颗星。午门平面呈一凹字形，东西雁翅楼南北两端各建有重檐攒尖顶阙亭一座，屋顶攒尖的四个圆球连在一起，呈一北斗星的斗形，与北边的华盖殿（中和殿）、中圆殿（交泰殿）、钦安殿屋顶的圆球组合在一起，正好为北斗七星（图 4）。

北斗七星，在古代天文中占有重要位置，它是天空中最为显著的标志，《甘石星经》称："北斗星谓之七政，天之诸侯，亦为帝车。"《史记·天官书》说："北斗七星，所谓'旋、玑、玉衡、以齐七政'。……斗为帝车，运于中央，临制四乡。分阴阳，建四时，均五行，移节度，定诸纪，皆系于斗。"《鹖冠子·环流第五》称："斗柄东指，天下

1　叶蕾、婉慧：《朱元璋魂归明考陵"北斗"》，《中国地名》，2004 年第 2 期。

皆春；斗柄南指，天下皆夏；斗柄西指，天下皆秋；斗柄北指，天下皆冬。”“七政”，据《史记·天官书》司马贞引《尚书大传》解释说：春、秋、冬、夏、天文、地理、人道，谓之“七政”，即是说自然界天地的运转、四时的变化、五行的分布，以及人间世事，皆由北斗七星所决定。北斗七星是天帝的权杖，是天帝统御天庭的象征，所以北斗七星像

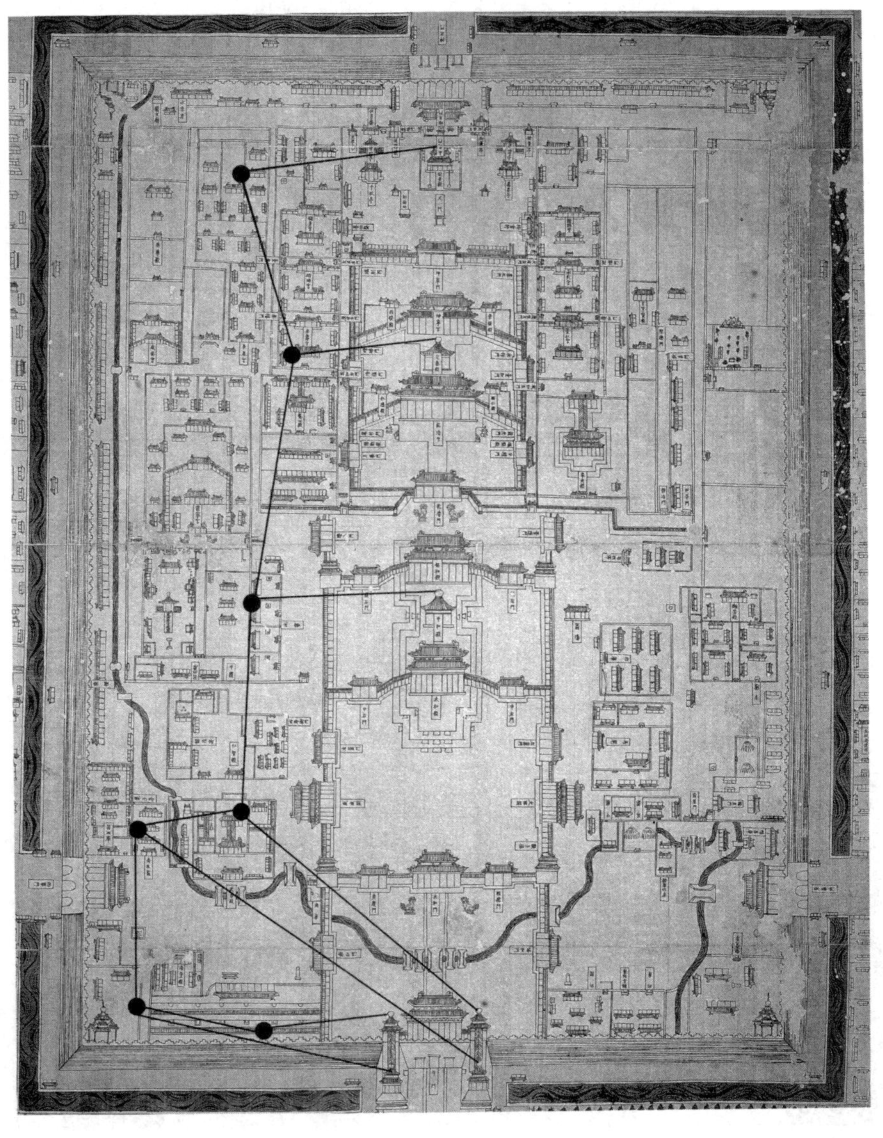

图 4　紫禁城宫殿映射北斗七星图

车，天帝坐着车里视察四方，定四时，分寒暑，定纲纪，自然人事间的一切规律和制度都是因为北斗星的运转而产生的，可见此星的作用巨大。把宫城里中轴上最重要的建筑按北斗星的数量安排，其意义非同凡响，说明这里是天下的中心，是一切制度法规政令产生的地方。

当帝王坐于奉天殿宝座上时，他的正前方是金水河和斗形的午门，恰是天象的照射，奉天殿成为天皇大帝星座，金水河好像天上的银河横亘于前，午门好似北斗之斗亦呈于帝座前。如此绝妙的建筑空间设计，使人间帝王仿若天帝，君临天下，统摄四方。

（二）高敞壮丽

紫禁城占地 72 万平方米，建筑面积约 15 万平方米，四面环有高 10 米的城墙，城墙南北长 961 米，东西宽 753 米，城外有一条宽 52 米、长 3800 米的护城河环绕。城高水深，面积大。“觚棱云耸，梁栋巍巍上凌太虚”，宫殿宏伟壮观（图 5）。

从大明门到奉天殿，距离将近两公里，上面屹立着五座大门，平均高度在 30 米左右，其中天安门高 33.7 米，午门高 35.6 米。体量最大的建筑是午门，它是紫禁城的正门，由五座建筑组成，东西北三面城台相连，呈一凹字形。北面门楼，面阔九间，重檐黄瓦庑殿顶。东西城台

图 5　前朝三大殿

上各有庑房十三间，从门楼两侧向南排开，形如雁翅，也称雁翅楼，象征朱雀，气势雄伟（图 6）。

奉天殿是紫禁城的正殿（图 7），永乐时广三十丈，深十五丈，折合为今制米即东西宽 95.19 米，南北深 47.60 米，体量宏大，气宇非凡。但几经烧毁，从嘉靖重建时开始缩减，后又经缩减，现在我们看到的是清康熙三十四年重建的，比明代的建筑缩小了一圈，东西宽 52.67 米，南北深 33.32 米，其高度显然比永乐时低了很多。即使这样，从现在的规格看，重檐庑殿顶，不仅是殿宇中最高等级，也是整个紫禁城中最大的一座。太和殿建在三层重叠的“土”字型须弥座上，由汉白玉雕成，座高 8.13 米，下层台阶 21 级，中、上层各 9 级。周围环以栏杆。栏杆下安有排水用的石雕龙头，每逢雨季，可呈现千龙吐水的奇观。殿面阔十一间，进深五间，太和殿高 26.92 米，连同台基通高 35.05 米。殿内共有 72 根大柱，其中 6 根雕龙金柱，沥粉贴金，围绕着宝座周围。殿前设有广场，可容纳上万人朝拜庆贺。太和

图 6　午门

图 7 奉天殿（太和殿）

殿东西两侧建有文楼、武楼，高 25 米，坐落于崇基之上，上下两层，李时勉《北京赋》称“两观对峙以岳立”，像山峰一样相向对峙，护卫着奉天殿。

紫禁城的规模和宫殿的高大，确实实现了汉代萧何所说的“非壮丽无以重威”的目的，但这不是紫禁城的终极目的，前朝的特点说明宫城巍峨，不在险而在德。据《史记》[1] 记载，吴起事魏武侯，“武侯浮西河而下，中流，顾而谓吴起曰：‘美哉乎山河之固，此魏国之宝也！’起对曰：‘在德不在险。昔三苗氏左洞庭，右彭蠡，德义不修，禹灭之。夏桀之居，左河、济，右泰、华，伊阙在其南，羊肠在其北，修政不仁，汤放之。殷纣之国，左孟门，右太行，常山在其北，大河经其南，修政不德，武王杀之。由此观之，在德不在险。若君不修德，舟中之人尽为敌国也。’”

宫殿高大有什么用呢？德是最重要的，没有德，宫殿是保不住的。紫禁城是否强调了德？答案是肯定的，杨荣《皇都大一统赋》曰：“然而圣天子以六合为家，以四溟为池，以仁义为干橹，以礼乐为藩维。不恃险以为固，惟在德之所施。”

那么，紫禁城是如何表现的呢？

二　前朝的特点

紫禁城分为前朝后廷两部分，前朝为听政和举办大典的地方，崇高庄严，集中了全城最高大的建筑，是宫城最重要的部分。它有两大特点，一是按《周礼》于中轴上建五门三朝，五门三朝为帝王的宫殿制度，诸侯为三门，它是皇权的象征，就像帝王拥用九鼎一样，任何人不得僭越。五门即大明门、承天门（天安门）、端门、午门和奉天门（太和门）（图 8），李时勉《皇都大一统赋》曰：“五门高矗乎昊苍。”杨

---

1 ［汉］司马迁：《史记》卷六五《孙子吴起列传第五》，中华书局，1974 年。

图 8 奉天门（太和门）

荣《皇都大一统赋》曰："其南则有午门、端门、左掖、右掖。丹阙峙而上耸，黄道正而下直。豁大明之高张，屹正阳之拱挹。"三朝即奉天殿（太和殿）、华盖殿（中和殿）（图 9）和谨身殿（保和殿）（图 10），杨荣《皇都大一统赋》曰："三殿攸建，觚棱云耸，丹漆霞绚，辇路逶迤，阁道回转。华盖屹立乎中央，奉天端拱乎南面。"金幼孜《皇都大一统赋》曰："奉天屹乎其前，谨身俨乎其后，惟华盖之在中。"李时勉《北京赋》曰："奉天凌霄以磊砢，谨身镇极而峥嵘，华盖穹崇以造天，俨特处乎中央。"陈敬宗《北京赋》曰："其正殿则奉天、华盖、谨身之尊严。"

皇帝上朝，明初规定大朝、朔望常朝在奉天殿举行，平日早朝在华盖殿举行。但明代中期以后，常朝改在奉天门举行。

据明末人孙承泽《春明梦馀录》记载明代奉天殿为九间，中设三层的须弥座金台，四面出三道蹬道，周围有栏杆，台上设金漆雕龙屏风，屏风前设金漆大龙椅即宝座。椅旁列镇器，椅前挂铜丝帘，帘下铺设地毯，地毯前设韶乐。东西两壁共立八个大龙厨，里面贮有三代青铜鼎彝。"奉天殿，洪武鼎建初名也，累朝相沿至嘉靖四十一年改名皇极殿。制九间，中为宝座，座旁列镇器。座前为帘，帘以铜为丝，黄绳系

图 9　华盖殿（中和殿）

图 10　谨身殿（保和殿）

之，帘下为毯，毯尽处设乐。殿两壁列大龙橱八，相传中贮三代鼎彝，橱上皆大理石屏。”[1]

二是于正殿奉天殿的东西两侧建文、武二楼和文华殿、武英殿，形成文、武对峙的格局。杨荣《皇都大一统赋》曰：“文楼、武楼之特耸，左顺右顺之并建。若乃震位毓德，文华穹隆；亦有武英，实为斋宫。”金幼孜《皇都大一统赋》曰：“奉天屹乎其前，谨身俨乎其后，唯华盖之在中，竦摩空之伟构。文华翼其在左，武英峙其在右。”李时勉《北京赋》曰：“东崇文华，重国家之大本；西翊武英，严斋居而存诚。”陈敬宗《北京赋》曰：“翊以文楼、武楼、左阙、右阙之嶒竑。”

文楼（图11）、武楼（图12），嘉靖四十一年九月改称文昭阁和武成阁，清初改名为体仁阁和弘义阁。南京文楼有时是太祖与亲信大臣谈

图11　文楼（体仁阁）

1　［明］孙承泽：《春明梦馀录》卷七，《钦定四库全书·子部·杂家类》，台湾商务印书馆影印，1986年。

图 12　武楼（弘义阁）

古论今，商议政务的地方，如洪武元年，上御文楼，太子侍侧，与儒臣讲说经史，议论七国之乱。洪武五年与徐达等重臣于此商议国事。迁都北京后文楼的这一功能几乎没有了，立春时于文楼举行大朝贺，设定时鼓漏刻报时。《永乐大典》贮于文楼。清代康熙皇帝曾经在体仁阁举行博学鸿词科考试，招揽名士贤才。

“文华殿，东宫视事之所也；武英殿，上斋戒时所居也。”文华殿是太子宫（图 13），武英殿是皇帝的斋戒之宫（图 14），这是太祖时规定的宫室制度。北京文华殿和武英殿在明代早期制度亦然，陈敬宗《北京赋》曰：“其左则为文华之殿，鹤禁青宫，玉叶金枝，储副是崇。讲道育德，惟孝与忠。体文王之三朝，谨视膳之礼容。”太子宫文华殿等级低，不能用黄瓦，因位居东方木，故为绿瓦，嘉靖十五年改易黄瓦，成为帝王与大臣经筵讲论之所和斋居之所。

文武二楼两组对称建筑制度，可上溯至西周朝门外的嘉石和肺石之制，《周礼·大司寇》记：“以嘉石罢平民……以肺石达穷民，凡远

图 13　文华殿

图 14　武英殿

近茕独老幼之欲有复于上而其长弗达者，立肺石三日，士听其辞，以告于上而罪其长。”《周礼注疏》[1]解释说“嘉石，文石也者。以其言嘉，嘉善也。有文乃称嘉，故知文石也，欲使罢民，思其文理以改悔”，“肺石，赤石也者。阴阳疗疾法，肺属南方火，火色赤，肺亦赤，故知名肺石是赤石也，必使之坐赤石者，使之赤心不妄告也”。设于朝廷门外左边的是嘉石，右边的是赤石。设嘉石的目的是使有罪过但还没有触犯刑法的人跪在嘉石上，以令其悔改。立肺石的目的是民有不平，得击石以鸣冤。到西晋时建立了直诉制度，所以自西晋时起，在朝堂外悬设登闻鼓，允许由重大枉屈者击鼓鸣冤，直诉中央甚至皇帝。唐宫城承天门朝堂外东置肺石，西设登闻鼓，就是这一制度的反映。《唐会要》[2]记：“其年二月，制朝堂所置登闻鼓及肺石，不须防守，其有搥鼓石者，令御史受状为奏。”唐玄宗建大明宫时，于含元殿前建钟楼和鼓楼，则把二者演变为配楼的形制。《新唐书》[3]记：“武班居文班之次入宣政门，文班自东门而入，武班自西门而入……百官班于殿庭左右，巡使二人分莅于钟鼓楼下。”宋代继承唐宫阙之制，于殿庭左右设钟楼二楼，《宋史》[4]记：“太宗召工造于禁中，逾年而成，诏置于文明殿东鼓楼下。”又记：“设鼓楼钟楼于殿庭之左右。”金中都仿北宋汴京，分为宫城、皇城和廓城，宫城位于中央，皇城在宫城的南边。皇城正南门宣阳门内辟驰道直达宫城正南门，驰道东西两侧建有千步廊。据《金图经》记载道东建文楼，道西建武楼。元大内继承了这一制度，萧洵《故宫遗录》[5]云：“大明门旁建掖门，绕为长庑，中抱丹墀之半。左右有文、武楼与庑相连。正中为大明殿。”元

---

1 ［汉］郑元注，［唐］贾公彦疏：《周礼注疏》卷三四，《钦定四库全书·经部·礼类》，台湾商务印书馆，1986 年。

2 ［宋］王溥：《唐会要·通制之属》卷六二，《钦定四库全书·史部·政书类》，台湾商务印书馆，1986 年。

3 《新唐书》卷二三上，《钦定四库全书·史部·正史类》，台湾商务印书馆，1986 年。

4 《宋史》卷四八、七〇，《钦定四库全书·史部·正史类》，台湾商务印书馆，1986 年。

5 ［明］萧洵：《故宫遗录·元故宫遗录序》，豫章丛书，两淮马裕家藏本。

人陶宗仪《南村缀耕录》[1]解释说：“钟楼又名文楼……鼓楼又名武楼。”可知，金代和元代的文武二楼，实际上就是唐宋时代的钟鼓二楼。

金中都的文楼、武楼位于宫城南门外驰道的东西两侧，元大内文楼、武楼则位于元大内正南门大明门内正殿大明殿的左右。明紫禁城文楼、武楼承袭元制，建于正殿奉天殿左右两侧，但与前代文武二楼有着本质的区别。我们发现，明代之前正殿两侧虽然有文武两组建筑，但并没有强调文与武的特质，而是把它看成是钟楼和鼓楼的形制，在整个宫城和都城中是孤立的。

明代强调文武两组建筑在城市中的格局与作用（图 15）。永乐帝营

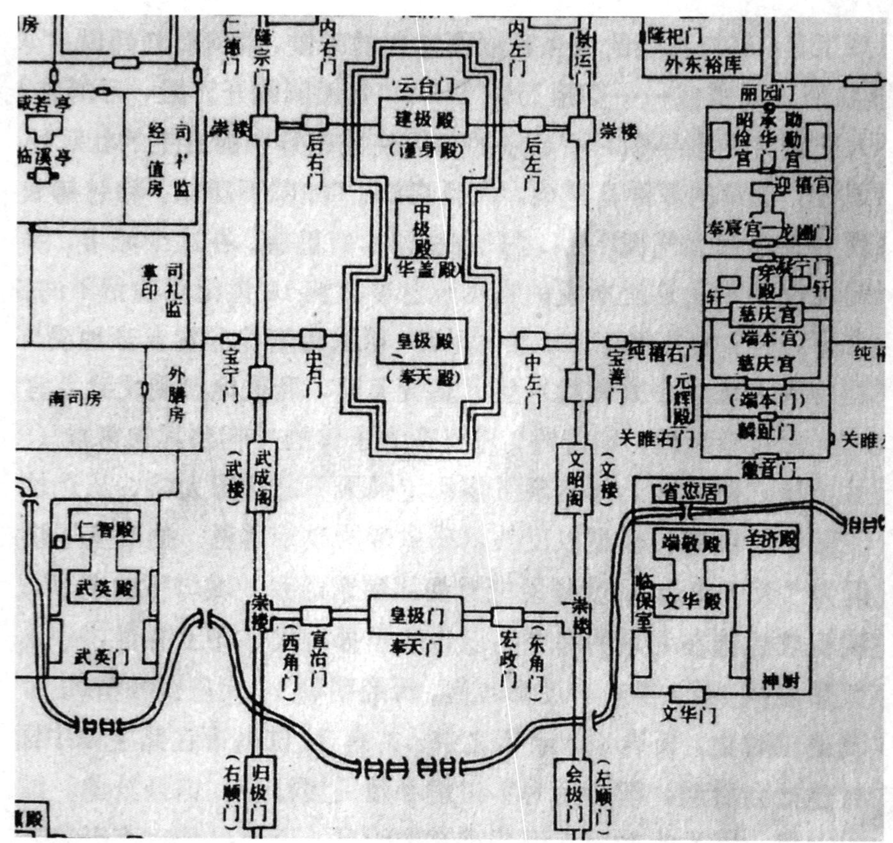

图 15　明代前朝文武两组建筑对称图

1　［元］陶宗仪：《南村缀耕录》卷二一，第 252 页，中华书局，1997 年。

建北京时这种构局就已经被固定了下来。从杨荣、金幼孜、李时勉的赋文中证实了文楼、武楼、文华殿和武英殿为永乐时所建。李时勉《北京赋》云："至于五军庶府之司，六卿百僚之位，严署宇之齐设，比馆舍而并置，列大明之东西，割文武而制异。"这句话非常明确的告诉我们，至于国家中央官署机构的设置也是以中轴为准按文武来布置的，承天门与大明门中轴以东设吏、户、礼、兵、工部及鸿胪寺、钦天监、太医院等属文的六卿机构，以西设中、左、右、前、后五军都督府、刑部、太常寺、锦衣卫等属武的衙门机构（图 16）。正阳门与大明门之间为棋盘街即天街，街东立文德坊牌楼，街西立武功坊牌楼（清代慈禧时将文德

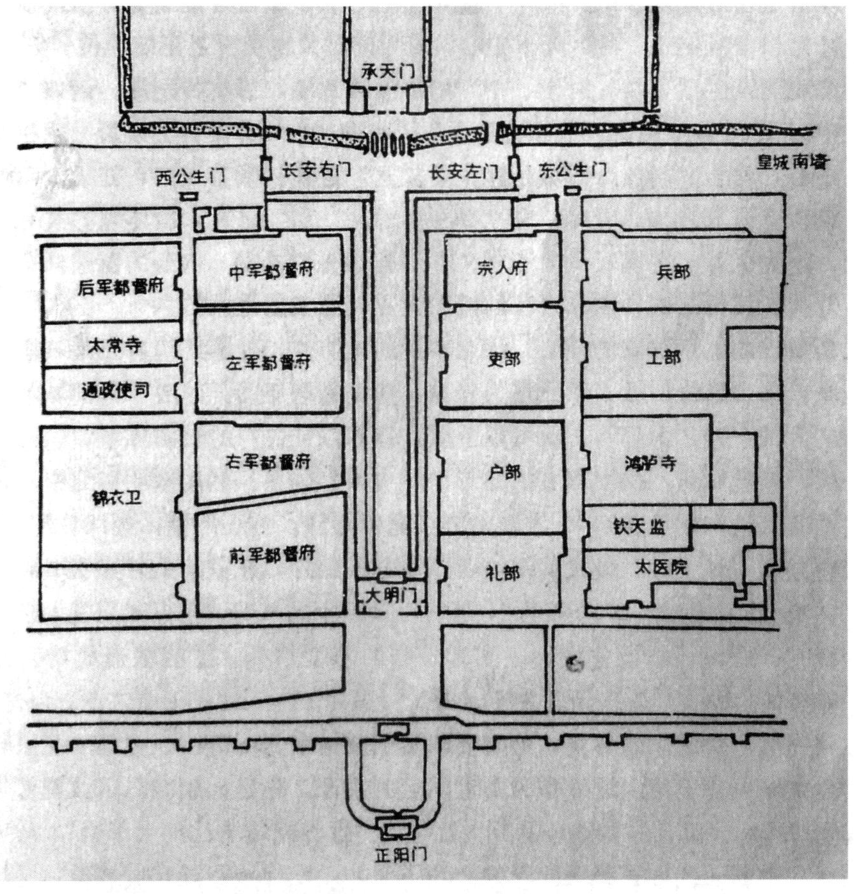

图 16　明北京城中央官署机构分布图（采自《中国紫禁城学会论文集第一辑》）

改称溥仁，武功改称振武），以作为大明门的附属建筑，同时也表明了明王朝的立国之志在于文治武功。文德坊牌楼和武功坊牌楼为永乐时修建，据明实录记载，天顺七年四月二十日，南薰坊发生火灾，烧毁数十家，延烧文德坊，五月重建文德坊。弘治十七年五月正阳门西廊房发生火灾，火烧武功坊牌楼，后重建。文武的分布格局，后世亦遵循这一法则，如崇文门和宣武门两个名字的出现。北京城是在原大都城的基础上改建的，永乐时废除了大都城的十一座城门之制，改为九门，杨荣《皇都大一统赋》曰："乃九门洞开，三殿攸建。"但南城墙保留了元代的三座城门即丽正门、文明门和顺承门，并将中门丽正门改称正阳门，杨荣《皇都大一统赋》称："豁大明之高张，屹正阳之拱挹。"至洪熙时文明、顺承二门名称还没变，据明实录记载，洪熙元年正月下令五千户所守卫北京正阳、顺承二门，四千户所守卫北京文明门。宣德时已出现宣武门之名，《大明英宗睿皇帝实录》[1]记："大行皇帝宾天，告于奉天殿。在京文武官员俱穿乌纱，到宣武门南哭临，退于本衙门宿歇，不饮酒食。"据《钦定日下旧闻考》[2]记："文明门正统间改为崇文门。"嘉靖三十二年之前，没有外城，北京城的南大门就是正阳门、崇文门和宣武门三座大门，将东门改为崇文门，西门改为宣武门，意在崇尚文德，宣扬武烈，与永乐时的文德、武功坊牌楼相对应。

以中轴为基准，明代北京城形成了文武对称的格局，在中国传统文化中，文、仁、春、生属同一类，均为阳；武、义、秋、收属同一类，均为阴，故清初改文楼为体仁阁，武楼为弘义阁。文楼（体仁阁）、文华殿、景仁宫、景阳宫、万春亭、崇文门等建筑位于东方，武楼（弘义阁）、武英殿、遵义门、千秋亭、宣武门等建筑位于西方。

建筑上文武分开，是中国古代文武官僚制度的反映。唐代时，虽然没有出现带文、武名称的二楼，但上朝时文官是从东门入，武官是从

---

1 《大明英宗睿皇帝实录》卷一，宣德十年正月乙亥，北平图书馆红格本影印。

2 ［清］于敏中等编纂：《钦定日下旧闻考》卷四五《城市》，《钦定四库全书·史部·地理类》，台湾商务印书馆影印，1986 年。

西门入。遇大祀礼时，从祀文官九品站在东边，武官九品站在西边。举行皇帝狩田礼时，文官要立于东阶下，武官要立于西阶下。明代继承这一传统，太祖时规定："文官侍立位于文楼之北，西向；武官侍立位于武楼之北，东向。"《明会典》[1]曰："文武百官齐班，位于午门外之东西北上。文官侍立，位于文楼之北西向；武官侍立，位于武楼之北东向。"

这种文武建筑格局和文武百官的排班方位，实际上是"一阴一阳之谓道"思想的反映。中轴把北京城、紫禁城分成文武两半，使东成为阳的象征，西成为阴的象征。

三　一阴一阳之谓道

当曙光出现时，黑夜过去了；当和煦的春风吹来时，寒冷的冬季走了；当枯草发出新芽，大地的生机降临了；当婴儿带着第一声啼哭来到世上时，一个新生命诞生了。这不是一时的现象，而是周而复始的运动。这种运动是无为的，没有任何意志的驱使。这就是天的本性，它无声无息而又自强不息。古人面对宇宙万物，仔细体会，非常诚实而又固执地总结出这就是天理，它无处不在，在天地之间，在我们每一个人的心间。

宇宙原本为虚空，什么都没有，没有生命。太虚寥廓，黑暗无光。突然出现了一股元气，把宇宙搅动，虽然幽深昏暗，但万精合并，混而为一。其制莫御，若思久之，翻然身化，清浊分明，变成阴阳。阳者清轻上升飘浮形成天，阴者重浊下降凝滞形成地。有了天地，于是九星悬朗，七曜周旋。河流奔腾，山峰屹立。寒来暑往，四时分明。从此生命开始繁衍，而且生生不息[2]。《太始天文册》[3]说："太虚寥廓，肇基化

1　《明会典》卷四六，《钦定四库全书·史部·政书类》，台湾商务印书馆影印，1986 年。

2　［汉］王符：《潜夫论》，第 430 页，上海古籍出版社，1978 年。

3　《黄帝内经素问》，第 364 页，人民卫生出版社。

元。万物资始，五运终天。布气真灵，总统坤元。九星悬朗，七曜周旋。曰阴曰阳，曰柔曰刚。幽显既位，寒暑弛张。生生化化，品物成章。”

阴阳在生命的形成中扮演了最重要的角色。元气是一种混沌的气体，虽然它包含着生命的种子，但它永远孕育不了生命。只有当它分裂成一阴一阳两种气时，生命就不期而遇了。阳者刚健，阴者柔弱，对立的双方，于是产生运动，相互交流，相互碰撞，发生质变，化生之机就出现了。明人吕坤《呻吟语》[1]说：“万物生于阴阳。”

为什么说一阴一阳就是道呢？

朱熹说只有当一阴一阳往来循环不已才是道，他打了个比方就像门不断地一开一闭交替那样。循环不已也就是不断地生成[2]。一阴一阳的本意源于《周易》“伏羲六十四卦次序”图，从下往上数，第一层是太极，第二层是一阴一阳（称作两仪），第三层是第二层所生之一阴一阳即四象，第四层是第三层所生之八卦，八卦再生出六十四卦，如此循环下去，可至无穷无尽。每层都是一阳生出一阴一阳且一阴也是生出一阴一阳，这就是阴阳变化的道路，故称一阴一阳之谓道。这个道也就是天生万物之道，因为原始为一，一生二，二生四，四生万物，万物即是无穷无尽，故天地有大德曰生。能够继续生成下去，而不熄灭，这就是善，并能由此成就万物，这就是性。朱熹这样解释说：一阴一阳之谓道，以一天来说，则白天为阳，夜晚为阴；以一月来说，则望前为阳，望后为阴；以一年来说，则春夏为阳，秋冬为阴；从古至今任它滚将下去，只是个阴阳。是谁使之这样？就是道。此气运动产生生命，人和物的出现，浑是一个道理。故人未生以前，此理本善，所以说继之者善。既确定为人为物，所以说成之者性。朱熹进而说：“一阴一阳此是天地之理，如大哉乾元，万物资始，乃继之者善也。乾道变化，各正性命，

1　［明］吕坤：《呻吟语·天地》卷四，清刻本。

2　［南宋］黎靖德编：《朱子语类》卷七七，《钦定四库全书·子部·儒家类》，台湾商务印书馆影印，1986年。

此成之者性也。”[1]故孔子说：“一阴一阳之谓道，继之者善也，成之者性也。仁者见之谓之仁，知者见之谓之知。百姓日用而不知，故君子之道鲜矣。”仁者认识到这种变化规律把它叫着仁，智者认识到这种变化规律把它叫着智。百姓在日用生活中每天都会接触到这种阴阳变化如开与闭，黑夜与白昼，冷与热，花开与花落等，但他们不去关心事物的本质和规律，因而不懂得这个道理。所以君子之道也就是伏羲所创造的一阴一阳之道就很少有人知道了。

一阴一阳之谓道，最重要的是要告诉我们天的本性是善，故“造化所以发育万物者，为继之者善”，如果不是善，就不会出现万物，就没有我们人自身。一阴一阳之谓道就人自身而言，道是我心，继之者善是我心生出恻隐、羞恶之类，成之者性是我心之所以为仁义礼智之理。

这样，我心就与天地之心相通了。

天地之心是怎样表现出来的呢？朱熹说：“天地生这物时，便有个仁。他只知生而已。从他原头下来，自然有个春夏秋冬，金木水火土。故赋于人物便有仁义礼智之性。仁属春属木，且看春间天地发生，蔼然和气，如草木萌芽，初间仅一针许，少间渐渐生长，以至枝叶花实，变化万状，便可见他生生之意。非仁爱何以如此？”[2]

天为了使万物循环地延续下去，故分出四季来，春天让苗发新芽，夏天让苗成长为树，秋天让树落叶，冬天让树枯萎。第二年又让树长出新芽，年年如此，生生不息，春天的生之气始终贯穿其中。所以仁就是生，生就是善。朱熹说：“仁是个生底意思，如四时之有春。彼其长于夏，遂于秋，成于冬，虽各具气候，然春生之气皆通贯于其中。仁便有个动而善之意。”[3]

---

1 ［南宋］黎靖德编：《朱子语类》卷七四，《钦定四库全书·子部·儒家类》，台湾商务印书馆影印，1986年。

2 ［南宋］黎靖德编：《朱子语类》卷一七，《钦定四库全书·子部·儒家类》，台湾商务印书馆影印，1986年。

3 ［南宋］黎靖德编：《朱子语类》卷二〇，《钦定四库全书·子部·儒家类》，台湾商务印书馆影印，1986年。

仁就是天地生物之心。天地广大，生物流行，生生不穷。“天地以生物为心，天包着地，别无所作为，只是生物而已。亘古亘今，生生不穷，人物则得此生物之心以为心。”[1]

上天创造人，人作为万灵之长，因此就被赋予一种伟大的责任。《中庸·尽性章》说：“惟天下至诚，为能尽其性；能尽其性，则能尽人之性；能尽人之性，则能尽物之性；能尽物之性，则可以赞天地之化育；可以赞天地之化育，则可以与天地参矣。”只有天下最真诚的人，才是能够充分实现自己天性的人；能够充分实现自己的天性，就能够充分实现他人的天性；能够帮助别人充分实现天性就能充分实现万物的天性；能够让万物充分实现天性，就可以赞助天地化育万物；可以赞助天地化育万物，就可以跟天和地并列为三了。效法天道，然后去替天行道，就可以明明德于天下，这是古人最崇高的理想。

四 效法天道

我们现在看到的太和殿（明称皇极殿、奉天殿）里围绕金漆云龙宝座的六根金漆蟠龙大柱，是继承了明代的做法，《大明熹宗悊皇帝实录》记天启五年八月十七日：“皇极殿立金柱，遣工部侍郎董可威行礼。”六根金漆蟠龙大柱取《周易》乾卦卦象，乾卦由六根阳爻组成，代表纯阳，至大至刚，象征天，如果我们把六根阳爻竖起来，就变成了六根大柱，六根金漆大柱也象征天有六个时辰即“时乘六龙以御天”。当帝王坐在奉天殿宝座上（图 17），表示他代表天统治天下，但用什么去治理天下呢？永乐帝继承太祖之志把正殿命名为奉天殿，奉天殿作为全国最重要的宫殿，这个名字就已经告诉了我们，《尚书·泰誓》曰：“惟天惠民，惟辟奉天。”上天惠爱人民，因此君王要遵奉上天，像上天

---

1 ［南宋］黎靖德编：《朱子语类》卷五三，《钦定四库全书·子部·儒家类》，台湾商务印书馆影印，1986 年。

图 17　奉天殿（太和殿）宝座

那样爱护人民。爱护人民就要推行仁政。

清顺治元年将文楼改名为体仁阁，武楼改名为弘义阁，就点破了统治者的为政之道在于德。体仁、弘义出自《周易》：“君子体仁足以长人，嘉会足以合礼，利物足以合义，贞固足以干事。”东汉班昭《女诫》：“夫妇之道，参配阴阳，通达神明，信天地之弘义，人伦之大节也。”体仁，身体力行践行仁道；弘义，弘扬正义即公义。

文楼、武楼作为奉天殿的左右臂，因此，帝王治理天下依靠的是文武即阴阳之道，也就是仁义之道，要求统治者要效法天道，推行仁政，爱护人民。

永乐元年正月元旦，永乐帝御南京奉天殿接受文武群臣和四方使臣朝贺，宣布王朝新的一页的开始，第二天即敕谕天下，发表新政之词，曰：

> 上天之德，好生为大。人君法天，爱人为本。四海之广，非一人所能独治。必任贤择能，相与共治。尧、舜、禹、汤、文、武

之为君此道，历代以来用之则治，不用则乱，昭然可见。我皇考太祖高皇帝受天明命，为天下主，三十余年，海内晏然，祸乱不作，政教修明，近古鲜比。亦惟任天下之贤，保民致治，以克臻兹。朕缵承大统，以主天下，夙夜兢兢，思惟抚安，以承付托之重。尔文武群臣，职无崇卑，体朕斯怀，各尽其道。无为掊剋，无从诡随。端志励操，懋尔忠勤。共遵成宪，为民造福。其悉力一志，敬之，慎之。[1]

永乐帝说好生是上天的大德，作为人君，就要替天行道，推行仁政。但四海之大，人民之多，不是靠一个人的能力治理得好的，必须要任贤择能，一起担负治理国家的大任。尧舜禹汤文武的为君靠的就是此道，历代以来如果用此道治理天下就太平，不用此道就天下大乱，历历在目，昭然可鉴。你们文武群臣，无论职务高低，都要各尽其道，体会朕的用心，团结一心，为百姓造福。

这篇敕文无疑对日后营建紫禁城具有指导性，紫禁城峻工后，一座全新的城市屹立在北方大地上，焕发出儒家仁道思想的光芒，它普照一切，无处不在。

这就是紫禁城建筑之本性。

1 《大明太宗文皇帝实录》，卷十六，永乐元年正月庚辰，北平图书馆红格本影印。

第六章　用六永贞

——紫禁城的后廷

一　前朝与后廷的凹凸结构

永乐时的紫禁城前朝与后廷的分界线在哪？二者是如何组合在一起的？根据明人刘若愚的记载，紫禁城前朝分为中、左、右三路，中路为三大殿即皇极殿（奉天殿）、中极殿（华盖殿）和建极殿（谨身殿），中路进入后廷的大门有三座，中为云台门，在建极殿后，与乾清门相对，两侧为后左门和后右门。明代时，大臣上朝是从东华门入，通过会极门（清称协和门），到奉天门（清称太和门）等候皇帝听政。东华门内有文渊阁和文华殿，文渊阁是大学士上班地方，文华殿是皇帝与大臣讲论经筵的地方。这一带属于外朝东路即左路，大臣们可以进入这一区域。从外东路进入后廷的大门为宝善门，宝善门的位置，《明宫史》[1]记："再北曰御用等监库。再北朝南者曰宝善门，内迤东曰慈庆宫。"宝善门大约在文华殿后西侧。门内的慈庆宫，万历时是仁圣陈老娘居住的宫殿。《明史》[2]记孝宗驾崩后，内侍将神主舆停在殿前，衣冠舆停在丹陛上。帝捧神主从殿中门出来，奉安神主舆内，随后执事捧衣冠放

1　［明］吕毖编：《明宫史》，第 19 页，北京出版社，1963 年。

2　《明史·志第二十八》卷五二，中华书局，1974 年。

置衣冠舆内。帝率亲王步行至宝善门外。太皇太后、皇太后率宫妃在门内迎接。可见宝善门内是后妃们居住的地方，属内廷，是不让大臣们进入的。

外西路即右路位于西华门和归极门（清称熙和门）之间，武英殿是外西路最重要的宫殿，是帝王斋戒和临时接见大臣们的地方。思善门是外西路进入后廷的大门，其位置在武英殿的东北角，断虹桥北，《明宫史》[1]记仁智殿东南曰思善门，门外桥西曰武英殿。《明史》[2]记永乐帝驾崩后，文武官员闻丧，第二天要到思善门外哭临。宣宗即位后上皇太后册宝之礼，先是皇帝冕服御奉天门，册宝官把册宝放置舆中，内侍抬舆，皇帝随舆从台阶下来，然后升辂。百官在金水桥南等侯，舆至皆跪，舆过，才起立随至思善门外桥南，向北而立。皇帝至思善门内降辂，皇太后升座，接受册宝[3]。思善门内属内廷，大臣们只能到思善门外。

宝善门和思善门建于永乐，杨荣《皇都大一统赋》曰："宝善在左以翼翼，思善居右而崇崇。"宝善门、思善门加上中路的云台门和后左门、后右门，是前朝进入后廷的五座大门，那么前朝与后廷的分界线就清楚了，如果我们用线把它们连接起来，前朝与后廷正好呈一凹凸结构（图 1)。东华门和西华门处于东西城墙靠南边的位置，就是因为受前朝凸字型结构的影响所造成的，这两座宫门正好处于凸字型两边的中间位置。

凹凸结构是一个典型的榫卯结构，风水上称为生旺结构。在古代，古人不用一颗钉子就可以建好房子，制作家具，故这种结构被认为是最坚固的结构。凹凸结构亦符合阴阳之理，凸象征阳、男，凹象征阴、女。凹与凸结合在一起，象征阴阳结合，男女结合，只有阴阳结合，天地才会长久，只有男女结合，才会子孙万代，延续生命。这就是一阴一阳之谓道的思想，强调的是生，生生不息的生。这种结构，使整个紫禁

---

1 ［明］吕毖编：《明宫史》，第 17 页，北京出版社，1963 年。

2 《明史·志第三十四》卷五八，中华书局，1974 年。

3 《明史·志第二十九》卷五三，中华书局，1974 年。

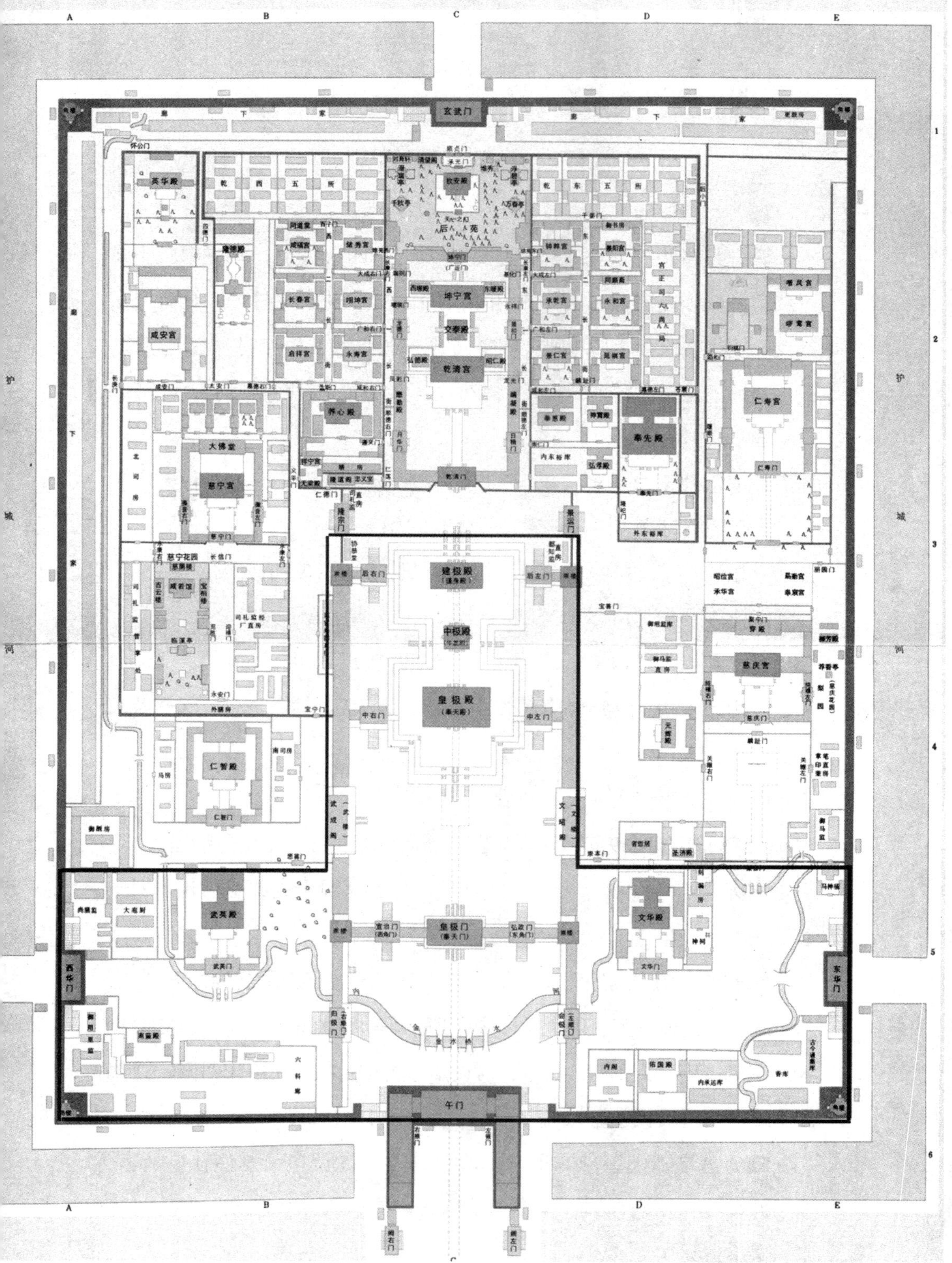

图 1　明代紫禁城平面呈凹凸结构图

城充满生气。

而产生生气，孕育生命的地方在哪里呢？就在后廷。

二　后廷的特点

后廷是帝王与他的家眷居住的地方，有两大特点，一是中轴上布置二宫一殿即乾清宫、坤宁宫和中圆殿（交泰殿）（图2），杨荣《皇都大一统赋》曰："其北则有坤宁之域，乾清之宫。"李时勉《北京赋》曰："乾清坤宁，眇丽穹窿。"金幼孜《皇都大一统赋》曰："乾清并耀于坤宁。"

乾清宫建于永乐十五年十一月，是后廷的正殿（图3），位于中轴上，但在明清时代多次被烧毁，具体时间如下：

永乐二十年（1422年）闰十二月八日，乾清宫毁于火灾。

成化十一年（1475年）四月十八日，乾清宫毁于火灾。

正德九年（1514年）正月十日，乾清宫毁于火灾。

万历二十四年（1596年）二月五日，大火起于坤宁宫延及乾清宫，二宫俱被烧毁。

明末乾清宫毁于战火，顺治元年重建。

康熙八年（1669年）正月十四日，因栋梁朽坏，重修乾清宫。

嘉庆二年（1797年）十月二十日，乾清宫毁于火灾。三年十月十七日建成。

我们现在所看到的乾清宫是清嘉庆三年的建筑，形制为九五开间，东西两头为过道。黄琉璃瓦重檐庑殿顶。殿前宽敞的月台上，左右分别陈设铜龟、铜鹤、日晷、嘉量，前设鎏金香炉4座，正中出丹陛，接高台甬路与乾清门相连。

乾清宫是明代皇帝的寝宫，始明一代，15位皇帝都住在乾清宫，崩于此宫的皇帝有宣宗、英宗、宪宗、孝宗、世宗、穆宗、神宗、光宗、熹宗，共9位。

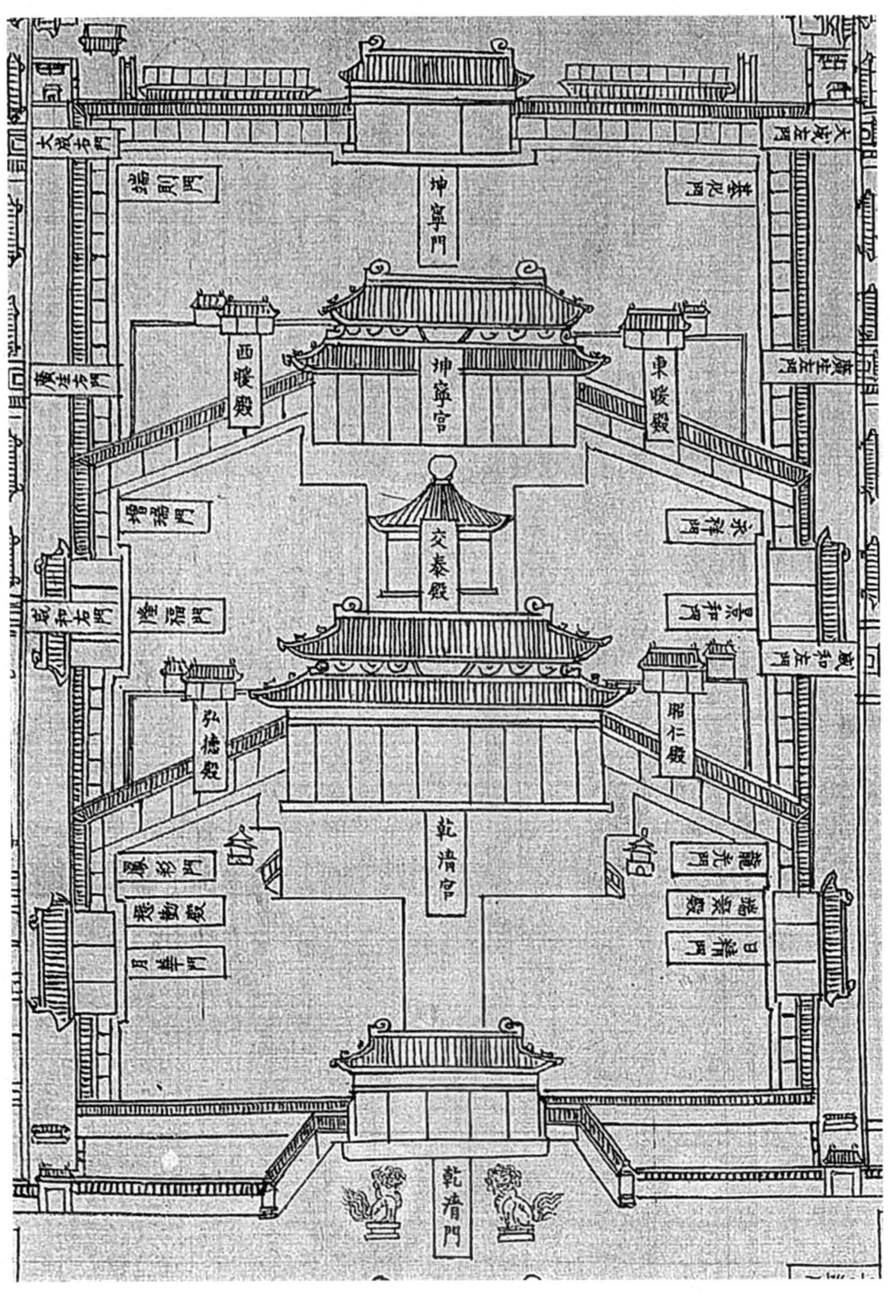

坤寧門
大成左門
基化門
西暖殿
坤寧宮
東暖殿
廣生左門
交泰殿
永祥門
景和門
咸和左門
弘德殿
昭仁殿
乾清宮
龍光門
日精門
乾清門

图 2　后三宫图

图 3　乾清宫

崇祯元年八月初四日明间宝座上方楣间悬挂由司礼监掌印高时明太监题写的“敬天法祖”匾。[1]两侧柱上悬挂“人心惟危，道心惟微；惟精惟一，允执厥中”十六字对联。[2]

清代时，乾清宫内悬挂顺治帝御笔“正大光明”匾，匾上有康熙帝的题跋，云：“皇考世祖章皇帝御笔正大光明四字，结构苍秀，超越古今。仰见圣神文武，精一执中，发于挥毫之间，光昭日月，诚足媲美心传。朕罔不时为钦若敬摩勒石，垂诸永久，为子孙万世法。康熙十五年正月吉旦恭跋。”两柱悬挂康熙帝御笔对联：“表正万邦，慎厥身修思永；宏敷五典，无轻民事惟难。”北两柱悬挂乾隆帝御笔对联：“克宽克仁，皇建其有极；惟精惟一，道积于厥躬。”

乾隆帝御笔《乾清宫铭》曰：“大哉至健，纯粹而精。昭昭成象，荡荡难名。四德嬗用，六位时乘。静专动直，资始大生。我祖我考，奉

1　[明] 吕毖编：《明宫史》，第 13 页，北京出版社，1963 年。

2　《钦定日下旧闻考》卷三四，《钦定四库全书·史部·地理类》，台湾商务印书馆影印，1986 年。

是丹楹。五福敷锡，万国咸宁。敢恃崇居，惴惴矜矜。”

坤宁宫建于永乐十八年，建成后多次被烧毁。弘治十一年十月十二日毁于火灾。重建后的坤宁宫又于正德九年正月十日被大火烧毁，当年十二月重建坤宁宫。万历二十四年二月五日，由于太监使用火不小心，火从坤宁宫燃起，正值寒冬腊月，空气干燥，风势迅猛，一直烧到乾清宫，二宫俱化为灰烬。二十五年二月重建成。

明末，李自成撤离北京时，坤宁宫被放火烧毁，顺治时重建。嘉庆二年十月二十日，由于太监用火不慎，乾清宫失火，延烧此殿前檐，三年重修。我们现在所看到的坤宁宫是顺治时的建筑，殿里的陈设也是清代的陈设。

坤宁宫在明代是皇后的寝宫（图 4），又称中宫，其建筑形式与我

图 4　坤宁宫

们现在所看到的坤宁宫不同，形制为九五开间，中为明间，东、西为暖阁。顺治十二年，遵循满洲凡祭必于正寝的旧制，制定坤宁宫祀神礼，仿沈阳盛京清宁宫重修坤宁宫，十三年闰五月，坤宁宫竣工。坤宁宫共九间，除东西两间为过道之外，室内七间。坤宁宫模样的改变就发生在这室内七间里，所作的改动为：东侧两间隔出为暖阁，作为居住的寝室，西五间辟为祭神场所。原明间开门改为西一间开门，原隔扇门改为双扇板门，其余各间的棂花隔扇窗均改为直棂吊搭式窗。西四间设南、北、西三面炕，作为祭神的场所。与门相对后檐设锅灶，作杀牲煮肉之用。清乾隆帝《坤宁宫铭》曰："万物致养，是曰厚坤。安贞广大，配天为元。昔在盛京，清宁正寝。建极熙鸿，贞符义审。思媚嗣徽，松茂竹苞。神罔时恫，执豕酌匏。广博无疆，黄中正位。以继以绳，惟曰欲至于万世。"

后廷第二大特点是于中轴两侧布置东西六宫，建于永乐十八年。其形制仿太祖所建之南京紫禁城之东西六宫。东西六宫，太祖时已有之，《明史》[1]记："谨身殿之后为宫，前曰乾清，后曰坤宁。六宫以次列。"杨荣《皇都大一统赋》云："六宫备陈，七所在列。"

六宫制度是承袭了周代的六宫之制（图 5），《周礼·宫人》记："宫人：掌王之六寝之修。"[2]王有六寝即六座寝宫，汉代郑玄注曰："六寝者，路寝一，小寝五。《玉藻》曰：'朝辨色始入，君日出而视，朝退，适路寝听政，使人视大夫，大夫退，然后适小寝释服。'是路寝以治事，小寝以时燕息焉。"[3]周天子的六寝分为一座路寝宫殿、五座小寝宫殿，路寝是天子处理日常政务之处，小寝是天子燕息之处，正寝在前，小寝在后。在周代，天子所居有六寝，相应的王后也有六寝。王后所居寝称宫，为隐蔽之意，故以六宫代称。《周礼·内宰》记："以阴

---

1 《明史·舆服志四》卷六八，中华书局，1974 年。

2 钱玄等注释：《周礼·天官冢宰第一》，第 51 页，岳麓书社，2002 年。

3 ［汉］郑元注、［唐］贾公彦疏：《周礼注疏》卷六，《钦定四库全书·经部·礼类》，台北商务印书馆影印，1986 年。

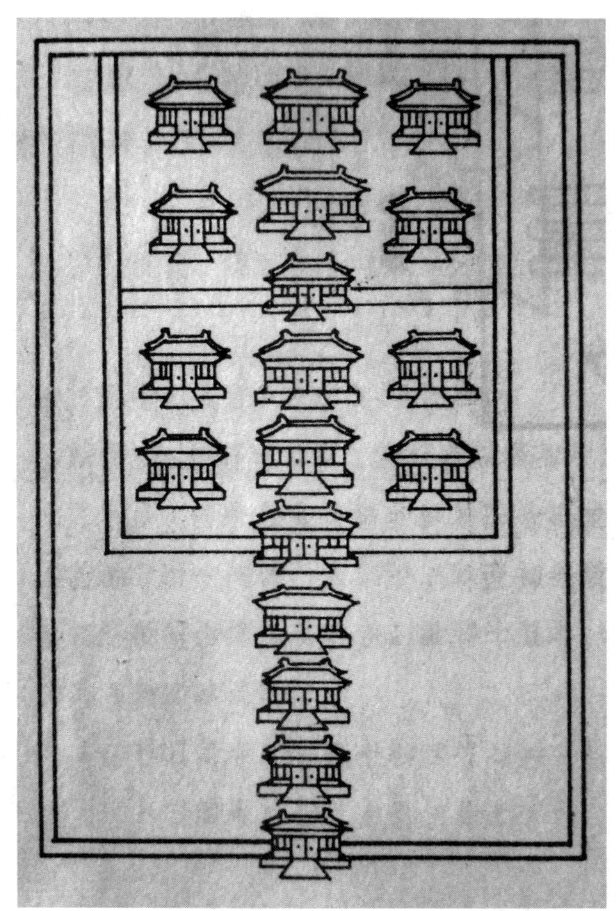

图 5　周代宫寝图（采自《三礼图集注》）

礼教六宫，以阴礼教九嫔。”[1] 所谓六宫，《周礼注疏》曰：“谓六宫，谓后也。妇人称寝曰宫，宫隐蔽之言。后象王立六宫而居之，亦正寝一，燕寝五。”[2]

明代为东西六宫，共计十二宫，其布局与周代六宫不同，周代六宫按轴线排列，而明代东西六宫对称地分布于皇帝的正宫乾清宫和皇后的中宫坤宁宫所在中轴的东西两侧。东六宫在日精门外稍北，分两组成纵向排列，每组由三座庭院组成，两组由东二长街分开，东二长街北门

1　钱玄等注释：《周礼·天官冢宰第一》，第 63 页，岳麓书社，2002 年。

2　［汉］郑元注、［唐］贾公彦疏：《周礼注疏》卷七，《钦定四库全书·经部·礼类》，台北商务印书馆影印，1986 年。

曰千婴门，南门曰麟趾门。西六宫在月华门稍北，与东六宫相对，布局相同，西二长街把西六宫分成南北排列的两组，西二长街北门曰百子门，南门曰螽斯门。

嘉靖十四年前，东六宫名曰：长阳宫、永安宫、长寿宫、咸阳宫、永宁宫、长宁宫，西六宫名曰：寿昌宫、万安宫、长乐宫、寿安宫、长春宫、未央宫。嘉靖十四年，因未央宫是他的父亲兴献王的发祥之地，故改为启祥宫，并于宫前建一石坊，向北匾曰“圣本肇初”，向南匾曰“元德永衍”。接着嘉靖帝把余下的十一宫名全部改换，改东六宫之长阳为景阳，永安为永和，长寿为延祺，咸阳为钟粹，永宁为承乾，长宁为景仁；西六宫之寿昌为储秀，万安为翊坤，长乐为毓德，寿安为咸福，长春为永宁，未央为启祥。

明末紫禁城毁于战火，十二宫被烧毁。清入关后，于顺治十年重建景仁、承乾、钟粹宫于东，永寿、翊坤、储秀宫于西。康熙继位后，进行了全面的修复，于二十二年重建启祥宫、长春宫、咸福宫于内廷之西。二十五年又重建延禧宫、永和宫、景阳宫于内廷之东。至此东西六宫全面得到恢复。

三　后廷的阴阳之道

进入后廷，就进入了以坤卦为主的空间（图 6），虽然后廷仍以乾清宫为中心，但《周礼》记载的王有六寝已缩减为一座寝宫。而妃嫔众多，其所居宫殿亦众多，有坤宁宫和东西六宫，加在一起达 13 处之多。但为了表达男尊女卑和夫为妻纲的思想，后廷采用了坤卦老阴之数六，以象征永久正固不动，如东西六宫之六数和坤宁门后的丹陛石雕上雕刻的六条龙之六数。

（一）乾清坤宁二宫的阴阳之道

乾清宫是后廷的中心，高大宏伟，向南而立，坤宁宫在乾清宫后，

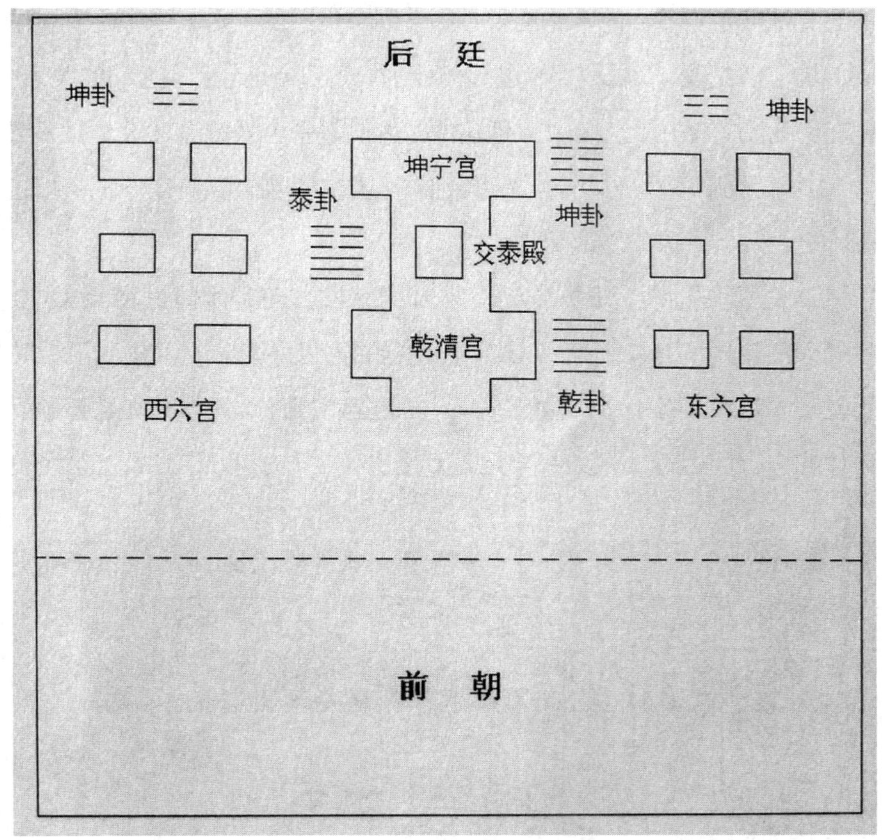

图6　后廷卦象图

从殿名上看，就知道乾清宫取象乾卦，坤宁宫取象坤卦，《周易·说卦》称乾为天，为圜，为君；坤为地，为母。“乾，天也，故称乎父；坤，地也，故称乎母。”故乾为阳，坤为阴。乾清宫与坤宁宫的背后是为了强调阴阳，《宅经》称：“夫宅者，乃是阴阳之枢纽，人伦之轨模。”南唐何溥说：“大抵先天八卦，乾南坤北，离东坎西，艮震巽兑，居四隅，乃阴阳对待之体。”[1]

《周易》开篇就讲：“天尊地卑，乾坤定矣。卑高以陈，贵贱位矣。”天与地是阳气和阴气的两大实体，宇宙万物皆由天地阴阳而生。

1　［南唐］何溥：《灵城精义》，《四库术数类丛书》（六），第137、138页，上海古籍出版社，1991年。

而天高地低是自然界的本然面貌，高上则尊贵，低下则卑贱。乾清宫在南，坤宁宫在北，即取先天八卦之象（图 7），以确定天地之间的关系。乾在南为高，地在北为低，天地定位，人伦关系也就定下来了，有三层含义：一是强调男尊女卑，《唐会要》[1]称："乾尊坤卑，天一地二。阴阳之位分矣，夫妇之道配焉。"

二是强调顺从。根据乾卦、坤卦的特性，乾卦刚健，坤卦柔顺。故"大哉乾元，万物资始，乃统天"，它的力量最强大，万物由于借助了乾阳才开始具有生命，它能统御天体的运行。而坤的作用则是要顺承天体的运行而运行，"大哉坤元，万物资生，乃顺承天"，故《易经衷

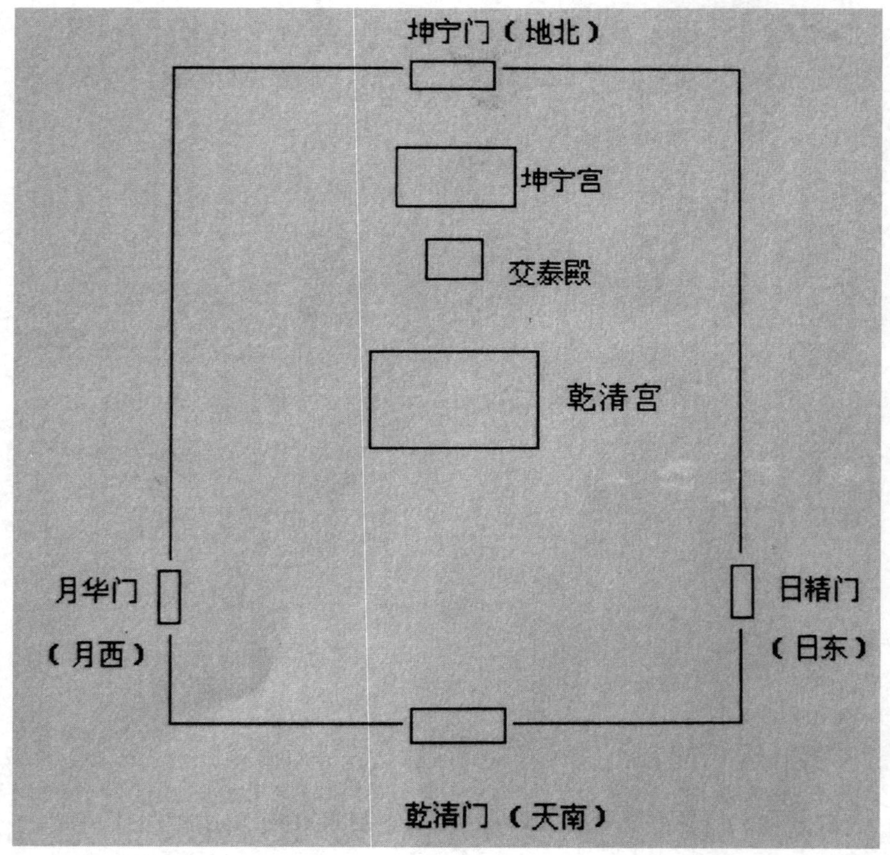

图 7　乾清宫天地定位图

1 ［宋］王溥：《唐会要·服纪》卷三七，万有文库本。

论》说：“坤之德可以一言蔽之曰顺而已。……坤道其顺乎？盖以地之资生，虽极其盛大，而何一物非天之所为？地特代天以成其终耳。推之臣道、妻道，无不如是也。”这是天的规律，在古人的心中，是万世不能改变的，即坤阴顺从乾阳。董仲舒说：“夫为阳，妻为阴。”阴要顺从阳，妻要服从夫，天经地仪。而当这种天理与人伦结合起来时，这不就是“三纲五常”中的“夫为妻纲”吗？即妻子要顺从丈夫。

三是强调化生作用。乾清宫东为日精门为离卦，西为月华门为坎卦，乾清、坤宁二宫与日精、月华二门，正好形成先天八卦中的乾坤坎离四正，有化生之机。南唐何溥《灵城精义》[1]曰：“古人建都立国，南面而治，位于四正。正以乾南坤北，正天地之位。离东坎西，应日月之门。于天道为正，于地势为宜，非故去阴而取阳，抑亦先天之卦体宜尔也。乾坤虽云天地定位，实为阴阳之老。坎离虽云水火不相射，亦为阴阳之极。以四卦上下二爻皆纯阴纯阳，无化气也。唯艮兑震巽四卦上下二爻，皆阴阳相配，乃冲和之象，有化生之机。”

（二）东西六宫的阴阳之道

根据东西六宫建筑的平面布局特点，韩增禄《易学与建筑》[2]考证出东西六宫在平面上呈现出两个三画卦的坤卦形式，象征“六六大顺”之意。因为三画卦共有6个阴爻所组成，两个三画卦（图8），共12个阴爻，即两对“6”爻，而阴爻又称“六”，暗合有“六六”之数，故东西六宫符合坤卦“六六大顺”之意。明嘉靖十四年改东六宫之永宁宫为承乾宫，其用意就是为了点破六宫的寓意在于坤顺天承乾。

宋人鲍云龙《天原发微》[3]曰：“勾陈六星：六星土，象坤数六也。”勾陈六星位于紫微宫华盖星下，是天后住的地方（图9），《晋

1　［南唐］何溥：《灵城精义》，《四库术数类丛书》（六），第137、138页，上海古籍出版社，1991年。

2　韩增禄：《易学与建筑》，沈阳出版社，1999年。

3　［宋］鲍云龙：《天原发微》卷三上，《钦定四库全书·子部·术数类》，台湾商务印书馆影印，1986年。

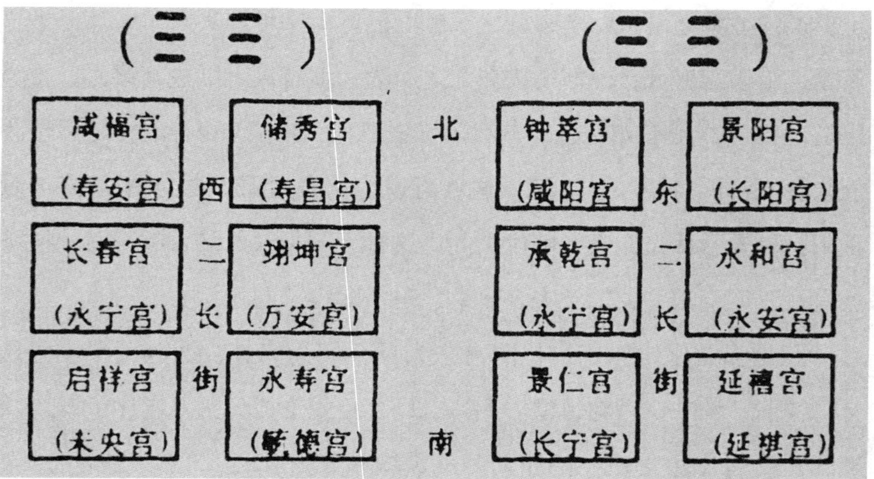

图 8　呈坤卦形的东西六宫布局图（采自《易学与建筑》）

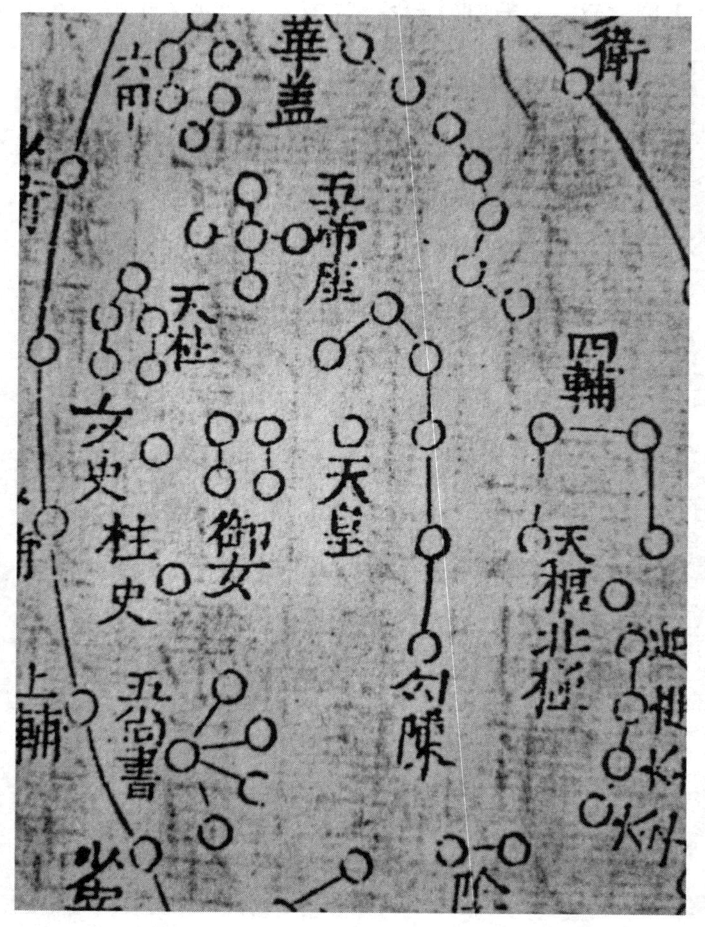

图 9　勾陈六星（采自《三才图绘》）

书》[1]称："勾陈，后宫也，大帝之正妃也。"由六颗星相连组成，故象坤数六。所以说东西六宫取象坤卦六数是有根据的。既然东西六宫取象坤卦六数，因此跟坤卦一样也是为了强调顺从。周代六宫所强调的妇人之礼不是顺从的意思，《周礼·内宰》记："以阴礼教六宫，以阴礼教九嫔，以妇职之法教九御。"九御，指女御，旧说天子有女御八十一人。所谓阴礼，就是妇人之礼。妇职主要包括三种事情，一是织纴，二是组紃，三是缝线。远古时代，男女的主要分工是男耕女织，所以周代在制定妇人之职时，把纺织缝纫之事作为礼确定了下来。虽然明代继承了周代六宫制度，但其布局发生了变化，原因是《周易》思想的引入，其核心是强调顺从。

汉儒董仲舒在《春秋繁露》里把阴阳五行比附人伦，提出君为阳，臣为阴，父为阳，子为阴，夫为阳，妻为阴，并把阴阳定性为阳尊阴卑。班固在他的基础上提出"三纲五常"思想，他说："三纲者，何谓也？谓君臣、父子、夫妇也。六纪者，谓诸父、兄弟、族人、诸舅、师长、朋友也。故君为臣纲，父为子纲，夫为妻纲。……何谓纲纪？纲者张也，纪者理也；大者为纲，小者为纪，所以张理上下，整齐人道也。人皆怀五常之性，有亲爱之心，是以纪纲为化，若罗网之有纪纲而万目张也。……君臣、父子、夫妇，六人也。所以称三纲何？'一阴一阳谓之道'，阳得阴而成，阴得阳而序，刚柔相配，故六人为三纲。"三纲五常是伦理的核心，只要抓住了这个大纲，人伦次序就不会乱，社会就会稳定，这就像鱼网一样，只要提住了网的大绳，网就不会缠在一起而理不开了。所谓三纲五常就是一阴一阳之谓道思想的体现。

上面的探讨，给我们的一个印象好像总在强调乾卦的作用，突出乾卦的伟大和尊贵。其实这是一个误解，后宫取象乾坤卦象的目的并不是强调二者的对立，而是主张二者的结合即"一阴一阳之谓道"。

---

1 《晋书·志第一·天文上》卷一一，中华书局，1976 年。

四　交泰殿

《黄帝宅经》曰："阴者，生化物情之母；阳者，生化物情之父也。作天地之祖，为孕育之尊，顺之则亨，逆之则否。"建造宫室要符合阴阳之道，注重阴阳结合，使之有生机，顺从此道为吉，违背此道为凶。所以乾清宫与坤宁宫之间出现了交泰殿（图 10）。因为乾属阳，坤属阴，交泰殿象征阴阳在此相交，交泰殿的出现名正言顺。

但是据史料记载，交泰殿原本名中圆殿，为何在嘉靖之前，此殿一直不被人所知，是何原因？我们还得从嘉靖时发生的一件重大事件说起。

（一）壬寅宫变时嘉靖帝睡在乾清宫

嘉靖二十一年，宫中发生了震惊天下的"壬寅宫变"，地位卑贱的宫女们想勒死嘉靖皇帝，《实录》[1]作了简单的记录：

> 丁酉，宫婢杨金英等共谋大逆，伺上寝熟，以绳缢之，误为死结，得不殊。有张金莲者，知事不就，走告皇后。后往救才免。乃命太监张佐、高忠捕讯之。言金英与苏川药、杨玉香、邢翠莲、姚淑翠、杨翠英、关梅秀、刘妙莲、陈菊花、王秀兰亲行弑逆。

而当时负责与司礼监张佐一同审理此案的刑部主事张合则详细地抄录了张佐提交给皇帝阅览的审理题本，使我们有幸看到了"弑逆"的全部真实过程：

> 司礼监张佐题为谋害事：嘉靖二十年十月二十一日（应为二

1　《大明世宗肃皇帝实录》卷二六七，嘉靖二十一年十月丁酉，北平图书馆红格本影印。

图 10　交泰殿

十一年十月二十二日），奉懿旨（方皇后的命令）："好生打着问！"得杨金英，系常在、答应（低级宫婢）供说："本月十九日，有王、曹侍长（指王嫔、曹妃即端妃）在东稍间点灯时分，商说：'咱们下了手罢，强如死在手里！'（手字前可能漏一个他字，指明世宗，录供时或有意避讳）杨翠英、苏川药、杨玉香、邢翠莲在旁听，说：'是。'杨玉香就往东稍间去，将细料仪仗花绳解下，总搓一条。至二十二日卯时分，将绳递与苏川药，川药又递与杨金花拴套儿，一齐下手。姚叔皋（《明实录》作淑翠）掐着脖子。杨翠英说：'掐着脖子，不要放松！'邢翠莲将黄绫抹布递与姚叔皋，蒙在面上。邢翠莲按着胸前，王槐香按着身上，苏川药拿着左手，关梅秀拿着右手，刘妙莲、陈菊花按着两腿，姚叔皋、关梅秀扯绳套儿。张金莲知情儿事不好，去请娘娘（方后）来。姚叔皋打了娘娘一拳。王秀兰打听（当作发）陈菊花吹灯。总牌陈芙蓉说：'张金英叫芙蓉来点着灯。徐秋花、邓金香、张春景、黄玉莲把灯打灭了。'芙蓉就跑出叫管事牌子来，将各犯拿了。"

> 臣等惟恐不的，再三格外用刑，研问各犯，供招与杨金英相同。窃照杨金英等俱以宫婢不行思恩报主，乃敢心怀怨恨，同谋弑逆。再照宁嫔王氏叨受封号，却乃首先造意，揆其所犯罪同金英等。端妃曹氏计议谋害，今虽不与，亦系造意之人。张金莲见事败露，方才报知娘娘，徐秋花等将灯扑灭，俱难逃党逆之罪，合将各犯亟从重处。伏乞圣裁[1]。

根据上述两条史料，可以确定其主谋为王嫔、曹妃。负责组织者为杨金英。参与者，《实录》记为苏川药、杨玉香、邢翠莲、姚淑翠、杨翠英、关梅秀、刘妙莲、陈菊花、王秀兰、张金莲 10 人，《宙载》记为苏川药、杨玉香、邢翠莲、姚叔皋、杨翠英、关梅秀、刘妙莲、陈菊花、王秀兰、张金莲、杨金花、王槐香、陈芙蓉、徐秋花、邓金香、张春景、黄玉莲 17 人。时间二者亦有出入，《明实录》记为嘉靖二十一年十月二十一日，《宙载》记为嘉靖二十年十月二十二日卯时，《宙载》所记二十年，显然是漏了“一”字，对于这件事的记载，《宙载》更为准确，确切的时间应为嘉靖二十一年十月二十二日早 5 点左右。

“伺上寝熟”，说明当时侍侯皇上睡觉的是这群宫女，使她们有机会接近皇帝，知道皇帝睡在哪，何时睡得深沉。由于绳子打成死结，嘉靖帝并没有立刻气绝，致使张金莲心里产生此事不成的想法，跑去告诉了方皇后。方皇后还来不及去叫太监和侍卫，就只身直接而且很快地到了现场，并企图制止她们的下一步行动，结果被姚叔皋打了一拳，最后还是陈芙蓉跑了出去把管事牌子叫来，才将她们抓了起来。

《实录》和《宙载》都没有告诉我们嘉靖帝睡在哪里，《明史》[2]记：“是夕，帝宿端妃宫。金英等伺帝熟寝，以组缢帝项，误为死结，

1 ［明］张合：《宙载》卷下，第 40–41 页，《丛书集成续编》第 18 册，台湾新文丰出版公司影印。

2 《明史·列传第二》卷一一四，中华书局，1974 年。

得不绝。”说皇帝宿端妃宫，端妃即曹妃，居万安宫，后改为翊坤宫，张金莲要从西六宫的万安宫即端妃宫跑到皇后住的坤宁宫，距离太远，经过的门太多，这几乎是不可能的，故《明史》所记不实。《宙载》记录了嘉靖帝看完审理题本后，下旨称：“这群逆婢并曹氏、王氏合谋弑朕于卧所，凶恶悖乱，死有余辜。你们既打问明白，不分首从，都依律凌迟处死。”[1]嘉靖帝说“弑朕于卧所”，卧所即嘉靖帝的寝宫。据《万历野获篇》[2]记载：“大内乾清宫，以正德九年遇灾，旋鸠工创建，役尚未竣。比肃皇以正德十六年四月，自郢中入奉大统，暂居于文华殿，亟促冬官昼夜缮治，至十月而落成。上始移跸，临御垂二十年。至己亥南巡，则永寿宫已成。至壬寅宫婢之变，上因谓乾清非善地，凡先朝重宝法物，尽迁实其中。后宫妃嫔尽从行，乾清遂虚，直至丙寅上宾，始返龙蜕于大内。”这则记载，说明乾清宫在“壬寅宫变”之前至宫变之时一直是嘉靖帝的寝宫，正因为宫变，嘉靖帝才搬出了乾清宫。原来乾清宫为帝王的寝宫是太祖朱元璋时定下的制度，《皇明祖训》[3]记：“朕以乾清宫为正寝，晚朝毕而入，清晨星存而出，除有疾外，平康之时，不敢怠惰，此所以畏天人，而国家所由兴，盖言视朝之当谨也。”

嘉靖帝移居西苑永寿宫后，大臣王同祖上了一本《还宫疏》[4]请求嘉靖帝返回乾清宫：“臣闻天象有紫微垣，乃中宫北极之谓也，故王者法天必居中而驭外。我太祖高皇帝《祖训》曰：‘乾清宫者，朕之正寝也。’其垂训之意大矣。臣伏见皇上近岁恒居西苑，臣以为西苑僻在一隅，宫墙浅隘，岂万乘临御之所？近者致变可为寒心，臣愿皇上入居乾清宫。《书》曰：‘皇建其有极，敛时五福，用敷锡厥庶民。’此之谓

1 ［明］张合：《宙载》卷下，第 40-41 页，《丛书集成续编》第 18 册，台湾新文丰出版公司影印。

2 ［明］沈德符：《万历野获编》卷二，第 60 页，中华书局，1959 年。

3 《杨文忠三录》卷一，《钦定四库全书·史部·诏令奏议类》，台湾商务印书馆影印，1986 年。

4 《明文海·还宫疏》卷五六，《钦定四库全书·集部·总集类》，台湾商务印书馆影印，1986 年。

也。是臣所谓居正以安圣躬也。”

所以，宫女们欲勒死嘉靖帝的地方是在乾清宫，乾清宫在嘉靖时是什么样子的呢？

（二）乾清宫暖阁的格局

张合在审理“壬寅宫变”之前曾进入过乾清宫，他记曰：

> 暖阁在乾清宫后，凡九间。中一间置床三张于房下，以天桥上右（左）一间置床三张于上，又以天桥下左二间置床三张于下，又以天桥上右（左）三间又置床三张于上，又以天桥下左四间置床三张于下。右四间亦如之。天桥即人家楼梯也。上下置床二十七张，天子随时居寝，如是防不测耳。今上励精，每日在暖阁，四鼓即起，令内臣整容，首谒庙，次谒宫，回进早膳。方视外朝，寻视内朝，则内臣尽来侍上看官本，次看民本。官本自裁，民本看一二，余付司礼监与内阁标旨。既进午膳，又看三宫所进本与二十四监所奏本，圣裁毕，或看书或闲坐，抵暮方随意□□□，夜四鼓又复起矣。呜呼！此固主上之兢业，然亦祖宗之成宪也。猗兴盛哉！[1]

早期，嘉靖帝十分勤政，励精图治，每日在暖阁，四鼓时起床。明代暖阁指的是仙楼，靠后檐安装，共9间，形制为上下两层，每间设床三张，九间共设27张床，非常复杂，皇帝随时就寝（图11）。唯中一间的3张床，张合说是放在房下的，也就是说这3张床放在中一间的仙楼上，说明楼下是空的，正因为如此才救了嘉靖帝的命。乾清宫暖阁九间，证明东西两头不是过道。现在我们看到的乾清宫东西两头为过道

---

1 ［明］张合：《宙载》卷上，第22页，《丛书集成续编》，第18册，台湾新文丰出版公司影印。

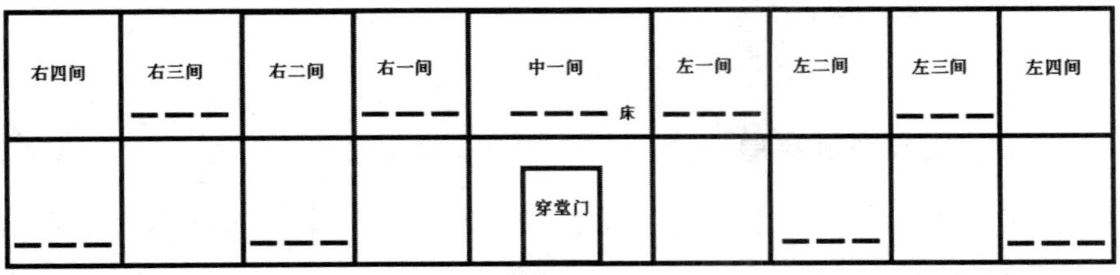

右四间	右三间	右二间	右一间	中一间 床	左一间	左二间	左三间	左四间
				穿堂门				

图 11　乾清宫暖阁二十七张床放置立面示意图

是清嘉庆三年重建后变成这样的。

张金莲知事不就，跑去告诉皇后，她走的是前门或是后门？如果走前门，前门门高约 4 米，宽约 1.2 米，对于一个 10 多岁的小姑娘来说她是打不开的，即便她打开了前门她也到不了后面的坤宁宫，因为乾清宫东西两头不是走道。故张金莲只能走后门，中一间楼下是空的，说明这里是开门的地方。由于后门在仙楼下，门高不过 2 米，她是可以打开的。

张金莲出了乾清宫，会是怎样呢？

如果明代乾清宫、交泰殿和坤宁宫是今天这种布局，各自独立，有可能会出现以下两种情况：一是大喊大叫，惊动附近的值班太监或侍卫，二是径直跑到坤宁宫前，叫开大门，皇后被叫醒后，还必须要穿好衣服，才能出坤宁宫，因为外面有人，并在众人惊恐的目光下和众人的拥护中进入乾清宫救驾，但花的时间太长，恐怕嘉靖帝的命早已经一命呜呼了。为何宫外有侍卫？明初人杨廉说："《皇明祖训》谓帝王居处，当常怀警备，内官及带刀人员不可太远，如元英宗遇夜被害，为左右太远，圣祖防患周密。"[1] 根据这则记载，值班太监和带刀侍卫应守护在乾清宫周围，一旦发生危急，则马上有所反映。但按杨金英的供词，皇后是一个人进来救驾的，并没有惊动太监和侍卫。

皇后是怎么进来的？

1　《明儒言行录·杨廉》卷六，《钦定四库全书·史部·传记类》，台湾商务印书馆影印，1986 年。

原来与交泰殿有关系。

（三）交泰殿是穿堂

明人刘若愚《芜史小草》[1]称：“中圆殿更交泰殿，嘉靖十四年七月初二日添额。”可知交泰殿的前身是中圆殿。

中圆殿这个名不像是宫殿的名称，像是直接对建筑形制的称呼。原来南京宫城前朝大殿奉天殿（前殿）与谨身殿（后殿）二者为工字廊建筑形式，中间有穿堂连接，穿堂的建筑形制为渗金圆顶即屋顶为圆形，基座为方形（中），故称圆殿也称中圆殿，太祖朱元璋将中圆殿命名为华盖殿，说明原穿堂形式已独立为殿堂，形成三大殿，等级提高了。明代王府制度本于帝王前朝三殿制度，也有三座建筑即前殿、穿堂和后殿，洪武七年始定王府前朝宫殿为：“前殿名承运，中曰圆殿，后曰存心。”[2]《西安府志》记秦王府“圆殿，在承运殿后；存心殿，在圆殿后”。弘治八年的王府制度规定：“承运门五间，前殿七间，周围廊房八十二间，穿堂五间，后殿七间。”[3]此处的前殿即为承运殿，穿堂即为圆殿，后殿即为存心殿。但王府制度中的穿堂即圆殿，始终没有正式的名称，故王府前朝算为两殿，以显示等级低于皇宫。

刘若愚又称乾清宫左有昭仁殿，右有宏德殿，“宫后披檐，东曰思政轩，西曰养德斋，再北则穿堂。居中圆殿曰交泰殿。渗金圆顶，亦犹中极殿之制也”[4]，乾清宫北为穿堂即圆殿，名曰交泰殿，鎏金圆顶，与前朝中极殿制相同。证明后廷与前朝一样有前殿（前宫）、穿堂和后殿（后宫）三座建筑。乾清宫与坤宁宫之间的穿堂只是在嘉靖十四年时才有了名曰交泰殿。

---

1 ［明］刘若愚：《芜史小草》，《稀见明史史籍辑存》卷一七，第 498 页，据清抄本影印。

2 《明会典·工部一·亲王府制》卷一四七，《钦定四库全书·史部·政书类》，台湾商务印书馆影印，1986 年。

3 《明会典·工部一·亲王府制》卷一四七，《钦定四库全书·史部·政书类》，台湾商务印书馆影印，1986 年。

4 ［明］吕毖编：《明宫史》，第 13 页，北京出版社，1963 年。

（四）中圆殿（交泰殿）永乐时就存在

永乐十八年紫禁城落成，但在杨荣、金幼孜、李时勉、陈敬宗歌咏紫禁城的赋文中，都没有提到交泰殿。十九年三大殿发生火灾，正统五年兴工重建，实录记："正统六年九月甲午朔，奉天、华盖、谨身三殿，乾清、坤宁二宫成。"[1]英宗完全按永乐时的规制复原，上述记载给我们造成了一种确信无疑的印象，乾清宫与坤宁宫之间似乎没有交泰殿。但事实并非如此。

北京宫殿仿南京宫殿，南京乾清宫与坤宁宫之间有省躬殿，那么北京乾清宫与坤宁宫之间也应该有座建筑。但省躬殿名并非朱元璋所题，而是建文帝所命名，据方孝孺《省躬殿铭》[2]称："上犹谦让，弗自以为德。旦暮亲政，勤励靡遑。复于乾清、坤宁南北二宫间为退朝燕处之殿，置古书圣训于其中，沈玩静思，名之曰省躬。"省躬殿是建文帝唯一命名的宫殿，正是由于此种原因，北京乾清、坤宁二宫之间的穿堂不可能再用此名，也十分忌讳提到乾清、坤宁二宫之间的建筑，因为建文帝是被永乐帝推翻的。所以只有等到极喜欢更名的嘉靖帝时才将穿堂圆殿更名为交泰殿，使之从穿堂中独立出来。

既然交泰殿前身是穿堂，说明穿堂只是两座主殿之间通往的一种附属建筑，它既可属于前殿，也可属于后殿。虽然制如前朝中极殿（华盖殿），但并没有独立出来。故永乐、正统时只记录有乾清、坤宁二宫主殿。

皇后一个人能很快地到达乾清宫，只有一种可能，那就是交泰殿穿堂发挥了作用。所谓穿堂，指工字殿前后殿之间的连接部分，又称廊，从前殿经过穿堂可到达后殿，后殿也可通过穿堂到达前殿。在明代文献中，廊、穿堂、圆殿、中圆殿的概念是含糊不清的，都指的是一个

1　《大明英宗睿皇帝实录》卷八三，正统六年九月，北平图书馆红格本影印。

2　［明］方孝孺：《逊志斋集》卷七，《钦定四库全书·集部·别集类》，台湾商务印书馆影印，1986年。

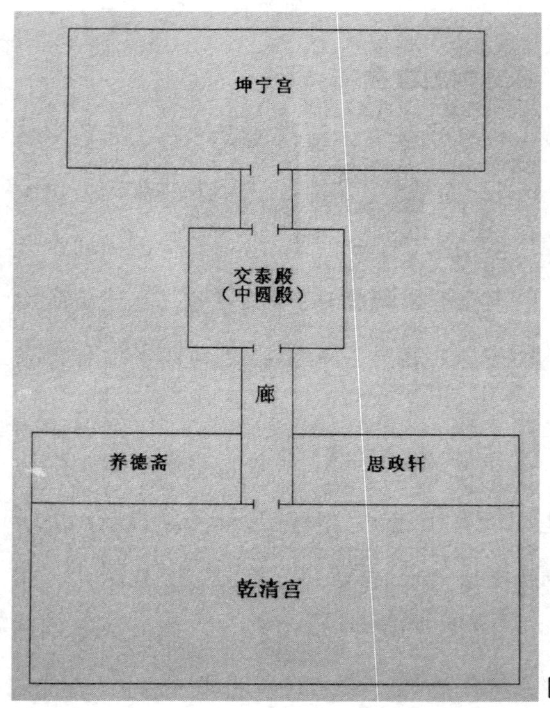

图 12　明代乾清宫与交泰殿图

意思即穿堂。由于乾清宫与交泰殿、坤宁宫三者有廊连在一起，张金莲打开后门穿过廊、穿堂交泰殿直奔坤宁宫，皇后得知后，估计衣服都没穿好，也不必穿好，因为太监、侍卫在殿外还不知道呢。皇后穿过工字廊直奔乾清宫，虽然被宫女打了一拳，但还是即时制止了宫女们的下一步行动，救了嘉靖帝（图 12）。

通过上述分析，乾清宫与坤宁宫的布局实属工字廊形式，二者是靠廊连在一起的，但为何与一般的工字廊建筑如文华殿、奉先殿不同，而中间多了一座圆顶的穿堂呢？主要原因是前后殿距离大，故于中间加建了一座圆顶的建筑，同时也无意中提高了等级。

（五）交泰殿是帝后过夫妻生活的地方

刘若愚《芜史》[1]记：“（交泰殿）有中门向后，恒闭而不开。”为

1　《钦定日下旧闻考·宫室》卷三四，第 527 页，北京古籍出版社，1981 年。

何交泰向后的中门恒闭不开呢？我们先来看看《明史》[1]一段记载：

> 田贵妃有宠而骄，后裁之以礼。岁元日，寒甚，田妃来朝，翟车止庑下。后良久方御坐，受其拜，拜已遽下，无他言。而袁贵妃之朝也，相见甚欢，语移时。田妃闻而大恨，向帝（崇祯）泣，帝尝在交泰殿与后语不合，推后仆地，后愤不食。帝悔，使中使持貂裀赐后，且问起居。妃寻以过斥居启祥宫，三月不召。

崇祯帝有一位美貌而多才多艺的田贵妃，崇祯十分宠爱她。皇后见田贵妃受宠而骄，欲裁之以礼。时逢新年元旦，天寒地冻，一大早田贵妃到坤宁宫朝拜皇后，翟车却被止于庑下，不让进，田贵妃受此大辱，遂向帝哭诉委曲。结果帝后在交泰殿大吵了一架，崇祯一把把皇后推倒在地，皇后愤怒至极，欲绝食自杀。崇祯帝后悔莫及，一方面派人给皇后送去貂裀问寒问暖，另一方面把田贵妃打入冷宫。按明代制度规定，乾清宫是皇帝的寝宫，坤宁宫是皇后的寝宫，二人却在交泰殿大打出手。他们二人跑到交泰殿来干什么？如果按刘若愚的记载“乾清宫之北曰交泰殿，则皇后所居也”，这句话我们应该这样理解，皇后除居住坤宁宫外，有时也要到交泰殿来居住。崇祯帝和皇后同时出现在交泰殿，肯定是来相会的，也就是过夫妻生活来了。因此这地方非常隐密，其内部陈设除了书籍、珍玩外，还有床榻之类，不会设宝座，因为设宝座的宫殿，都是很严肃、等级分明的地方，在设有宝座的地方是不会发生口角争吵出手打人的极不文雅的行为。在清乾隆时，交泰殿里还保存有隔扇，乾隆给东次间隔扇题的对联曰：“宝瑟和瑶琴，百子池边春满；金柯连玉叶，万年枝上云多。”这种格局和对联之义，更加说明交泰殿是一座夫妻的起居宫殿。刘若愚是明末清初人，他说交泰殿中门向后恒闭不开，有可能是帝后矛盾加深，夫妻不和，皇帝再也不理皇后

1 《明史·后妃二》卷一一四，第3544页，中华书局，1974年。

了，故通向坤宁宫的穿堂门被永远地关闭了。

交泰殿不仅象征阴阳天地相交，也隐含夫妇交媾，生命就是这样诞生出来的。

（六）恒久咸和

交泰殿处于乾清宫与坤宁宫之间，取名交泰，出自《周易》泰卦，泰卦由坤卦三变而来，即坤卦下生一刚变复卦，复卦下再生一刚变临卦，临卦下再生一刚变泰卦，故曰三阳开泰，显示出刚爻生长，阴爻消退之象。泰卦卦象为乾卦在下，坤卦在上，而乾天原本在上，坤地原本在下，而卦象显示的却是阳气下降，阴气上腾，表示阴阳二气交感流通。阴阳二气相交，万物产生，故《易·泰·象传》曰："天地交，泰。后以财成天地之道，辅相天地之宜，以左右民。"康熙八年正月十四日于交泰殿悬挂"无为"匾，无为正是对交泰殿的最准确的阐释，阴阳天地相交，万物出现，这是自然法则，是无为的，是不以人的意志为转移的。

现在我们看到的是嘉庆三年交泰殿重建后恢复乾隆时的陈设原状，明间正梁上悬挂乾隆帝临摹康熙帝的"无为"匾，两柱上悬挂乾隆御笔对联："恒久咸和，迓天休而兹至；关雎麟趾，立王化之始基。"乾隆的这幅对联正好给康熙帝的"无为"匾作了最好的解释，同时也是对交泰殿的最好诠释（图 13）。

恒久咸和，出自《周易》恒卦和咸卦，咸卦卦象是从否卦变来的，即将否卦的上九与六三换位，变出咸卦，从变卦中看，是否卦的柔爻六三上去，刚爻上九下来，刚爻代表阳气，柔爻代表阴气，阳气下来，阴气上升，二者相互交感流通使万物化生出来。咸卦重在交感，故《易·咸·彖辞》曰："咸，感也。柔上而刚下，二气感应以相与……天地感而万物化生，圣人感人心而天下和平，观其所感，而天地万物之情可见矣"。咸卦象征男女，男为阳，女为阴，强调要像自然法则一样交感，才会产生生命。

图 13　交泰殿内景

恒卦由泰卦变来，即将泰卦的初九与六四换位，变为恒卦，是刚爻上往，柔爻下来，表示阳刚到了上位，阴柔到了下位。阳上阴下即天上地下是自然秩序，自然秩序不变，天地才会恒久，故《易》曰："日月得天而能久照，四时变化而能久成。"恒卦代表夫妇，夫为阳，妇为阴，夫妇之间的秩序要像自然秩序一样，不能天地颠倒，要像恒卦一样，遵循阳上阴下的法则，即男尊女卑的思想，夫妇之道才能保持恒久。

关雎，出自《诗经》"关关雎鸠，在河之洲。窈窕淑女，君子好逑"句，麟趾，出自《诗经》"麟之趾。振振公子，于嗟麟兮"句。关雎，雎鸠，一种水鸟。关关，形容水鸟雌雄和鸣的象声词，故关雎指夫妇和谐，也就是说夫妇要遵循夫妇之道即夫唱妇随，才会像雎鸠和鸣一样保持夫妇和谐。麟趾，在《诗经》中比喻公子，这里代指子孙。

这幅对联的意思是说，夫妇遵循阴阳天道法则，就会迎来天赐给的大福。夫妇和谐，多子多孙，是建立王化大业的基础。天赐给的大福是多子多孙。

说来说去，交泰殿、乾清宫、坤宁宫和东西六宫所要表达的都是一个字“生”，古人对此极为看重，可以说它高于一切。大者是宇宙万物之生，小者是个人生命的延续。但我们的祖先不是从个人出发去追求生，而是从天道出发，去发现生的天理所在，然后再遵循天理，去追求生，去追求多子多孙。故东西六宫的四个大门名曰千婴门、百子门、螽斯门和麟趾门，象征多子多孙。

此章结束时，我们再静下心来，仔细体会乾隆帝所写的《交泰殿铭》：

乾清宫后，坤宁宫前。
殿名交泰，象取地天。
丕显祖宗，奉兹宫殿。
居正临民，曰明曰旦。
始惟宫壶，逮及臣邻。
以御家邦，必本修身。
匪祗循名，亦钦责实。
健顺协中，所其无逸。
财成辅相，小往大来。
无为以治，圣训昭垂。
小人道消，君子道长。
以左右民，尚慎无往。
持盈保泰，勿恤其孚。
于万斯年，凛怀永图。

第七章　正谊明道

——乾隆帝的重华宫

永乐帝用建筑来表现天道，弘扬正义，使前朝具有了仁、善的本性，后廷具有了生的本性。仁、善、生都是一个意思，都是天的大德的表现。永乐帝亲手点燃的熊熊燃烧的儒家建筑思想之火能继续照亮下去吗？永乐帝之后，在明代诸帝中，唯嘉靖帝于宫中所建建筑最多，如嘉靖三年建庙观德殿于奉先殿西，六年移建观德殿于奉先殿之左，改称崇先殿，奉安献皇帝神主。嘉靖四年建玉德殿、景福、安喜二宫。嘉靖十四年于乾清宫左右建端凝、懋勤二小殿。嘉靖十五年，以清宁宫后半地建慈庆宫，以仁寿宫故址并撤大善殿建慈宁宫，十七年慈宁宫成，十九年慈庆宫成。嘉靖十七年于文华殿后建圣济殿以祀先医。但这些增建的新建筑各自独立，没有形成体系，也就没有自己的独立思想。此外，嘉靖帝还对紫禁城进行了一次大规模的改名运动，企图把自己的理念强加于紫禁城建筑之上。嘉靖四十一年三大殿建成后，嘉靖帝下令要改三大殿名，亲拟殿名为皇极殿、中极殿和建极殿，但是并没得到大臣们的应允，他们认为这有背祖制，虽然三大殿名取自《尚书·洪范》，但《洪范》中更有六极，所谓六极者即一曰凶、短、折，二曰疾，三曰忧，四曰贫，五曰恶，六曰弱，字面相同，意义不美，反对更名。更何况完颜氏所建上京宫殿，其正寝名曰乾元殿，盖袭唐代宫殿旧号，至天眷元年改名为皇极殿，则亡金先已称之，尤为不典[1]。虽然嘉靖帝强行改了三大殿名，但存在着理曲的因素。他更改的殿名还有东西六宫等，改咸阳曰钟粹、长杨曰景阳、永宁曰承乾、永安曰永和、长寿曰延祺、长宁曰景仁、寿昌曰储秀、寿安曰咸福、万安曰翊坤、长春曰永宁、长乐曰毓德、未央曰启祥。嘉靖帝死后，要求恢复宫殿原名的呼声此起彼伏，嘉靖四十五年，朱厚熜驾崩，他的儿子朱载垕即位，即位之初，御史张槚上书请求恢复太祖三大殿旧号。当时高仪任大宗伯，以为皇考所定，且遗诏中多有所厘定，独三大殿名没有涉及，故乞存之[2]。万历二十五年六月十九日三大殿再次被烧毁，这时大臣们认为机会到了，他们上书言道：穆宗初元，未改殿名，是因为穆宗守孝在身。现在三大殿被烧毁，鼎建在迩，殿名请改回太祖初号。

所以嘉靖帝时的大兴土木和更定殿名，在思想上让我们大失所望，有的建筑与“大礼仪”之争有关，如建观德殿供奉父亲神主，改建启祥宫以升崇父亲诞生地等，在很大程度上总是与他想树立自己的权威有关系。有的宫殿则与他崇信道教有关，如改钦安殿名为玄极宝殿，建玉虚宫，紫宸殿等。

眼看着永乐帝点燃的儒家建筑思想之火难道要熄灭？

清帝入主紫禁城前，紫禁城几乎被李自成烧了个精光，所以顺治帝一生的重任都在恢复重建紫禁城。顺治元年乾清宫兴工，二年竣工。顺治二年重建三大殿，三年三大殿、体仁阁、太和门等竣工。顺治十年重建东六宫之景仁、钟粹、承乾三宫和西六宫之永寿、翊坤、储秀三宫，到顺治十三年时，交泰殿、坤宁宫、乾清门、景仁、永寿、承乾、翊坤、钟粹、储秀等宫峻工。前三殿和后三宫，东西十二宫中的六宫都已得到重建，紫禁城的前朝和后廷又恢复了生机。

康熙帝虽然在位 61 年，有足够的时间进行营建工程，但他把主要

---

1 ［明］沈德符：《万历野获编·更正殿名》卷二，第 46 页，中华书局，1997 年。

2 “既而中官李芳复请天地合祀如洪武制，御史张槚请易皇极诸殿名，尽复其旧，仪皆持不可。”见《明史》卷一九三《列传第八一·高仪列传》。

精力放在了平定三藩、远征准噶尔、立储等方面，特别是几经废立太子，让他心力憔悴，无力顾及营缮之事，所以紫禁城中并没有增建什么成体系的建筑。康熙时期主要增建的宫殿有康熙十八年建太子宫毓庆宫和惇本殿，二十一年建咸安宫，二十七年建孝惠太后的尊养之所宁寿宫，康熙三十六年建昭仁殿、宏德殿、东暖殿和西暖殿。这些建筑既不成体系也不是康熙帝内心追求的反映，它只是一种建筑功能的补充而已，而且规模也很有限。

在雍正皇帝短暂而又繁忙紧张的十三年中，他只顾埋头于案前批阅奏章的活动之中，几乎没有闲暇的时间来为紫禁城添砖加瓦。

乾隆帝出现时，儒家建筑香火终于又被重新点亮。

从这章开始，我们要进入建筑里，从细节深处来探究紫禁城的精神灵魂。

二　改造潜邸

弘历，胤禛第四子，十二岁时在圆明园牡丹台被祖父康熙帝看中下旨养育宫中，当年秋天随祖父木兰秋狝，被赐居承德避暑山庄万壑松风，之后又随祖父回到紫禁城居住，乾隆后来回忆说："予幼龄仰蒙圣祖恩眷，养育宫中，俾得日侍左右，亲聆圣训。"父亲胤禛继位后，雍正五年，弘历成婚，按例皇子成婚后要搬出后宫，于宫外另赐府邸。但弘历是个例外，被赐居于乾西二所，继续居住在宫内，后来弘历即位后在《新正重华宫》诗中透露了这是父皇传位于他的信息："初识关雎吉所迁（雍正五年娶孝贤皇后，始自毓庆宫东所迁居于此西二所），避名毓庆圣恩渊（毓庆宫本为皇太子宫也，地既不吉，且滋外间揣摩，恩赐西二所成婚，圣意深远矣。予之不正东宫名号，亦用此意，子孙当世守之）。"说父亲让他居住在西二所，是为了避讳曾经的太子宫毓庆宫而不正东宫之名，实际上西二所就是太子宫。弘历即位后遂定西二所为潜邸。

（一）将西二所改建为重华宫

乾隆改造潜邸并没有足限于西二所，就像唐玄宗改造潜邸为兴庆宫那样，而是把整个乾西五所都包括了进来，建筑面积扩大了，等级也随之提高。

1. 重华宫

在改造潜邸之前，潜邸的名称就拟定好了，名重华宫（图 1）。乾隆元年二月初九日下旨“重华宫俟秋后再行收拾”[1]，但到了五月十八日，乾隆已经按奈不住他的一生中第一个建筑项目所激发起的修建热情，传旨说：“重华宫不必俟秋，令拆造，现令预备料，即择日开工修造。”[2]还不到一个月时间，施工方案已经出台，首先打通头所与二所的联系通道，六月十五日员外郎常保面奏乾隆，奉上谕：“着将重华宫大殿东角门影壁拆去添板墙一槽，从东边开门。头所大殿西角门影壁拆去，添板墙一槽，从西边开门。再板房前后檐装修俱油饰红油，月台两边安栏杆，大书房后檐隔房心照明间内西边隔扇上竹叶寿字花样做，钦此。于本月十八日柏唐阿拴住将做得板墙二槽，栏杆等件带领匠役持进安装并油饰讫。”[3]乾隆二年闰九月初五日内务府递交的一份咨复文件，得知办造重华宫工程需用琉璃瓦料，窑厂已经办造运送完竣在案[4]，也就是说重华宫的主体结构已经完工，从此就该进行殿内的装修工程了。

乾隆二年十一月二十日，重华宫安设由养心殿撤下的鞔青缎宝座一座。乾隆三年九月初五日乾隆下旨：重华宫着做紫檀木抽长镶玉宝座一座，其镶嵌之玉用从前交出玉带板镶，先做样呈览，准时再做。钦此。十月十二日传旨要镶玉抽长紫檀木活腿宝座呈览。钦此。于本月持

---

1 《清宫内务府造办处档案总汇》，第 7 册，乾隆元年二月初九日，人民出版社，2005 年。

2 《清宫内务府造办处档案总汇》，第 7 册，乾隆元年五月十八日，人民出版社，2005 年。

3 《清宫内务府造办处档案总汇》，第 7 册，乾隆元年六月十八日辛巳，人民出版社，2005 年。

4 《工部移咨重华宫工程运送琉璃瓦料事》，《长编 69497·内务府来文 1992》，中国第一历史档案馆藏。

图 1　重华宫

进呈览，奉旨：碧玉不用，俱用白玉。钦此。但这座镶玉抽长紫檀木宝座并没安设在重华宫，而是于乾隆三年十二月十五日发往圆明园弘德殿安设，重华宫宝座只是收拾见新而已[1]。

乾隆三年七月初七日，催总白世秀、六达子来说太监胡世杰传旨：重华宫中殿东次间添曲尺围屏一架，用绢画柏木色群板，画紫檀木色绦环花纹，画楠木色边框[2]。

乾隆三年十月二十五日，员外郎常保来说太监毛团传旨：重华宫正殿东西进深着做隔扇二槽，东稍间床罩一份，上安透绣，交海保成造，画样呈览。钦此。于十日二十八日重华宫拆出明间殿内油饰贴字画隔扇二槽，计十六扇，横披二扇，帘架二架，东稍间、西间落地罩一槽，坎框俱全[3]。

1　《清宫内务府造办处活计档》，第 17 册，乾隆二年十一月二十日，人民出版社，2005 年。
2　《清宫内务府造办处活计档》，第 8 册，乾隆三年七月初七日，人民出版社，2005 年。
3　《清宫内务府造办处活计档》，第 8 册，乾隆三年十月二十五日，人民出版社，2005 年。

乾隆七年十一月十五日，司库白世秀、副催总达子将广东省解到紫檀木十四段，重三千二百余斤，花梨木十四段，重三千九百余斤，传为做重华宫如意边挂屏镜并出外玻璃镜边配古玩座等项，约用紫檀木十段，花梨木六段，下剩紫檀木四段、花梨木八段，缮写折片一件持进交太监高玉转奏闻，奉旨准用紫檀木十段，花梨木八段，着收贮，如用时请旨再用，钦此。二十三日司库白世秀、副催总达子来说太监高玉交各色锦十四匹，传旨交造办处有用处用[1]。

乾隆八年，重华宫装修完工，这年乾隆来到重华宫，想起旧日书屋，不禁题诗一首曰："仿佛当年吟破蜡，挼笺搦管恰移时。"[2]乾隆十年立春后第二日，第一次召集大学士、内廷翰林至重华宫赐宴联句[3]。

重华宫的东西配殿内的装修最晚在乾隆三年时开始进行，本年九月初五日七品首领萨木哈来说，太监胡世杰传旨：将重华宫西配殿落地罩拆出，西北三面俱衬平，其北满糊油纸，令郎世宁画油画，再将落地罩送往圆明园，交常保，有平常坐落之处安用，钦此。于本月初七日柏唐阿刘锡将拆出落地罩等俱送赴圆明园交常保讫。于本月初十日催总曾领弟将两北二面俱衬平，带领匠役糊饰北面，油纸交西洋人郎世宁画讫[4]。

乾隆六年三月二十九日传旨将西配殿抑斋高炕一铺拆去，搭地炕安床[5]。

乾隆九年夏西配殿装修完工，乾隆斋居抑斋，写诗一首《夏日斋

---

1 《清宫内务府造办处档案总汇》，第 11 册，乾隆七年十一月十五日庚午，人民出版社，2005 年。

2 ［清］弘历：《题重华宫旧书室》，《御制诗集初集》卷一九，《钦定四库全书集部别集类》，台湾商务印书馆，1986 年。

3 ［清］弘历：《古今体九十九首》，《御制诗集初集》卷二十四，《钦定四库全书·集部·别集类》，台湾商务印书馆，1986 年。

4 《清宫内务府造办处档案总汇》，第 8 册，乾隆三年九月初十日己未，人民出版社，2005年。

5 《清宫内务府造办处档案总汇》，第 9 册，乾隆六年三月二十九日甲午，人民出版社，2005 年。

居重华宫抑斋作》："壁留亥字铜仙驻，案有丁年玉帙陈。却愧向来斋内客，匡床消夏一闲人。"

乾隆十年十月初一日司库白世秀来说，首领郑爱贵交御笔白绫四壁重檐对子一副，乾隆御览后传旨着照重华宫东配殿"古香斋"的匾一样做璧子挂对一副，于本月初八日司库白世秀将做得白绫璧子挂对一副持进安挂在古香斋讫[1]。

改造后的重华宫，面阔5间，进深1间，黄琉璃瓦硬山顶，明间开门，余皆为槛窗，前接抱厦3间。殿内明间与东、西次间均以紫檀雕花隔扇分隔，东次室匾曰"芝兰室"。

2. 崇敬殿

崇敬殿与重华宫同时建成（图2），但殿内装修迟迟未能开工，直到乾隆六年三月二十九日才传旨乐善堂天棚交营造司粘补收什。乾隆八年开始装修东西暖阁佛堂，制作踏跺，安设坛城，本年十二月十二日七品首领萨木哈来说，太监胡世杰传旨：重华宫东佛堂内着配高一尺二寸踏跺一层，中龛内做小踏跺二件，东龛内做踏跺二层，西龛内做踏跺三层，俱糊黄片金，两旁隔扇去了，挨欢门再安坛城，下配一紫檀木架，楠木须泥座，按一盖板，再将佛像添，楣杆往上起些，钦此。于本月十四日副催总德福将做得糊黄片金踏跺四件，紫檀木架楠木须泥座持进安讫[2]。

乐善堂直到乾隆十年才制作安设宝座屏风，本年八月二十二日司库白世秀来说，太监胡世杰传旨：着照廊然大公现安黑漆金花镶大理石三屏风样款做法配做一座，得时在重华宫乐善堂正宝座安设，其屏风应收什之处收什。钦此。于本月二十九日司库白世秀将做得大理石宝座木样一件持进交太监胡世杰呈览，奉旨：靠背准做整的，其大理石挑花样的用，钦此。于本年九月初十日配做得镶大理石楠木胎漆洋漆宝座一座

---

1 《清宫内务府造办处档案总汇》，第13册，乾隆十年十月初八日丙午，人民出版社，2005年。

2 《清宫内务府造办处档案总汇》，第11册，乾隆八年十二月十四日癸亥，人民出版社，2005年。

图 2　崇敬殿

持进交催总六达子安讫[1]。

改造后的崇敬殿，面阔 5 间，进深 3 间，黄琉璃瓦歇山顶，前檐正中接抱厦 3 间，为改建后所添。明间开门，古钱纹棂花隔扇门 4 扇，其余为槛窗。殿内正中悬弘历为和硕宝亲王时亲笔书匾额“乐善堂”，堂之东西暖阁俱供佛像。

3. 翠云馆

翠云馆的装修从乾隆元年八月初二日就开始着手进行（图 3），首领潘凤来说，太监毛团传旨：重华宫后照房东西稍间内床罩上各添幔子一架[2]。

乾隆对翠云馆的装修要求非常严格，连仙楼安装楠木栏杆，都要画样呈览，准时再做。乾隆三年七月二十日司库刘山久、七品首领萨木

1　《清宫内务府造办处档案总汇》，第 13 册，乾隆十年九月初十日，人民出版社，2005 年。

2　《清宫内务府造办处档案总汇》，第 7 册，乾隆元年八月初二日，人民出版社，2005 年。

图3 翠云馆

哈画得重华宫后殿曲尺围屏纸样一张，后照房仙楼高栏杆纸样一张交太监胡世杰呈览，奉旨照样准做。二十二日催总老格、柏唐阿强锡将做得糊绢画曲折围屏一架和仙楼上的楠木栏杆，俱持进安讫。

乾隆六年六月二十日，员外郎常保来说本年二月初六日太监胡世杰传旨：重华宫后殿西次间添飞罩一座。钦此。于二月初八日员外郎常保画得飞罩一张持进交太监高玉等转呈御览，奉旨照夔龙卧蚕花式做。钦此。遵在案，今遵照圆明园例查候销算。重华宫后殿西次间添安装修飞罩杉木半圆假柱改做床张，糊饰纱片，找补板墙，挖补顶隔[1]。

乾隆十年六月十四日司库白世秀来说，首领文旦交御笔黄笺纸“长春书屋”匾文一张，传旨着按地方尺寸做匾，先做样呈览，准时再做。二十日司库白世秀将画得“长春书屋”匾纸样一张持进交太监胡世

1 《清宫内务府造办处活计档》，第9册，乾隆六年六月二十日，人民出版社，2005年。

杰呈览，奉旨：准檀香边落槽糊磁青纸画泥金百蝶做[1]。

乾隆十年七月二十一日，司库白世秀来说，太监胡世杰传旨：重华宫后殿仙楼上下隔扇、横楣、栏杆、群板、绦环俱着画宋龙样呈览，准时交粤海关用紫檀木成做，其堂（即隔扇心）交苏州作月白地透缂丝花树鸟花纹，钦此。当天司库白世秀将画得宋龙隔扇、横楣、栏杆、群板、绦环纸样持进交太监胡世杰呈览，奉旨：隔扇、横楣、栏杆、群板、绦环俱照样准两面做，交粤海关用紫檀木成做，其堂子用月白地透缂丝花树鸟花纹，照样准交苏州成做。仙楼指的是翠云馆西稍间的仙楼，是一座假仙楼，楼上的八页隔扇是固定的，楼上不能使用。

应该说翠云馆的装修到乾隆十年时已基本完成，但乾隆总觉不满意，过了将近十年，他于十九年三月十四日让太监胡世杰传旨要把翠云馆东近间仙楼照西近间仙楼一样，着粤海关做紫檀木雕龙样式，仙楼上面缂丝片交南边织造做，明间并西进间添做仿洋漆落地罩二槽，但到了第二天他又改变了主意，下旨翠云馆紫檀木仙楼并仿洋漆落地罩俱不必做了。经过近十天的思考，于二十四日乾隆让太监胡世杰传旨：重华宫翠云馆内着做雕龙柜一对，先画样呈览，准时发往粤海关成做。又过了十多天，乾隆又改变了主意，于二十八日下旨：翠云馆殿内明间、西次间、西稍间成做仿洋漆落地罩三槽，东次间并西次间成做仿洋漆床罩二槽，俱先画样呈览[2]。

这样乾隆发了两起活计，一是要做龙柜，二是要做仿洋漆落地罩和床罩。四月初四日员外郎白世秀为做落地罩三槽、床罩二槽需用楠木，写折片一件持进交太监胡世杰转奏，奉旨准向工程处要用。四月初八日白世秀将画得落地罩、床罩纸样三张持进交太监胡世杰呈览，奉旨照样准做，着点缀镶嵌金银片。当天白世秀还将画得龙柜纸样持进交太

---

1 《清宫内务府造办处档案总汇》，第 13 册，乾隆十三年六月二十四日，人民出版社，2005年。

2 《清宫内务府造办处档案总汇》，第 20 册，乾隆十九年三月二十八，人民出版社，2005 年。

监胡世杰呈览，奉旨照样准做。等到乾隆二十四年四月二十二日粤海关监督李永标送到紫檀木雕龙柜一对时，乾隆方才想起翠云馆东进间仙楼已经建好，只好下令拆去仙楼，安装紫檀木雕龙柜一对。这对雕龙柜就是日后乾隆存放皇祖、皇考、太后、皇后遗物的柜子。

改造后的翠云馆面阔 5 间，进深 1 间，黄琉璃瓦硬山顶，明间开门，余皆为槛窗。殿内黑漆描金装修，十分精美。东室匾曰“养云”，东次室匾曰“长春书屋”，西室匾曰“墨池”，西次室匾曰“澄心观道妙”。

乾隆十年三月十五日正式为重华宫院各殿拟定殿名,制作匾额。催总五十八来说太监张玉交御拟匾名：重华门、葆中殿（东配殿）、浴德殿（西配殿）、翠云馆（后层照房）、崇敬殿、漱芳斋（头所中层殿）、重华宫，传旨：重华门、葆中殿、浴德殿着做铜字金线斗方匾，其余俱做铜字龙边匾。钦此。俱写满汉字。于三月二十五日太监张玉传旨：各殿室匾额拟尺寸交懋勤殿。钦此。于四月二十八日司库白世秀来说太监胡世杰交白笺满汉字匾文七张。三月十五日催总花色来说太监胡世杰传旨：重华宫匾额并字画着造办处画，着造办处应粘补收什见新者粘补收什见新，字画应托表的托表。钦此。于四月十一日司库白世秀将画得重华宫台上果子对纸样一张随原样一张持进交太监胡世杰呈览，奉旨：照样准做成对的。钦此。于七月十一日副催总段六将做金线斗方子等匾七面持进赴重华门等处挂讫。

西二所三进院落改建后总称为重华宫院，正门名重华门，第一进院落由正殿崇敬殿和东西配殿组成。第二进院落即中院由正殿重华宫，东配殿葆中殿和西配殿浴德殿组成，第三进院落由正殿翠云馆和东西配殿组成。

（二）西头所改建为漱芳斋

1. 戏台

乾隆二年重华宫院主体建成竣工后，头所改造放到了日程上来，乾隆三年五月初四日太监毛团等传旨："重华宫头所院内板房着拆去，接着前殿后檐盖造重檐台一座。钦此。于乾隆三年五月十五日员外郎黑达子将重华宫头所院内板房拆去，挪接前殿，盖造重檐台一座讫。"[1]

重檐台指的是重华宫大戏台，位于漱芳斋南面，为亭式建筑，面阔、进深各三间，黄琉璃瓦重檐四角攒尖顶，戏台上有楼，天花板上设天井，可以放井架辘轳等机械设备，供演神仙剧使用。

戏台装修始于乾隆三年八月初五日，催总白世秀来说，太监胡世杰传旨：重华宫戏台上横眉栏杆油双桃红色，再佛门、升天门、转轮门俱照同乐园戏台上门油饰之样，用灰布麻油饰，其升天门上下油五色祥云，转轮门上下油乌云，其余俱油饰见新，先画样呈览，准时再油做，钦此。于本月初八日司库刘久山、七品首领萨木哈、催总白世秀将做重华宫戏台上转轮门铜字匾一面持进交太监胡世杰呈览，奉旨：照样准做其丰都门、升天门、雷音寺匾，每样做二面，其余之匾俱做一面，再灵霄门之字另写，钦此。于本月二十一日司库刘久山、七品首领萨木哈、催总白世秀将做得台门彩画木样一件持进交太监胡世杰呈览，奉旨：佛门、升天门着漆押条角栓，其余照样准做，钦此。于本年八月初二日催总六达子将做得戏台上升天门等处匾俱悬挂并戏台上所应油饰之处俱各油饰彩画完讫[2]。

乾隆三年十月十七日，太监毛团传旨重华宫戏台着开地井。于二十一日催总六达子、柏唐阿拴住带领匠役进内开地井讫[3]。

乾隆三年十二月十四日，乾隆下旨要求重华宫戏台上着做云兜一份，安搬椿辘轳四件。本日催总白世秀来说，太监毛团传旨：重华宫戏台上丰都门着做祥云一块，红门二扇上做夔龙边，"普度众生"匾一

---

1 《清宫内务府造办处活计档》，第7册，乾隆三年五月十五日，人民出版社，2005年。

2 《清宫内务府造办处档案总汇》，第8册，乾隆三年八月初二日壬午，人民出版社，2005年。

3 《清宫内务府造办处档案总汇》，第8册，乾隆三年十月二十一日庚子，人民出版社，2005年。

面，报牌上做三宝珠火焰四块。十五日司库刘久山、七品首领萨木哈、催总白世秀来说太监毛团传旨：重华宫戏台上天花板改做天井。于本日司库刘久山、七品首领萨木哈、催总白世秀带领匠役进内将天花板改做天井，做得云兜一份，安搬椿辘轳四件持进安讫。二十五日催总六达子做得祥云一块，红门二扇，“普度众生”匾一面，三宝珠火焰四块持进安讫[1]。

2. 漱芳斋

乾隆五年二月漱芳斋室内才开始装修，初六日首领冠明来说，太监毛团传旨：重华宫正谊明道东稍间、东次间搭地炕二铺，钦此。于本年二月二十日催总福六将东稍间、东次间搭得地炕二铺并糊饰讫[2]。

乾隆七年七月十九日首领郑爱贵交“风雅存”绢字匾文一张。

乾隆七年十月二十七日，下旨为漱芳斋“正谊明道”制作宝座，员外郎常保、司库白世秀、七品首领萨木哈来说，太监胡世杰传旨：正谊明道照札轮宝座样式做一座，将中间靠背两边龙放大三寸，不必刻座右铭之字，另给字样刻做。钦此。于本月三十日七品首领萨木哈来说，太监胡世杰传旨：将新传做的宝座束腰托泥面板要矮二寸。钦此。于十一月初三日七品首领萨木哈为做宝座讨用楠木缮写尺寸折片一件持进交太监胡世杰奏闻，奉旨：向内务府总管三合要。钦此。于乾隆九年正月初七日将宝座上元光字一张，司库白世秀持进讫。于十二月二十七日司库白世秀将照样做得楠木宝座一件持进交太监胡世杰呈进讫[3]。

乾隆八年十二月初十日，司库白世秀来太监胡世杰传旨：正谊明道东间现挂“高云情”匾，着画好样式呈览。钦此。匾高一尺七寸，宽四尺八寸。于本月十四日，首领夏安来说太监胡世杰交“高云情”骚青

1 《清宫内务府造办处活计档》，第8册，乾隆三年十二月十四日，人民出版社，2005年。

2 《清宫内务府造办处档案总汇》，第9册，乾隆五年二月二十日辛卯，人民出版社，2005年。

3 《清宫内务府造办处档案总汇》，第11册，乾隆七年十二月二十七日，人民出版社，2005年。

绢匾文一张，传旨：着做匾一面，俟样子览看，准时再做。钦此。于本日七品首领萨木哈将画得白檀香雕做夔龙“高云情”匾样一张持进交太监胡世杰呈览，奉旨：照样准做。钦此。于本月二十五日司库白世秀将做得白檀香雕夔龙匾一面持进悬挂讫。[1]

乾隆九年正月初八日，七品首领萨木哈来说太监胡世杰传旨：将正谊明道三屏风并假书格持出收拾好交开里其，此屏风甚糙，再照此样往好里秀气里成做一座，仍在正谊明道安设，先做样呈览，准时再做。钦此。初九日七品首领萨木哈将做得三屏风小木样一件并烫胎小插屏样一件持进交太监胡世杰呈览，奉旨：三屏风准做漆的，左一扇、右一扇俱着金昆起稿，中间仍用座右铭之字皆后用磁青纸写百寿篆字三堂，仍做黑漆地钩填彩漆道，其插屏准做紫檀木插屏二座，面上做假墨刻夔龙边画金龙写御制诗，背面集锦。钦此。二月初四日司库白世秀将收拾三屏峰一座并格书格交首领开里其收拾。四月二十二日司库白世秀副催总达子来说太监胡世杰交座右铭青绢金字一张，传旨：着用在正谊明道三屏风上。钦此。五月初四日司库白世秀来说太监胡世杰交沈源画骚青纸三屏风两扇画二张，传旨俟屏风得时糊上。钦此。五月初六日司库白世秀将画得正谊明道三屏风两傍插屏纸样一张，因无紫檀木，意欲用高丽木成做持进，交太监胡世杰等，口奏奉旨：准用一色红高丽木做。钦此。五月十七日司库白世秀来说太监胡世杰交墨刻纸二张，传旨：不必画金夔龙，贴在正谊明道插屏上。钦此。七月二十日司库白世秀将做漆边三屏风一座，高丽木插屏二座持进正谊明道安挂讫。[2]

乾隆十年六月十四日，司库白世秀来说，首领文旦交漱芳斋后殿御笔宣笺纸“随安室”匾文一张，传旨：着按地方尺寸做匾，先做样呈览，准时再做。十八日司库白世秀来说太监胡世杰交漱芳斋东山墙御笔

---

1 《清宫内务府造办处档案总汇》，第 11 册，乾隆八年十二月二十五日，人民出版社，2005年。

2 《清宫内务府造办处档案总汇》，第 11 册，乾隆九年七月二十日，人民出版社，2005 年。

白笺纸“静憩轩”匾文一张，传旨着做一块玉匾，边出黄线。二十日司库白世秀将画得“随安室”匾纸样一张，持进交太监胡世杰呈览奉旨准雕檀香绳环式磁青地挞边。于七月初一日司库白世秀将御笔白笺纸“静憩轩”匾文一袋做得一块玉璧子[1]。

乾隆十年七月初十日，司库白世秀来说，太监胡世杰交金昆等合笔绢画《瀚林院图》大横披一张，传旨：“着在重华宫头所大观园屏处贴用。钦此。于七月十六日副催总强锡将金昆等合笔绢画《瀚林院图》大横披一张持进贴讫。”[2]

乾隆十一年三月初四日，太监张良栋来说首领文旦奉旨：重华宫正谊明道明间着做匾一面。钦此。于三月二十五日，副催总德福将做得紫檀木边骚青纸绢画金花匾一面持进挂讫。[3]

屏风摆放将近两年后，发觉宝座大了不谐调，故下旨另做小一点的宝座，原宝座等新宝座做好后搬出放在瀛台。乾隆十一年三月二十六日，七品首领萨木哈来说太监张明传旨：照正谊明道九龙宝座样款收小做紫檀木宝座一座，扶手外托泥之尺寸照旧牙板坡了，往里收些。火焰龙发都要贴实，再做剑架、香几一份，先做样呈览，准时再做。钦此。三月二十八日七品首领萨木哈来说太监胡世杰传旨：现做宝座上龙发着做铜镀金的。钦此。三月初七日七品首领萨木哈将做得雕龙宝座木样一件并画香几剑架纸样二张持进交太监胡世杰呈览，奉旨：照样俱各准做，其宝座托泥里口去一寸五分。钦此。三月十九日司库白世秀、七品首领萨木哈为雕紫檀木剑架上用剑一把，将九年正月初六日交出配架的红漆鞘西洋剑一把持进交太监胡世杰呈览，奉旨：准用将鞘另漆，其鞘上部并螭虎俱去了，换鹅黄绦子应如何添之处添配。钦此。四月初一

---

1 《清宫内务府造办处档案总汇》，第 13 册，乾隆十年六月十四日，人民出版社，2005年。

2 《清宫内务府造办处档案总汇》，第 13 册，乾隆十年七月初十日，人民出版社，2005 年。

3 《清宫内务府造办处档案总汇》，第 14 册，乾隆十一年三月二十五日，人民出版社，2005 年。

日司库白世秀将画得剑鞘兽面什件纸样一张持进交太监胡世杰呈览，奉旨：照样准做，其拆下旧什件交造办处有处用。钦此。七月十九日司库白世秀将宝座上圆光过得字持进交太监胡世杰呈览，奉旨：着交武英殿刻。钦此。七月二十八日七品首领萨木哈来说太监胡世杰传旨：将紫檀木雕龙香几上着安一抽屉。钦此[1]。

乾隆十一年九月初三日，七品首领萨木哈来说太监胡世杰传旨：原正谊明道金龙宝座、香几、剑架、屏风着在瀛台摆，其边插屏交造办处。钦此。于十月十三日司库白世秀将正谊明道换下金龙宝座、屏风、香几、剑架，着副催聪得福送赴瀛台内安讫。"[2]旧宝座移出后，于十一月十八日司库白世秀将新做得紫檀木雕龙宝座一座、香几一件，剑架一件持进，安设在正谊明道讫[3]。

西头所改造后由两组建筑组成，前为戏台，后为漱芳斋，乾隆三十四年编纂的《国朝宫史》的记载和现存原状，我们可以恢复乾隆时期的漱芳斋原貌为工字形殿，有前后两座厅堂，中间以穿堂相连。前殿面阔五间，进深三间，黄琉璃瓦歇山顶。室内明间与东西次间、穿堂以几腿罩分隔，三扇几腿罩合围，组成御座空间，上悬乾隆御笔匾"正谊明道"。前殿东次间前檐设炕，悬匾曰"庄敬日强"，东稍间亦设炕，悬匾曰"高云情"，后来这两块匾挪到了后殿东室。东稍间多宝格上偏左有暗门通东山墙，名静憩轩。西次间和西稍间连为一体，合为开敞的一间，沿南窗和西墙设万字炕。前殿与后殿之间为穿堂，二者之间设圆光门一座，穿堂与后殿之间由落地罩隔开。后殿面阔五间，进深一间。明间北墙上悬挂《大宝箴》匾。东次间匾曰"金昭玉粹"，中设宝座床一

---

1 《清宫内务府造办处档案总汇》，第 14 册，乾隆十一年十一月十八日，人民出版社，2005年。

2 《清宫内务府造办处档案总汇》，第 14 册，乾隆十一年十月十三日，人民出版社，2005年。

3 《清宫内务府造办处档案总汇》，第 14 册，乾隆十一年十一月十八日，人民出版社，2005 年。

张，上铺坐褥、靠背和迎手，是帝后看戏的御座。东稍间为随安室。西次间设暖台即戏台，前设飞罩栏杆与明间隔开。

（二）西四五所改建为建福宫花园

重华宫院和漱芳斋院的建筑于乾隆三年已基本告成，余下的四所和五所，乾隆意欲改建为建福宫花园，以比之于玄宗潜邸兴庆宫的龙池花园，形成一个功能齐全的新的宫殿区。乾隆四年三月初七日，首领潘凤传旨：重华宫五所有板房五间，着拆出。钦此。于三月十六日将重华宫五所内拆出板房五间木料锡片数目等，彩画落地罩一份计三件，炕挂面一件，大铁拉扯八根，小铁拉扯四根。于本日将以上诸物交装修处员外郎常保照数领去收贮，以备应用讫[1]。拆出四、五所为兴建花园作准备，到乾隆六年时，花园的烫样已经完成，十二月初五日，乾隆下旨：四所、五所挪在东厂盖造，四所、五所地方新建工程即照烫胎式样盖造。并要求于今年冬天预备好石料，明春兴修。具体安排为范毓馪备办木植，工部江西窑二处分办琉璃瓦件，派员采办砖瓦灰斤，先支银五万两。后经监修官员等详细踏勘，奏请除将本工拆下旧料选用外，所需杉木行文工部，取用绫绢纸张、铜锡物料向广储司领用；亮铁槽活交武备院办造；其需用颜料将户部现在库存有者行文取用。不敷者本工再行采办。约估应办买木石砖灰绳麻钉铁料并给发各作匠夫工价等项共银十二万三千四百八十两四钱一分三厘，再堆山、拉运石料并出运渣土等项，现在难以估计，暂请领钱一万六千两，连前通共银十三万九千四百八十两四银一分三厘。

1. 建福宫

乾隆七年春兴建[2]，到秋天时建福宫已基本完工（图 4），殿内贴落即开始装饰，七月二十四日，司库白世秀来说首领开其里交梁诗正

1　《清宫内务府造办处活计档》，第 8 册，乾隆四年三月十六日，人民出版社，2005 年。

2　周苏琴：《建福宫及其花园始建年代考》，《禁城营缮记》，第 113 页，紫禁城出版社，1992 年。

图4　建福宫

绢字横披四张、对一副，励宗万绢字横披三张、绢对二副，传旨：着俱托纸，得时贴在建福宫，钦此。于本日将横披绢对十五宗交表匠七达子送上京讫。于八月十二日将托得纸横披绢对等副催总强锡俱持赴建福宫贴饰讫[1]。乾隆八年新春，乾隆来到建福宫，看到梅花已经破蕾，柳条在迎风中摇摆，不觉诗兴大发，吟道："禁城景物报和韶，初转寅方玉斗杓。"[2]乾隆十六年十月十二日，交"从云室"匾对一份，奉旨在建福宫挂[3]。

1　《清宫内务府造办处档案总汇》，第10册，乾隆七年八月十二日戊戌，人民出版社，2005年。

2　［清］弘历：《御制诗集初集》卷一二《建福宫新春》，《钦定四库全书·集部·别集类》，台湾商务印馆影印，1986年。

3　《清宫内务府造办处档案总汇》，第18册，乾隆十六年十月十二日乙巳，人民出版社，2005年。

2. 静怡轩

据乾隆七年御制静怡轩晚对雨诗，说明此轩已于乾隆七年建成[1]。轩内悬挂匾额亦始于七年，本年七月二十九日，太监王明贵来说太监高玉等交御笔“与佛皆春”匾文一张，传旨：着做锦边璧子匾。钦此。于本年九月初八日副催总强锡将做得“与佛皆春”匾一面持进静怡轩挂讫[2]。乾隆七年九月十六日司库白世秀、副催总达子来说，太监高玉传旨：静怡轩现挂“俯阳群生”匾令改移挂在延春阁后隔扇上，再照“俯阳群生”匾大小尺寸重做匾一面[3]。乾隆十一年九月初二日，七品首领萨木哈来说太监胡世杰交御笔花边藏经纸字二，梁诗正字二张，江由敦斗方一张，董邦达山水画一张，允禧山水横披一张，张若霭花卉横披一张，丁观鹏山水画一张、人物画一张，邹一桂花卉斗方一张，传旨着在静怡轩集锦用。钦此。于本月初四日七品首领萨木哈将各式斗方十二张在静怡轩贴讫[4]。乾隆二十一年进行了静怡轩改砌墙垣，挪盖净房的工程。

3.延春阁

据乾隆七年御制延春阁对雪诗，说明最迟在七年冬天延春阁已经建成[5]。延春阁一层被分隔成众多小室（图 5），室内所挂匾的时间也正是乾隆七年。乾隆七年二月初九日，司库白世秀副催总达子来说首领开其里交：“御笔‘芝田’绢字本文一张，御笔‘怀瑶握瑜’绢字本文一张，御笔‘兰畹’绢字本文一张，御笔‘俯畅群生’绢字本文一张，御笔‘不为物先’绢字本文一张，御笔‘洁素履’绢字本文一张，传旨将

1　周苏琴：《建福宫及其花园始建年代考》，《禁城营缮记》，第 115 页，紫禁城出版社，1992 年。

2 《清宫内务府造办处档案总汇》，第 10 册，乾隆七年九月初八日，人民出版社，2005 年。

3 《清宫内务府造办处档案总汇》，第 10 册，乾隆七年九月十六日，人民出版社，2005 年。

4 《清宫内务府造办处档案总汇》，第 14 册，乾隆十一年九月初二日，人民出版社，2005 年。

5　周苏琴：《建福宫及其花园始建年代考》，《禁城营缮记》，第 115 页，紫禁城出版社，1992 年。

图 5　延春阁

‘芝田’本文做得椽式匾，‘怀瑶握瑜’并‘兰畹’本文做手卷式匾，其余俱做锦边璧子匾。钦此。于九月二十四日将做得御笔‘洁素履’锦边璧子匾等四面交催总强锡持进延春阁挂讫。于十月二十日将做得香橼式匾一面交催总强锡持进悬挂讫。于十二月十一日将做得手卷式匾二面交副总强锡持进悬挂讫。”[1]

乾隆八年对延春阁局部进行了改造，闰四月二十五日催总张花资来说，太监胡世杰传旨：延春阁北面仙楼上西梢间南北添板墙二槽，添坎窗三扇，背后花心拆下，动用造办处钱粮。十一月十五日催总花塞来说，太监胡世杰传旨：延春阁二层踏跺处面阔板一槽，两边门口，俱各折去，将前檐葵花落地罩移在后檐，安设添做楠木笔管栏杆一扇，着动用造办处钱粮[2]。

1　《清宫内务府造办处档案总汇》，第 10 册，乾隆七年十二月十一日，人民出版社，2005年。

2　《清宫内务府造办处档案总汇》，第 11 册，乾隆八年十一月十五日，人民出版社，2005 年。

图6　吉云楼

乾隆十一年五月二十五日，七品首领萨木哈来说太监胡世杰传旨：着照高云情现挂檀香边匾式样，仍用“洁素履”的字做匾一面，在延春阁东门挂，其旧匾仍归旧尺寸呈览。钦此。于本月二十六日七品首领萨木哈将画得盘龙边匾样一张持进交太监胡世杰呈览，奉旨：照样准做。钦此[1]。乾隆十九年正月初九日太监董五经来说首领桂元传旨：“延春阁上檐西门内匾‘静观自得’移在罩外挂[2]。

延春阁原为四面的游廊，于乾隆十七年将北边游廊内拆盖三间，添安天花一间，改安装修，拆除墁花斑石料，改铺金砖，重新油饰彩画糊裱。院内拆换药栏三堂[3]。

4. 吉云楼

据绘制于乾隆十年的《太簇始和图》，吉云楼于乾隆十年之前就建

1　《清宫内务府造办处档案总汇》，第14册，乾隆十一年五月二十五日，人民出版社，2005年。

2　《清宫内务府造办处档案总汇》，第20册，乾隆十九年正月初九日，人民出版社，2005年。

3　《奏案05-0123-050》，乾隆十七年十月十五日，中国第一历史档案馆藏。

成了[1]（图6），到十二年十月初二日内务府大臣三合交御笔吉云楼满汉字匾文一张，传旨着照延春阁龙边铜字匾样做斗匾一面。于本月初七日副催总柏永吉将做得“吉云楼”木胎铜字匾一面持进，赴敬胜斋（应为吉云楼）安挂讫[2]。乾隆二十一年二月初四日，于吉云楼前堆砌黄太湖石点景。

5. 敬胜斋

首领郑爱贵交“德日新”绢字匾文一张，绢字对联一副，于乾隆七年七月十九日挂在德日新[3]。德日新是敬胜斋西三间的戏台额名，说明敬胜斋建于乾隆七年。乾隆十年十一月十一日，太监张国栋持来，首领文旦交御笔粉红绢对一副，御笔粉红绢“性存”匾一张，传旨着做一块玉璧子匾一面，对子一副，安闷钉获眼。于十一月二十五日副催总强锡将做得一块玉粉红绢璧子匾一面，对一幅，随托挂钉持进，挂在敬胜斋讫[4]。

6. 玉壶冰

首领郑爱贵交米色“玉壶冰”匾字一张，于乾隆七年七月十九日挂在玉壶冰，说明玉壶冰建于乾隆七年[5]。乾隆十八年又对玉壶冰进行了改建，五月初四日，海望、三和、德保、四格谨奏为奏闻，约估银两数目事，奴才遵旨建福宫内玉壶冰改建楼座工程，遵照奏准式样，详细约估建造楼六间，曲尺游廊楼七间，以及油饰彩画，糊裱等项工程，除琉璃瓦料、银朱、宁布照例行取应用外，所需办买木石砖、灰绳麻、钉

---

1 张淑贤：《建福宫花园建筑历史沿革考》，《故宫博物院院刊》，2005年第五期，紫禁城出版社。

2 《清宫内务府造办处档案总汇》，第15册，乾隆十二年十月初二日，人民出版社，2005年。

3 《清宫内务府造办处档案总汇》，第10册，乾隆七年七月十九日，人民出版社，2005年。

4 《清宫内务府造办处档案总汇》，第13册，乾隆十年十一月二十五日，人民出版社，2005年。

5 《清宫内务府造办处档案总汇》，第10册，乾隆七年七月十九日，人民出版社，2005年。

铁集料给发各作匠夫工价运价，通共约估四千三百五十四两六钱八分八厘[1]。将玉壶冰两座单体建筑改造成两座楼，两楼之间用转角游廊相连，游廊亦为上下两层，共七间，于十九年建成。档案记载："建福宫内玉壶冰改建歇山楼二座，计六间，转角游廊楼一座，计七间，成砌月台一座，安砌汉白玉石栏板柱子二十二堂……等项工程，实查销算工料银四千九百二十五两四钱三分六厘。"[2]

7. 碧琳馆

碧琳馆是乾隆十七年添建的（图 7），档案记载"十月十五日奴才海望、三和、德保、四格谨奏为奏开销算用过银两数目事，奴才等遵旨建福宫内添建碧琳馆歇山楼一座，耳楼二座，欹游廊二座，石洞游廊一间，西面大墙做出水沟四个，敬胜斋西山开安门桶一座，三卷房北山开安门桶一座，以及成砌并缝虎皮石花墙三丈一尺四寸，随开旱白玉石八方，门桶一座，添做石座三份，铺墁石子地面，成堆太湖山石。凝辉堂内里明间添安落地罩一座，拆改板墙一槽。"[3]新添建的碧琳馆为二层楼阁，歇山顶，以游廊的形式北连敬胜斋，南接凝晖堂。

8. 慧曜楼

慧曜楼位于静怡轩北，兴建于乾隆二十一年，是第一座六品佛楼，十二月十六日，太监胡世杰传旨：着首领伊国泰交画佛像喇嘛阿旦嘉木错绘画慧曜楼安供佛像三十轴，具系绢片，得时着交造办处背后托纸镶边。二十三年建成，档案记载："四月初四日奴才三和、吉庆、四格谨奏为奏闻销算用过银两数目事，奴才等遵旨静怡轩后新建慧曜楼一座计七间，东边改盖年殿一间，西边添建过桥游廊一间，成做明瓦天棚一座，添砌院墙二道，添长三丈，随墙门口一座，成砌暗沟一道，长七丈

1 《奏案 05-0128-007》，乾隆十八年五月初四日，中国第一历史档案馆藏。

2 《奏为御花园建福宫工程用过银两数目事》，《奏案 05-0136-065》，《奏案 05—0136-066》，乾隆十九年十月二十四日，中国第一历史档案馆藏。

3 《奏案 05-0123-050》，乾隆十七年十月十五日，中国第一历史档案馆藏。

图 7　碧琳馆

二尺。拆砌北面大墙里皮，长七丈五尺五寸，并楼内下檐安装进深板墙六槽，随开包镶紫檀大门六座，杉木获墙板九槽，前金面宽紫檀木落地罩六座，横披六槽，三面紫檀木供桌十八张，番草净瓶佛座十八份。上檐进深杉木鼓儿板墙六槽，随开包镶紫檀木门口六座，面宽紫檀木汉文式落地罩十三座，供桌六张，佛座六份，杉木获墙板九槽。西六间开安叠落天井楼口六个，上口安紫檀木栏杆，下口安做毗庐帽绦环牙子垂柱六份。耳殿内面宽紫檀木飞罩两座，两山挂龛二座，杉木地平一份，暖床三张，紫檀木狮子挂面二份。”[1]慧曜楼为二层楼阁，以六槽板墙隔成上下各七间，均分为东一间和西六间。东一间的一层与二层不相通，上层供奉银宗喀巴像，下层供奉紫檀木嘛呢塔一座。西六间的一层与二层之间开安叠落天井楼口六个，使上下相通，从西向东依次安排般若、无上阳体、无上阴体、瑜珈、德行、功行六品诸佛。慧曜楼的出现，为花

1　《奏销档 241-393-1》，乾隆二十三年四月初四日，中国第一历史档案馆藏。

园增加了新的元素。

成书于乾隆三十四年的《国朝宫史》记载了建福宫花园各建筑的空间关系（图 8）：福建宫后为惠风亭，又北为静怡轩，后为慧曜楼，楼西为吉云楼，吉云楼西为敬胜斋，斋内西间匾曰“德日新”。其庭中垣门上东向镌御笔匾曰“朝日晖”，其东山石上镌御笔题曰“飞凤”，垣

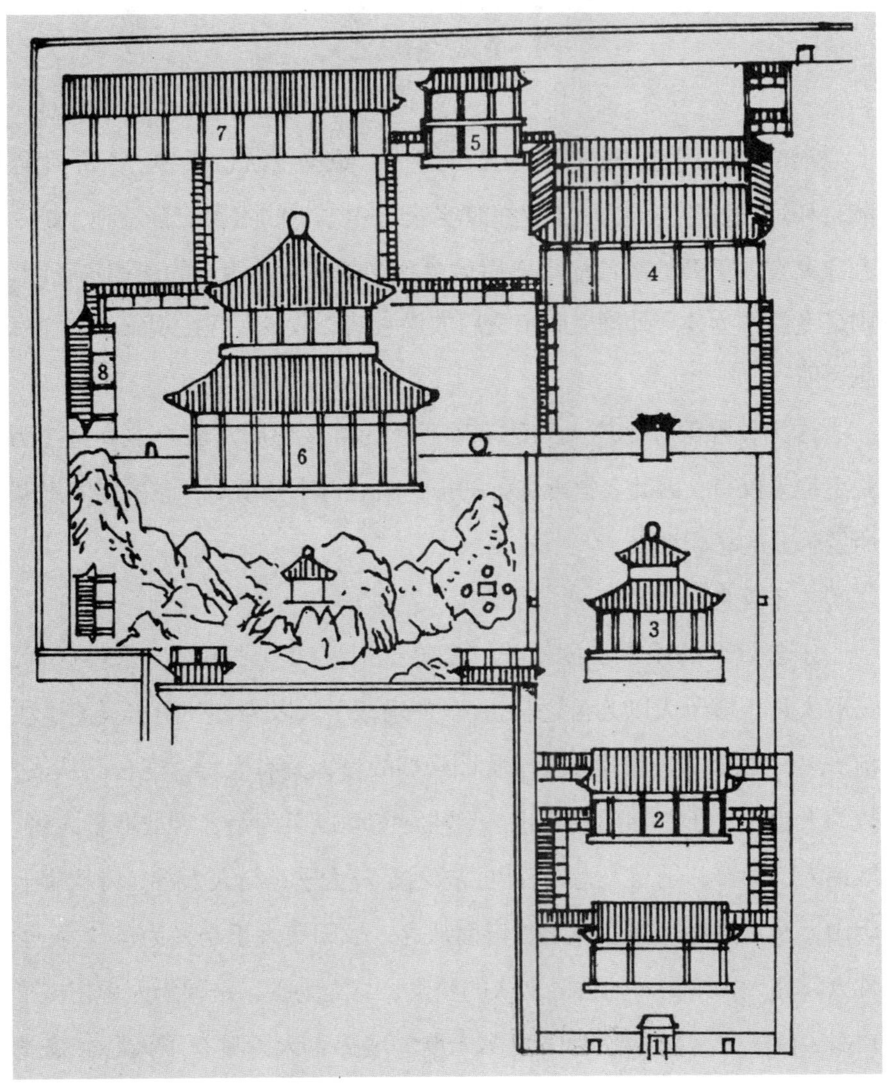

1. 建福门　2. 建福宫　3. 惠风亭　4. 静宜轩
5. 吉云楼　6. 延春阁　7. 敬胜斋　8. 凝晖堂

图 8　建福宫花园平面图（采自《紫禁城建筑研究与保护》

西为碧琳馆，东向楼上匾曰“静中趣”，碧琳馆南为妙莲华室，妙莲华室之南为凝晖堂，其南室匾曰“三友轩”。凝晖堂之前为延春阁，北与敬胜斋相对，延春阁之西门上石刻御笔南向者曰“含象”，北向者曰“怀芳”，阁前迭石为山，山上结亭曰“积翠”，山之西穿石洞而南洞镌御笔曰“鹫峰”，南有静室，东向匾曰“玉壶冰”。

四　潜邸各殿之义

潜邸总名曰重华宫，由三部分组成，重华宫院位于中心，是乾隆燕寝和处理政务的地方，东边的漱芳斋是重华宫的附属配套设施，是举办完家宴或重要的政治活动之后休息观剧的地方，西边的建福宫花园，则是专门作为乾隆处理完政事之后放松心情、散步、凭栏观景和临窗书画之所。

作为乾隆第一个庞大的建筑项目，而且又位居宫城之中，这在历史上绝无仅有，因此各宫殿名称的拟定就显得十分重要，它决定着潜邸所要彰显的思想意义。

1. 乐善堂之义

乐善堂名的由来，据乾隆《乐善堂记》称：“颜之曰乐善堂者，盖取大舜乐取于人以为善之意也。”“乐取于人以为善”出自《孟子注疏》[1]：“大舜，虞帝也。孔子称曰巍巍故言大舜有大焉，能舍已从人，故为大也。于子路与禹同者也。自耕稼陶渔以至为帝，无非取于人者，取诸人以为善，是与人为善者也。故君子莫大乎，与人为善。舜从耕于历山，及其陶渔，皆取人之善谋而从之，故曰莫大乎与人为善。”孔子称大舜伟大，则是对他舍已从人的赞美。与人为善，是因为大舜超越了自身，除去了私欲，达到了真实无欺的境界，大舜具有了天心，是圣

1　［汉］赵岐注：《孟子注疏》卷三下，《钦定四库全书·经部·四书类》，台湾商务印书馆影印，1986年。

人。书屋取名“乐善”，就是为了表示向大舜那样“乐取于人以为善”。

2. 重华宫之义

重华之名，出自《尚书·舜典》：“帝舜曰重华，协于帝。”舜帝的名字曰重华，孔颖达疏云：“此舜能继尧，重其文德之光华。用此德合于帝尧，与尧俱圣明也。”尧舜乃上古的贤明帝王，舜继尧位，是因为“浚则文明，温恭允塞”即以智慧、明德、温恭、诚实的品德和才能，被四岳推举为尧的继承人，舜帝能让尧帝的文德重放光芒。历代帝王都标榜自己效法尧、舜，政清德明。大学士张廷玉、鄂尔泰将乾隆潜邸拟以“重华”为额，是希望乾隆能让大舜的文德重焕光芒。表明乾隆上接尧舜之心传，具有文德即儒家所言之内圣，文雅纯厚，慈惠爱民。但这正合乾隆心意，因为大舜是他学习的榜样。

3. 浴德殿之义

浴德殿是重华宫的西配殿，浴德出自《礼记·儒行篇》：“儒有澡身而浴德”，古人解释说是“澡身谓能澡洁其身不染浊也。浴谓沐浴于德以德自清也”。这句话有两层意思，客观上是把身体洗干净，洁身自好不为污浊所染；主观上则要洗净思想中的污浊，用美和善来沐浴自已的思想，提高自身的修养。

4. 抑斋之义

抑斋是浴德殿内的额名，乾隆皇帝的书屋，语出《诗经·小雅·宾之初筵》：“其未醉止，威仪抑抑。”是说饮酒不要过度，才能够保持威仪。《诗经》是讲人的行为要止于礼，《毛序》曰：“《宾之初筵》，卫武公刺时也。幽王荒废，媟近小人，饮酒无度，天下化之。君臣上下，沉湎淫液。武公既入，而作是诗也。”这首诗传为卫武公所作，其意是告诫君臣不要沉湎于游玩享乐。乾隆《抑斋记》[1]云：“夫预向之所云抑者，不过欲退损以去骄，吝慎密以审威仪，所以敬业身群之事耳。若

1　[清] 弘历：《御制诗初集》卷二八《抑斋记》，《钦定四库全书·集部·别集类》，第1301册，台湾商务印书馆，1986年。

夫今之所云抑，则岂数语所能尽者，命不易哉！无曰高高在上，抑也。日盈则昃，月盈则蚀。予临万民，凛乎若朽索之驶六马，抑也。无平不陂，无往不复，艰贞无咎，抑也。斯其大者，至于一言之不谨，一事之不慎，其害将贻于天下后世，呜呼今日之抑之艰，岂昔日之抑之易，所可相提并论者哉！”

5. 长春书屋之义

长春书屋位于翠云馆东次室，乾隆三十九年作《长春书屋》[1]，诗曰：“元既贯四德，春应含四季。义经曰统天，已示长春义。书屋此为号，讵予师已意。况值开韶月，而适斯临憩。即境一心会，澄观万物备。”

乾隆说“统天”一词，揭示了长春之义。“统天”，出自《易》所言“大哉乾元，万物资始，乃统天”之句：乾元即乾阳，它具有统御天体运行的功能，万物借助了乾阳才开始具有生命。乾阳统贯天德，天有四德即元、亨、利、贞，乾隆在《元者善之长也》[2]一文中进一步论说道：“元者，善之长也；亨者，嘉之会也；利者，义之和也；贞者，事之干也。天具四德，而为春夏秋冬，人体四德而为仁义礼智。然夏秋冬咸统于春，而义礼智实归于仁，故曰元者善之长也。惟其善之长，故亨亦元之亨，利亦元之利，贞亦元之贞。天道一人道，故曰仁也者，人也，合而言之道也。苟失其仁，则不可以为人，于义礼智乎何有？故气成形而理成性。苟无其气，不可以成形，苟无其理，不可以成性，而其气其理统一，元为之枢纽。大哉乾元，万物资始，乃统天夫。子盖明示之矣。”

《易》说元、亨、利、贞四德就是体仁、嘉会、利物、贞固。“元者，善之长也”：元是创始，在四德中，元居第一，故天地以善为长，

1 ［清］弘历：《长春书屋》，《御制诗四集》卷一七，《钦定四库全书·集部·别集类》，台湾商务印书馆发行，1986 年。

2 ［清］弘历：《元者善之长也》，《御制诗初集》卷一，《钦定四库全书·集部·别集类》，台湾商务印书馆发行，1986 年。

四德由元统贯。四德对应四季，万物生长是春天开始的，春是长，有了春才有四季，故春统贯四季。天道对应人道，反映于人道上，即人亦具有四德即仁义礼智，有了仁，才有义礼智，故义礼智归于仁。按照这种对应关系，可以确定长春之义为仁。

6. 建福宫之义

乾隆《御制建福宫题句》云："初葺建福宫，乃在壬戌岁。循名及责实，其义赋中备。"乾隆说建福宫之义，已于赋中说明。据乾隆《建福宫赋》[1]解释说："洪范有言，敛时五福。敷锡庶民。与时茂育。予宅是居，心乎肃肃。受天之祜，匪藉田烛。建民之极，匪侈华屋。""敛时五福"、"敷锡庶民"，出自《尚书·洪范》："皇建其有极。敛时五福，用敷锡其庶民"，是说帝王建立政事要以天道为准，把五福普遍地赐给百姓，故曰"建福"。乾隆八年作《建福宫新春》诗曰："愿将建福宫中福，赐与寰区万姓家。"

7. 静怡轩等宫殿之义

建福宫花园中的其它宫殿之义，《建福宫赋》称："轩号静怡兮期成性之常存，斋名敬胜兮恐举念之或妄。亭颜惠风兮欲膏泽之旁敷，阁匾延春兮与群生而咸畅。触目警心兮守此志而始终，居安思危兮常廑怀而筹量。"

静怡轩是养性之义，使身心安静而又精神愉快。乾隆二十五年作《题静怡轩》诗云："彤宫宴息处，清舒敞云楣。綷疏例弗却，珠缀奢厌施。琴书个中富，间亦陈鼎彝。穆然古与对，三代兴翘思。汉唐两文帝，尚未窥樊篱。三代讵易言，以此增忸怩。侧席恒不遑，奚曾静且怡。"

敬胜斋，传说周文王诞生之日，有赤雀衔《丹书》止于门庭的祥瑞。《丹书》戒言应以仁义守天下。《史记·周本纪》："(太任) 生昌，有圣瑞。"张守节《正义》引《尚书·帝命验》："季秋之月甲子，赤爵衔《丹书》入于酆，止于昌户。其书云：'敬胜怠者吉，怠胜敬者灭，

1　[清] 张廷玉等编纂：《国朝宫史》，第 242 页，北京古籍出版社，1987 年。

义胜欲者从，欲胜义者凶……以仁得之，以仁守之，其量百世’。”意思是说尊敬别人的人比怠慢不敬的人多，国家就会繁荣昌盛；怠慢不敬的人比尊敬别人的人多，国家就会灭亡。正义的人战胜了贪欲的人，国家就会繁荣昌盛；贪欲的人战胜了正义的人，国家就会灭亡。这句话的意思归根结底就是要以仁为本，说到这里，想起了崇敬殿，其义应与敬胜斋义相同。

惠风亭，是指要像风一样把膏泽施给普天之下。

延春阁，乾隆二十九年作《延春阁》诗云：“春为四德仁，凤阁牓延春。登必思元善，职惟牧万民。高言谢容鄴，切已在修身。韶景将条鬯，吾怀与物新。”天有四德即春夏秋冬，春天万物生长，为仁德。乾隆说他每次登临延春阁时，都会想到天的本性是主善的，自己的职责就是要效法天道，把善施予万民。春天来了草木将越来越旺盛，我也将与物一样充满生机。

三友轩，出自《论语·季氏》：“孔子曰：‘益者三友，损者三友。友直、友谅、友多闻，益也。’”有益的朋友有三种，同正直的人交友，同信实的人交友，同见识多广的人交友，便有益了。后世用松、竹、梅比喻三友。

对潜邸各宫殿名称的解释，我们发现各宫殿之义几乎都突出了一个仁字，仁即善，善是天道，也是人道。因此，笔者特别注意到了漱芳斋明间宝座上方悬挂的一块乾隆御笔匾曰“正谊明道”(图 9)，正谊明道出自《汉书·董仲舒传》：“夫仁人者，正其谊不谋其

图 9　漱芳斋明间正谊明道匾

利，明其道不计其功。”仁者，一定是仗义的，不会去妄图眼前的利益；也一定不会不顾道德，而去盘算非分的功业。仁者一定是顾大义谋大利，顾大德而谋大功。“义正于人间，其利莫大焉；道明于天下，其功莫大焉。”“正谊明道”思想在中国历史上曾产生过深刻的影响，它塑造着每一个中国古人，不要以眼前的功利作为价值的唯一判断标准，正义（公义）和道德（善）始终是我们所要坚守的阵地。乾隆也不例外，正谊明道不仅成为他的座右铭，也是对潜邸建筑的最好诠释。

五　潜邸与乾隆的大舜理想

（一）两篇《乐善堂记》

潜邸总名曰重华宫，是鄂尔泰、张廷玉等大臣拟定的，可能是受到了弘历《乐善堂记》文章的影响，深知大舜是弘历学习的榜样。在弘历未即位前，出版了《乐善堂文抄》，鄂尔泰在乐善堂文抄序里说文集是皇子诚心体道，“秉元善之德”，“以迪元德而会众善”的体现。元善，出自《周易》“元者，善之长也”，天有四德即元、亨、利、贞，而元居第一，故天地以善为长。而善正是伟大的舜所具有的品德，以舜的名字重华名命潜邸，这是一个多么响亮而又责任重大的名字，谁能担负得起这个名字呢？

我们先来看看乐善堂是何许建筑也。

雍正四年，弘历 16 岁，读书于圆明园桃花坞，他把这里自命为乐善堂书屋[1]。第二年成婚，离开圆明园住进紫禁城乾西二所。雍正十二年，弘历书写“乐善堂”匾挂在西二所里继续当作自己的书屋。即位后对潜邸西二所进行改建，下令把乐善堂匾重新做成黑漆地金字匾，挂在

1　“武陵春色额为皇上御书四十景之一也，旧总名桃花坞，雍正四年皇上读书于此，颜曰乐善堂，旋移居长春仙馆。”《钦定日下旧闻考·圆明园二》卷八一。

图 10 崇敬殿明间乐善堂匾

崇敬殿里（图 10）。为什么书屋乐善堂一直与他形影不离？表达了他的什么理想呢？他在《乐善堂记》[1]中作了说明：

> 凡人之性，未尝不善，仁义礼智全备于我，所谓得天地之正气而为人也。然有智、愚、贤、不肖之分者，气拘之，私诱之，遂日以蔽，锢而昏昧；有能复其性者，鲜矣。人能自强不息以复性为功，已有善念扩而充之，人有善事喜而从之，则本性呈露而有馨香之德矣。是故明德之馨胜于黍稷、芝兰、鲍鱼。与之俱化，未有乐善而不能修德者也。余有书屋数间，清爽幽静，山水之趣。琴鹤之玩，时呈于前。莱圃数畦，桃花满林，堪以寓目。颜之曰乐善堂者，盖取大舜乐取于人以为善之意也。夫孝弟仁义乃所谓善也，人能孝以养亲，弟以敬长，仁以恤下，义以事上，乐而行之，时时无怠，则能因物付物，以事处事，而完所性之本体矣。是故大舜，圣

1 ［清］弘历：《乐善堂记》，《御制乐善堂全集定本》卷八，《钦定四库全书·集部·别集类》，台湾商务印书馆影印，1986 年。

人也。犹存虚受之心，闻一善言，若决江河。汉明帝尝问东平王："在国何事最乐？"王曰："为善最乐。"余虽不敏，然赖皇父之明训，师友之切磋，于大舜之善与人同，虽有志而未逮，而东平王之为善最乐，则不敢不勉焉，是为记。

人的本性是善，人具有仁义理智是因为得了天地的浩然正气。然而那些愚顽不贤的人却被私欲所诱惑，被贪欲所蒙蔽，丧失了这个本性，变得更加锢闭而昏昧，他们要想恢复它，几乎不太可能。但人能充分发挥自身的能动性，自强不息以恢复本性为最大的功利，并能把自己的善念推及扩展，人们受此影响并效仿之，则本性呈露而有馨香之德，所以明德之馨胜于黍稷、芝兰、鲍鱼之美食。弘历说我有书屋数间，清爽幽静，获得了山水之趣，常常于屋前抚琴伴鹤舞蹈。数亩莱圃，满园桃花，足以聊慰我的眼睛。但弘历从优美的自然环境中体会到的并不仅仅在于寓目，而是天的本性善。所以弘历说书屋取名乐善堂，是取自于大舜"乐取于人以为善"之意。善是什么？就是孝悌仁义，人因为有了孝才能瞻养亲人，尊敬长者，有了仁才能体恤下民，有了义才能事奉上级，人人乐于遵守，时时无懈怠，并付诸于行动，就能回归到人的本性上来。所以大舜是圣人。如果我们存有虚心接受之心，听到一句善良的话，就会像江河决堤一样，百感交集，一触即发。汉明帝曾问东平王："在你的封国里，什么事让你最快乐呢？"东平王说："为善最快乐。"弘历说我虽然反应迟钝，然而有赖皇父的教导，与良师益友的交流心得，虽有像大舜那样善与人同的志向未实现，然而东平王的为善最乐，则不敢不尽力。

弘历的老师朱轼对弘历为何要用乐善堂书屋名来命名自己的文集，他说乐善就是孟子所说的仁、义、忠、信，仁是本，如果不忠为信就谈不上仁，要立仁，就必须是诚，诚就是天道。当通过格物致知、戒慎、慎独，循序渐进地下工夫，私欲就会在不知不觉中渐渐消失时，此刻正是天理与心融为一体的时候，能不手之舞之，足之蹈之吗？天下娱心快志的事情，有超过这样吗？朱轼说：“乐善之说见于孟子所谓善者，仁、义、忠、信而已。专言仁，则为心之全德，而义在其中。兼体用而言，则仁为体，而义为用。对忠、信而言，则仁义又为用，而以忠、信为之体。苟存诸中者有一毫不忠不信求几于仁义可得乎？《易》曰：‘立天之道曰阴与阳，立地之道曰柔与刚，立人之道曰仁与义。’阴阳刚柔之流行不息迭运不穷者，诚也。圣人之于仁义亦如是而已矣。自圣人言之则为诚，诚者，天之道也。自学者言之则为忠、信。忠、信者，思诚也，人之道也。思诚之功维何格致以启其端，克复以践其实，戒惧以立其本，慎独以谨其几，循循于下学以渐几于上达，久之而私欲潜消，理与心融而乐生矣。生则，乌可已也。乌可已，则不知手之舞之，足之蹈之，天下娱心快志之事，孰有过于此者乎！”[1]

我们看到乐善堂的背后是大舜的“乐取于人以为善”的精神在支撑着青年弘历。

重华宫前殿崇敬殿竣工后，乾隆把“乐善堂”匾悬挂于明间正中，并重新写了一篇《乐善堂记》[2]：

昔《乐善堂集》中有所谓《乐善堂记》者，盖用此堂之名以名圆明园赐居桃花坞之堂而记，亦记彼处之胜，与宫中此堂无涉也。然彼时之乐善祇数典汉东平王以为亟，今斯堂则为重华宫之前殿，不可以桃花坞堂之记概之。因思东平之乐善原数典于大舜，所谓“乐取于人以为善也”。兹适为重华宫之前殿，则今之乐善只宜景仰大舜之为，而不必更宥于东平之迹矣。夫大舜之取诸耕稼陶渔之善世远，固不可征而询岳咨牧。载在《虞书》者，彰彰可考，无非舍己从人，与人为善。而地平天成，庶绩咸熙，胥于是乎基之

1 ［清］朱轼：《御制乐善堂记全集定本·序》，《钦定四库全书·集部·别集类》，台湾商务印书馆影印，1986 年。

2 ［清］弘历：《乐善堂记》，《御制文初集》卷七，《钦定四库全书·集部·别集类》，台湾商务印书馆影印，1986 年。

> 是，乃千古帝王之法则，而非藩服屏翰者所可相提并论，其事体大而责任重也。昔之效东平为甚易，今之企大舜为其难，是不可无记，以朝夕体之心而措诸政也。然而其志在，是其惭亦在是矣。

乾隆为同一书屋而写了两篇记，这是他一生中的唯一。乾隆说青年时写的《乐善堂记》是记桃花坞之胜，与今日宫中乐善堂没有关系。彼时名“乐善”是数典东平王，而今把重华宫前殿仍名为乐善堂，因此不能用桃花坞之《乐善堂记》来概括今日之乐善堂。乾隆又进一步地说因思东平王之乐善原数典于大舜“乐取于人以为善”之意，那么重华宫之前殿乐善堂就不必宥于东平王之迹，而是要直接效法大舜之为。大舜从种地、做陶器、捕鱼一直到做帝王，没有哪个时候他不向别人学习，吸取别人的优点来行善，也就是与别人一起来行善，影响所及，自然形成淳朴的社会、善良的风俗了。虽然那样的善世离我们很远，但记录在《虞书》里，清楚可考，无非是舍己从人，与人为善。万物生成，百业兴旺，都是以此为基础的，是千古帝王治理国家要遵循的法则。所以乾隆感到了肩上的责任重大。过去效法东平王容易，而今想达到大舜那样的境界太难，所以不可不写篇记，不断地鞭策自己，早晚认真体会并实施于政。然而志在，惭愧亦在。

这篇重新写的《乐善堂记》，就像一篇誓言，立志要做一个像大舜那样的圣帝明君，虽然离目标还很遥远。所以，大舜仍然支撑着他的精神。乐善堂成为重华宫的灵魂。

（二）执政四十余年后写的《重华宫记》

乾隆执政四十余年之后，他才下决心写一篇《重华宫记》[1]：

1 ［清］弘历：《御制文二集》卷一四《重华宫记》，《钦定四库全书·集部·别集类》，台湾商务印书馆影印，1986 年。

宫殿之制，乾清坤宁二宫为紫微正中，左右各二永巷，每一永巷以次列三宫，斯为十二宫，其后东西以次各列五所，重华宫则昔之西二所也。雍正年间，予蒙赐居于此，即位后应升为宫，彼时大学士鄂尔泰、张廷玉拟以重华为额，虽颂之意耶，而规即在此，是以俞而称之夫！重华协帝，岂易言哉！必有所以敕几兴事，知人安民，而其本则在于审危微之心，执精一之中。是以四十馀年，惟日孜孜，宵衣旰食，虽未致陨越，而于熙世化民究无所成。是故《纪恩堂之记》为于丙戌，《抑斋之记》作于辛卯，凡所以迟迟慎重者，恐有言行不符，致负初心耳。若夫《重华宫之记》自不可阙，而其应慎重，又奚啻前二记之比哉！少而居之，长而习之，四十余年之政皆由是而出之。兹去归政之年亦只一记，然予犹是予也，政犹是政也，寰区犹是寰区也。而户口日以增，谷帛日以昂，养且不能，那更言教？蒿目焦心，难臻大当。回思居是宫，勤圣学而谈王道，不唯莫之有为，而竟失于无策，则是记也。亦自讼自责之章，益增惭愧。而已昔宋孝宗倦勤之后，所居号重华宫，此系近年观《武林旧事》而知者其名不约而同然。既为上皇奚取重华之义，彼其之人，实非予所美也。一记之后，将退居宁寿宫，亦不忍移此名于彼。盖宿学之所安，旧剑不能忘也。是以四十八年以来，元旦除夕无不于此少坐；新正与诸臣茶宴联句，率为例典。异日归政，或时一来临，更成佳话。其能践斯言与否，则敬俟昊苍之眷佑。今日之下，亦不敢预为侈谈也。

按照一般的惯例，重华宫竣工后，就应该写一篇记，可是乾隆迟迟不肯动笔，直到乾隆四十八年，他才非常慎重地写了这篇《重华宫记》。原因为何？如他所言是“恐有言行不符，致负初心耳”。我们知道，这里是乾隆年少时居住的地方，是他勤于圣学，谈论王道的地方，也是他年长后常常临憩的地方，四十余年所制定的政令都是从这里颁发的。乾隆还特别提道，潜邸名重华宫与宋孝宗赵昚倦勤之后所居之宫同名，实属偶然，并非是羡慕他的宫殿而名之。也就是说乾隆名重华宫是另有一番意义的。

乾隆在《重华宫记》中作了说明，他说大学士鄂尔泰、张廷玉名我的潜邸为重华宫，虽是称颂之意，但却给我制定了一个典范，让我只有进步，不能后退。“重华协帝，岂易言哉”！我怎么不会有这样的感慨呢？舜帝与尧帝合志，是因为他有深远的智慧，而又文明、温恭、诚实，达到这种境界太不容易了！这一定要“敕几兴事，知人安民，而其本则在于审危微之心，执精一之中”才能做到。所以四十余年勤政爱民，始终抱守大舜所传之心法“人心惟危，道心惟微，惟精惟一，允执其中”，不断地去掉贪欲，永远保持至诚之心，让天所赋予的德即善光明起来。经过这四十多年的努力，虽未达到熙世化民的程度，但感觉自己并没去贪图享乐，而是“惟日孜孜，宵衣旰食”，循武公之志，体仁临民，像大舜那样永远坚守天道，把善施予普天之下。

有了这些理由，乾隆才敢写此《重华宫记》，并说这是离归政之前所写的最后一篇记，并作为对他中年的总结，也就是说并没有辜负自己初建重华宫时的理想即“致负初心耳”。

乾隆过完60岁生日后，即着手营建他的归政之宫宁寿宫，位于宁寿宫花园最北端的倦勤斋就点明了他归政的原因，“倦勤”出自《尚书·大禹谟》“朕宅帝位三十有三载，耄期倦于勤”之句，舜帝因为到老还在勤于政事，但又因年老不胜政事之辛劳，于是让位归政。原来乾隆即位时曾对天立誓：“昔皇祖御极六十年，予不敢相比，若邀穹苍眷佑，至乾隆六十年乙卯，予寿跻八十有五，即当传位皇子，归政退闲。”表面上看，乾隆归政是因为皇祖康熙执政60年的原因，但实际上乾隆把自己的归政看成是要像大舜那样“倦勤”。

尧舜禹时代被认为是中国历史上最辉煌、最理想的时代，也是历代帝王们为之努力奋斗想实现的时代。乾隆说自己执政六十年后，即效仿舜帝退位归政，也就是说，能像大舜那样归政，不仅仅是因为年老，更重要的是执政六十年，国家进入了太平盛世，实现了尧舜禹辉煌的时代，才有可能谈得上归政，如果国家不太平，恐怕连六十年也到不了，更谈不上归政。

乾隆效仿大舜年老归政，如果我们仅仅从年老不能胜任政事之繁忙的角度来理解乾隆的归政，那乾隆似乎太自私了。就像南宋赵构不顾收复失地，只图偏安一隅，急图内禅，自身享乐一样，但这是乾隆最看不起的[1]。乾隆在《倦勤斋作歌》诗中说："斯有说焉俟他日，匪曰今敢图安晏。旰食宵衣犹恐懈，慎终如始应无间。"所以乾隆以倦勤名之，不仅要学习舜的归政之美德，更重要的是要学习舜之大德即孟子所言："舜有大焉，善与人同，舍己从人，乐取于人以为善"，即把善施予普天之下，故乾隆《倦勤斋》[2]诗曰："耄斯未逮称勤倦，敢与重华拟比肩。"明确说明倦勤斋可以与重华宫相比肩。

名重华宫是为了学习大舜的善德，名倦勤斋意在归政，实际上也是为了学习大舜的善德，因为归政的前提条件是国家治理好了，万民长寿了，故二者是一样的。

老年乾隆仍抱守大舜"乐取于人以为善"的精神，这是他一生的理想。

1　乾隆于《题乐寿堂》诗中自注云："宋高宗居德寿宫，自称乐寿老人。高宗未及耄期，急图内禅，意在避事偷安。余深鄙之。"

2　《御制诗五集》卷四三，《钦定四库全书·集部·别集类》，台湾商务印书馆影印，1986 年。

第八章　寿同黔黎

——乾隆帝的宁寿宫

一　宁寿宫建置沿革

（一）汉唐太上那须数

乾隆四十一年元旦，按照旧例召大学士及内廷翰林于重华宫举行文宴即茶宴联句，这一年与往年不同，联句的内容是庆祝太上皇宫宁寿宫落成。席间乾隆即兴赋诗两首，其一曰："八旬有五应归政，践阼之初盟宿忱。豫立中庸明训著，宛看宁寿落成吟。汉唐太上那须数（太上皇之称始于汉高祖之奉其太公，本不足比数。唐太宗兴兵逼父让位，更为逆伦。睿宗在位末一年即因定乱传位明皇，及明皇幸蜀传位肃宗，皆迫于势之无可如何，均无足称道也），尧舜传心是所钦。一日业乎宋儒语，敬兹敢懈凛难谌？"其二曰："新正文宴例循成，吉语迎禧此共赓。宵雅昨因咏松茂，重华今用侑茶清。同寅异日胥耆宿，小翰他时亦上卿（同与茶宴诸臣与余同庚及年相仿佛者，至朕归政时亦俱在八旬以外，即翰林中之年少者彼时亦可至列卿矣）。设果天恩符所望，回思此际可无情？"[1]

1　［清］弘历：《御制诗集四集》卷三三《宁寿宫落成联句召大学士及内廷翰林等至重华宫茶宴即席成什》，《钦定四库全书·集部·别集类》，台湾商务印书馆影印，1986 年。

乾隆称自己 85 岁归政，是即位时立下的誓言，也就是说 85 岁后就变成了太上皇。但自己当太上皇与历史上的太上皇有什么不一样呢？乾隆作了一番对比。他首先提到的是刘邦的父亲刘太公，他说太上皇的称谓始于汉高祖刘邦为了尊奉自己的父亲太公而定的名称，据《史记》[1]记载，刘邦虽然建立了汉朝，贵为天子，但是也不能超越孝道，按贯例每隔五天要去看望父亲太公一次，行父子礼。汉高祖六年，太公的管家对太公说："天无二日，土无二王。现在皇帝虽然是您的儿子，但却是天下万民之主；您尽管是皇帝的父亲，可也还是个臣子，怎么能让皇帝拜见臣子呢？这样下去，皇帝就失去了权威。"太公认为这话不错，等到刘邦再来看望时，就恭敬地拿着扫帚站到门口，又向后倒退，好像奴仆迎接主人。刘邦见状吃了一惊，急忙搀扶太公。太公于是把管家讲的道理说了一遍。刘邦听了自然高兴，便重赏管家，尊太公为太上皇。

乾隆说我与刘太公本没有什么可比性，只是"太上皇"的名称相同而已才提起了他。第二位太上皇是唐高祖李渊，武德九年，李渊的次子秦王李世民发动玄武门兵变，杀死了哥哥李建成和弟弟李元吉。这时的李渊正在皇宫的内湖上泛舟嬉戏，突然一群兵士拥至跟前，声称奉秦王之命为皇父护驾。李渊得知两子被杀，惊慌莫名。刚刚坐了九年皇位，皇帝瘾还没有过够，但他深知朝廷局势已为次子控制，迫不得已，只好下诏退位，宣布由李世民承继大统。李世民既想做皇帝，又不愿背上逼宫篡位的千古恶名，于是他的谋士们给他出了个主意，让他尊奉皇父为"太上皇"，以保全皇父的体面，但待遇很遭，贞观二年时，天旱少雨，中书舍人李百药上言这与太上皇宫使用宫人多有关："往年虽出宫人，窃闻太上皇宫及掖庭宫人，无用者尚多，岂惟虚费衣食，且阴气郁积，亦足致旱。"[2]乾隆提到的第三位太上皇是唐睿宗李旦，景隆四

1 ［汉］司马迁：《史记·高祖本纪第八》卷八，第 382 页，中华书局，1987 年。

2 ［宋］司马光：《资治通鉴·唐纪九》卷一九三，《钦定四库全书·史部·编年类》，台湾商务印书馆影印，1986 年。

年，临淄王李隆基起兵杀掉毒死唐中宗李显的韦后，拥立父亲李旦即位，是为唐睿宗。睿宗知道自己的皇位是儿子为自己争得的，三年后便传位于儿子李隆基，是为唐玄宗。第四位太上皇是唐玄宗李隆基，开元十四年，安史之乱暴发，次年叛军逼近唐都长安，已做了 45 年皇帝的 71 岁高龄的李隆基在仓惶之中西逃成都。但他仍舍不得放弃帝位。当时承担抗击叛军重任的太子李亨在距长安千里之外的肃州灵武宣布即位，同时根据祖宗先例，遥尊远在成都的李隆基为太上皇。安史之乱平定后，李隆基回到长安，不得不承认这个既成事实。

乾隆说唐太宗兴兵逼父让位为逆伦，睿宗在位不到一年因定乱传位明皇，明皇幸蜀传位肃宗，都是迫于形势所逼，并非自愿归政，因此他们都不足称道。

“尧舜传心是所钦”，历史上尧传位舜才值得敬佩，《论语·尧曰》记载尧让位给舜的时候，说了这样一段话：“咨！尔舜！天之历数在尔躬，允执其中。四海困穷，天禄永终。”上天的大命已经落在你的身上了，诚实地恪守天道吧！如果天下的百姓都困苦贫穷，上天给你的禄位就会永远终止。舜继位最重要的是要“允执其中”。允执其中出自《尚书·大禹谟》“人心惟危，道心惟微，惟精惟一，允执其中”，是说人心是危险的，而道却是精微的，所以要像种子一样精心培育，永远诚实地坚持中正之道即天道，也就是仁道。这就是尧禅位舜时所传授的治国大法，这句话被儒家称为“十六字心传”，所以又称传位曰传心。

乾隆归政是要学习古圣明帝王的传心，既不是被逼让位，也不是因贪图享乐而传位。南宋高宗赵构就是一位贪图享乐的太上皇，不思进取收复失地，却偏安一隅，于绍兴三十二年以“淡泊为心，颐神养志”为借口，宣布禅位于太子赵昚，自称太上皇，退居德寿宫。孝宗为表孝敬，将德寿宫一再扩建，规模较大，时称“北内”或“北宫”，其四至范围：东接吉祥巷，南至望江路，西临中河，北靠水亭址，其面积达 17 万平方米。据南宋遗民周密《武林旧事·故都宫殿》记载，德寿宫是孝宗奉亲之所，因父皇高宗雅好湖山胜景，于宫中开凿大龙池，引水注之，名曰小西湖，在小西湖上有座万寿桥，桥的中间有个四面亭。另又人工垒石为万岁山，以像飞来峰。建聚远楼，取自苏东坡“赖有高楼能聚远，一时收拾与闲人”的诗句。还有香远堂（荷)、清深堂（竹)、松菊三径（菊、芙蓉、竹)、梅坡、月榭、芙蓉冈、粲锦（金林檎)、至乐(池上)、清旷（桂)、半绽红（郁李)、泻碧（金鱼池)、冷泉堂（古梅)、文杏馆、静乐（牡丹)、浣溪等。乾隆的太上皇宫宁寿宫与德寿宫相比规模小得多，只有 4.6 万平方米，但乾隆却认为自己的宁寿宫重在德，而宋高宗的德寿宫却是“德寿图安卑漫论（宋高宗居德寿宫)，绍兴署逸鄙须捐”，让乾隆鄙视。虽然德寿宫规模宏大，景色优美，但早已毁于战火，不复存在。它只能像那块倒在杂草中的芙蓉石一样让后人凭吊，徒增伤感而已。

（二）宁寿宫的前身

宁寿宫建于乾隆三十五年至四十四年，它的前身是明代的仁寿宫院，位于东六宫苍震门东（图 1)，据《明宫史》[1] 记载：“街西再北，曰苍震门。又街东再北，并列二门向西者，曰履顺，曰蹈和，则一号殿仁寿宫之外层小门也。内有哕鸾宫、喈凤宫，凡先朝有名封之妃嫔、无名封之宫眷所居养老处也。”据清人于敏中等人的考证，认为一号殿就是仁寿殿：“臣等谨按《明史·杨涟传》载李选侍居乾清宫，涟力请移宫，遂移居仁寿殿，据此则一号殿即仁寿殿之别名也。”[2]

李自成撤离时紫禁城建筑大部分被烧毁，仁寿宫院也未能幸免，康熙二十二年前，仁寿宫院仅存花园（图 2)。清康熙时在明外东裕库、仁寿宫、哕鸾宫等宫殿的地基上进行修建，建后的宫殿区称为宁寿宫院(图 3)，二十八年竣工：“内务府总管海拉逊、多弼跪请皇上万安。又宁寿宫、景福宫、宁和宫、八所周围房屋等处之油画工于本月二十日告

---

1 ［明］刘若愚：《明宫史》，第 20 页，北京出版社，1963 年。

2 ［清］于敏中等编纂：《钦定日下旧闻考》卷三四，《钦定四库全书·史部·地理类》，台湾商务印书馆影印，1986 年。

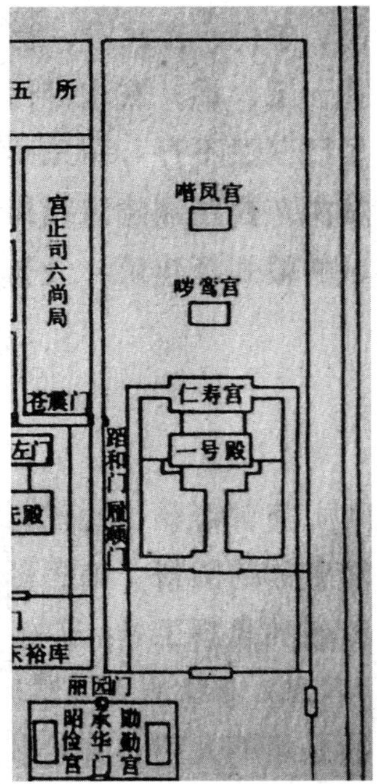

图 1　明代仁寿宫区图

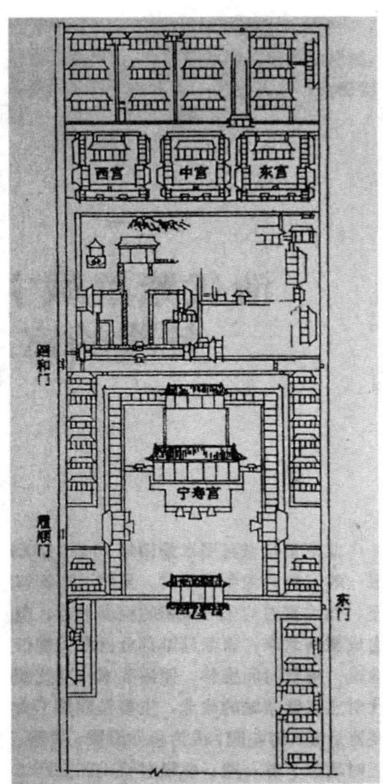

图 3　康熙二十八年宁寿宫区图［采自《乾隆京城全图》］

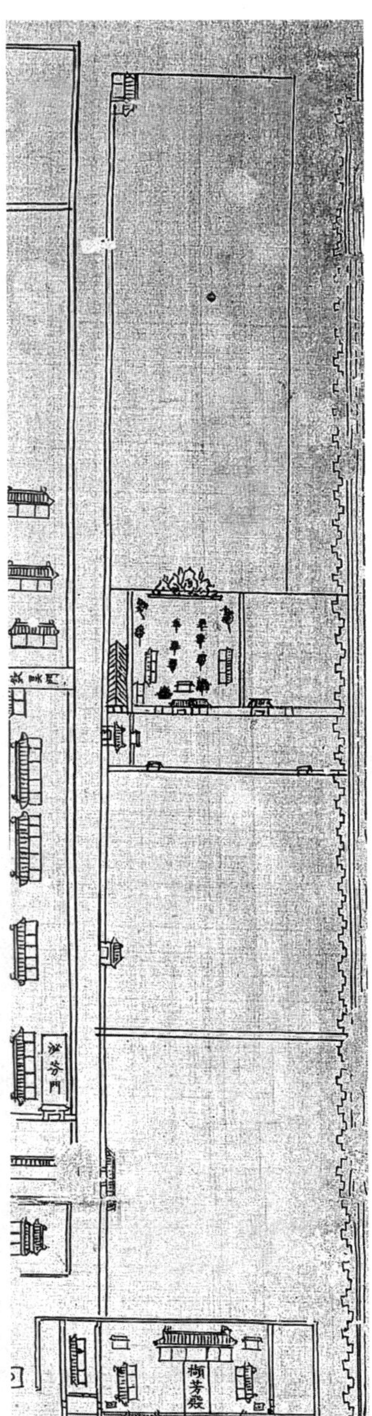

图 2　康熙二十二年前的仁寿宫区图［采自康熙《皇城宫殿衙署图》］

竣。为此谨具奏闻。”[1]《钦定大清会典则例》亦记：“康熙二十八年宁寿宫成，择吉，仁宪皇太后御新宫，一应礼仪均与顺治十年同。”[2]雍正元年（1723 年）时，增建了一些板房：“雍正元年七月二十五日，具奏工部黄册奉旨：宁寿宫东边添建之三檩木板房三间，有门之木板墙一堵，四边之三檩木板房二间，有门之墙一堵。景福宫东配殿后面添建之三檩木板房二间，西配殿后面添建之四檩木板房一间。后四所添建之三檩木板房四间。”[3]

据乾隆二十六年编入《萝图荟萃》之《京城全图》，仅载宁寿门、宁寿宫、中宫、东宫、西宫及衍祺、凝祺、昌泽、蹈和、履顺等门。乾隆三十四年《国朝宫史》虽未载东宫、西宫之名，其余所载与此图相同，仍是康熙时旧貌。乾隆六旬大寿后，下旨营建太上皇宫，选址于康熙时的宁寿宫院，至乾隆三十七年（1772 年），开始进行大规模改建，“前部已非旧观，后部更多改筑”[4]。

（三）宁寿宫建筑布局

乾隆太上皇宫总称为宁寿宫（图 4），仍沿袭康熙时旧称，乾隆在《宁寿宫铭》中注称：“兹新葺宁寿宫，待余归政后居处，则为太上皇临御之所。”宁寿宫虽然保留了康熙时的格局分为前路、后路殿宇，后路又分为东路、中路和西路三路殿宇，但其建筑规模、形式、内檐装修装饰、思想内涵等已发生了根本性的改变。其规制，《钦定日下旧闻考》[5]记载如下：

---

1 《内务府总管海拉逊等奏报房屋油画工竣折》，《康熙朝满文朱批奏折全译》，第 1541 页，中国社会科学出版社，1996 年。

2 《钦定大清会典则例》卷六〇《钦定四库全书·史部·政书类》，台湾商务印书馆影印，1986 年。

3 《内务府奏销档》胶片 54p0064，满文，《内务府奏为添建宁寿宫奉宸苑静明园等处工部领取物项数目尺寸事》，雍正四年二月初六日己巳，中国第一历史档案馆藏。

4 章乃炜：《清宫述闻》，第 670 页，紫禁城出版社，2009 年。

5 ［清］于敏中等编纂：《钦定日下旧闻考》卷一八，《钦定四库全书·史部·地理类》，台湾商务印书馆影印，1986 年。

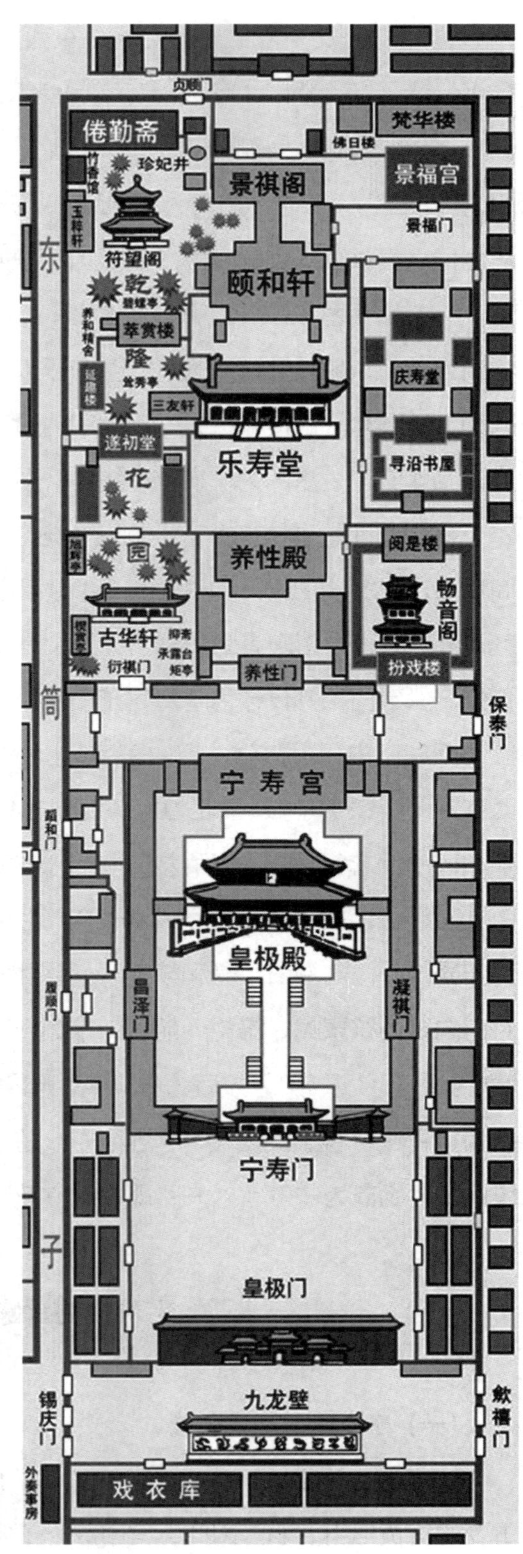

贞顺门
倦勤斋
珍妃井
竹香馆
梵华楼
佛日楼
景福宫
景祺阁
景福门
玉粹轩
符望阁
东
乾
颐和轩
养和精舍
萃赏楼
隆
三友轩
庆寿堂
遂初堂
乐寿堂
花
寻沿书屋
阅是楼
养性殿
园
畅音阁
古华轩
衍祺门
养性门
扮戏楼
筒
保泰门
宁寿宫
皇极殿
昌泽门
凝祺门
宁寿门
子
皇极门
九龙壁
锡庆门
敛禧门
戏衣库
外奏事房

图 4　乾隆时宁寿宫区图

宫垣南北长一百二十七丈馀，东西宽三十六丈馀，门六。正中南向者，恭悬御书额曰“皇极门”，东出者曰“敛禧门”，西出者曰“锡庆门”，又西向者曰“履顺门”、曰“蹈和门”，东向者曰“保泰门”。皇极门之内曰“宁寿门”，门内为皇极殿。殿庑东出者为凝祺门，西出者为昌泽门。皇极殿后为宁寿宫。皇极门至宁寿宫为宁寿宫前路。

宁寿宫后亘以横街，其东即保泰门，西即蹈和门，正中为养性门，门内为养性殿，养性殿后为乐寿堂，乐寿堂之西为三友轩，乐寿堂后为颐和轩，颐和轩后门额二，一曰“引清风”，一曰“挹明月”，内为景祺阁。养性门至景祺阁为宁寿宫中一路。

保泰门北，崇楼三重，上额曰“畅音阁”，畅音阁相对者为阅是楼。阁后殿宇前后共四所，前殿额曰“寻沿书屋”，寻沿书屋后殿之东曰“景福门”，正中南向者为景福宫，景福宫正殿后为梵华楼，楼稍西为佛日楼。保泰门至佛日楼为宁寿宫东一路。

蹈和门内曰衍祺门，门内东宇额曰“抑斋”，抑斋后为古华轩，轩西亭额曰“禊赏亭”，亭北为旭辉庭。古华轩后为遂初堂，遂初堂东配殿额曰“惬志舒怀”，堂后迭石，屏门刊额曰“承晖”、曰“挹爽”，其西为延趣楼，楼外亭额曰“耸秀亭”，北为萃赏楼。萃赏楼西连楼六楹为云光楼，楼内额曰“养和精舍”。萃赏楼后圆亭额曰“碧螺”，其北相对南向者为符望阁。符望阁前垣门东额曰“延虚”、曰“惬志”，西额曰“挹秀”、曰“澄怀”，阁后为倦勤斋。倦勤斋西廊外门额曰“暎寒碧”，内为竹香馆。符望阁西门外为玉粹轩，东向其南室额曰“得闲室”。衍祺门至倦勤斋为宁寿宫西一路即宁寿宫花园。

二　宁寿宫的营建过程

（一）宁寿宫总理事务处

宁寿宫工程浩大，需要成立一个专门的机构进行管理，抽调一些重要的官员担当要职。因此，宫中成立了宁寿宫总理事务处，这是一个临时的机构，宁寿宫竣工后，它也就不存在了。宁寿宫总理事务处由兵部尚书隆福安主持，大学士英廉、户部尚书和珅是其中的重要成员。事务处负责工程项目所需材料的备办、钱粮预算、活计安排等，也就是说宁寿宫总理事务处负责整个宁寿宫工程项目的所有项目内容，甚至包抱建成后的预备扫帚、糊饰窗户等项。乾隆四十四年十二月，据总理宁寿宫事务处为咨行事，查：修建宁寿宫各殿宇房屋座工程俱系动用正项钱粮按例核销，其应用树木、竹、花卉并牡丹、护罩、梅花罩、包裹、铜海、铁海以及扫帚、抹扒等项应需工料均在余平项下支发并不入销。今皇极殿已合龙，门悬挂匾额，大工全行告竣。所有嗣后浇换树、竹、花卉、包裹、铜海、铁海、牡丹、梅花等罩，预备扫帚、抹扒布、糊饰窗户、隔扇以及门座所需添灯并应用蜡烛等项，再从前各该处承办一切活计，遇有应行办理之处均应分交各该处查办。相应移会宁寿宫总理事务处，按照前项应办事宜即传知各该处办理，以专责成[1]。

（二）工程项目与预算

1. 拆修原宁寿宫内建筑工程及预算

为了实现即位时立下的誓言，即执政六十年后归政作太上皇的理想，乾隆三十五年八月十三日，乾隆六旬大寿庆典后，乾隆即下旨修建太上皇宫宁寿宫，宁寿宫前期的准备工作也就紧罗密布的进行起来了。十一月二十六日，宁寿宫总理事务处的三和、英廉、四格上奏称：趁冬季道路易行，应及时备办物料，为明年开工作准备，故预先向广储司支领银五万两："奴才等遵旨修理宁寿宫工程，现今通盘查估，务将旧料抵对清楚，新料始无浮縻。但一时难得确数所有。明岁应用石料、灰斤、绳麻、裱料、山石等项，现值冬令，道涂易行之际，应及时备办，方得应手相应。奏请先向广储司支领银五万两，以便备办物料，并给发

1　《总理宁寿宫事务为咨行事》，乾隆四十四年十二月，《内务府来文 2015》，中国第一历史档案馆藏。

拆工运价。俟估得确数时，分析具奏后，仍将此次预领银两如数扣除。”[1]三十六年一月二十九日福隆安、三和、英廉、四格在奏折中提到了今年要进行的工程是拆修后面殿座并院内堆做山石以及拆砌北面大墙等工，其所需银两仍由去年向广储司支领银五万两内支付[2]。

2. 宁寿宫后路兴建工程及预算

乾隆三十七年十一月初六日，宁寿宫总理事务处从木料、石料、瓦料等及工价方面为宁寿宫后路工程作了一个预算，工料共需银六十五万四千五百六十二两一钱五分七厘：“官办松敦木植银九万七千五百四十两六钱二分七厘，石料银五万二千九百九十四两九钱七分八厘，砖块银三万六千七百八十五两九钱五分八厘，琉璃瓦料银十二万四千五百二十三两八钱，灰斤银四万一千八十八两六钱八分二厘，杂木地丁银一万七千八百三十八两九钱四分五厘，绳麻银五千九百十九两五钱三分，杂料银一万一千四百九十三两七钱三厘，生熟铁料钉斤镀银亮铁槽活银一万二千九百八十二两八钱二分三厘。木作工价银三万三千五百八十八两四钱四分四厘，石作工价银三万六千三百十七两一钱五分，瓦作工价银二万九千九两二钱三分八厘，搭彩作工价银五千八百九十一两八钱四分，土作工价银三万三千五百四十一两八钱一分五厘，油画工价银一万五千七十四两一钱三分八厘，裱作工料银二千三百九十二两五钱，各项运价银二万七千四百四十两，铜作工料银四千四百七十八两八钱，锡作工料银六百五十九两二钱，成堆山石工料银六万五千两，共估需银六十五万四千五百六十二两一钱五分七厘。”[3]

本年宁寿宫工程总负责人隆福安在折本中称，宁寿宫各殿宇已先后烫样呈览，批准兴建。由于殿座高大，所需大件物料甚多，非一二年

---

1 《奏为修理宁寿宫工程银两先向广储司支领事折》，乾隆三十五年十一月二十六日，《奏销档 299-046》，中国第一历史档案馆藏。

2 《奏为请领银两修理宁寿宫事》，乾隆三十六年一月二十九日，《奏案 05-0285-094》，中国第一历史档案馆藏。

3 《呈为约估修建宁寿宫殿宇抱厦亭座工料银两数目单》，乾隆三十七年十一月初六日，《奏案 05-0302-039》，中国第一历史档案馆藏。

可能告竣，酌请先修后路殿座，这一设想得到乾隆的准许。从各殿宇房屋、墙壁、台阶、甬路、地面、石山、油漆、彩绘、裱糊等方面，对整个后路工程进行了估算，与上次所估相同，共需银六十五万四千五百六十二两一钱五分七厘："乾隆三十五年遵旨修建宁寿宫殿宇房屋，节次烫样呈览，复经奏准，先修建后路殿座。今据该员等估计得修宁寿宫后中路：养性门五间，头层养性殿三间，前接抱厦一间，配殿十间。二层乐寿堂七间，西边三友轩三间。三层颐和轩七间，前后抱厦八间，穿堂三间。后楼景祺阁七间，如亭一座。西路：衍祺门三间，抑斋二间，矩亭一座，撷芳亭一座，重檐，三友轩、禊赏亭一座，古华轩三间，旭辉庭三间，前殿遂初堂五间，两边延趣楼三间，耸秀亭一座，萃赏楼五间，转角楼仿玉壶冰六间，重檐符望阁二十五间，后殿倦勤斋九间，西边玉粹轩三间，竹香馆三间。东路：扮戏楼五间，畅音阁戏台一座，四面各显三间，阅是楼五间，两边转角楼三十二间。前殿仿渊鉴斋五间，中殿仿芸晖屋五间，后殿仿振芳轩五间，后照房五间。三卷殿景福宫十五间，景福门一座。东边梵华楼七间，西边佛日楼三间。以上三路宫门、殿宇、穿堂、楼、台、亭座，共五十五座，计二百六十二间；游廊共五十座，计三百十三间；净房、值房共三十四座，计九十五间。通计六百七十间。拆砌后围大墙长一百五十丈。成砌琉璃影壁二座，花台四座。各座院墙、月台、丹陛、甬路、海墁散水，并缝石台阶、花斑石地面。成堆青、黄太湖石山。影壁油饰、彩画、糊裱。办造中路殿座红黄铜镀金瓦、帽钉、门钉、兽面、龙叶以及檐檬、寿山、福寿等项。内除楠木、杉木、架木、金砖并颜料飞金、铜、锡、绫绢、高丽纸，向各该处取用外，其余工料，共估需银七十一万九千三百五十七两八钱五分七厘，内除本座折卸旧木石、砖瓦，抵除银六万四千七百九十五两七钱，净需银六十五万四千五百六十二两一钱五分七厘。"

乾隆三十八年底，宁寿宫后路殿宇即将告竣，报销费用比原估算多出了一万多两。十一月十九日，福隆安、英廉、刘浩、四格奏称："今修建后路殿座工程，原续估需工料银七十六万五千八百八两二钱三分四厘，除取用官办木植扣留银九万七千五百四十两六钱二分七厘不领外，实需银六十六万八千二百六十七两六钱七厘，现今办理，俟工竣另案奏销外，今后路工程已将告成。”[1]

3. 宁寿宫前路兴建工程及预算

宁寿宫前路各殿宇定于明年即三十九年修建，工程项目有：皇极门一座，计三间券座琉璃七楼成造，两边琉璃门二座，五色琉璃九龙影壁一座，钦禧、锡庆门六座，履顺门一座，安砌青白石须弥座，琉璃花枋垂柱斗科椽望头停黄色琉璃瓦。宁寿门一座，计五间，斗科歇山成造，两边琉璃看墙八字墙安砌青白石须弥座汉白玉石栏板柱子出水龙头。皇极殿仿保和殿一座，计九间，前后廊溜金斗科重檐庑殿成造。前月台一座，丹陛一道，安砌青白石须弥座，汉白玉石栏板柱子出水龙头，墙垣下肩外皮细城砖乾摆上身糙砌抹饰红泥，里皮下肩并栏墙摆砌黄绿石琉璃龟纹花砖头停黄色琉璃瓦。宁寿宫一座，计七间，斗科歇山成造，前檐擎檐廊安装帘笼花枋雀替，前丹陛一道，安砌青白石须弥座，摆砌黄绿色琉璃灯笼砖头停黄色琉璃瓦，内里地面铺墁金砖。中路殿座彩画金琢墨。凝祺、昌泽门二座，计六间，斗科歇山成造，转角楼围房四座，计六十二间，大殿两山垂花门二座，琉璃看墙四道，皇极门外值房二座，计十间，宁寿门外井亭二座，东西六所正房六座，计十八间，照房六座，计三十间，配房十二座，计三十六间，净房六间，头停黄色琉璃彩画大点金。茶膳房十二座，计六十间，库房四座，计二十间，值房三座，计八间，诸旗房五座，计二十四间，头停布瓦彩画小点金雅五墨[2]。

以上统计殿宇门座房屋八十座，计三百十七间，成砌大墙净长一百九十三丈五尺，院墙净长一百五十三丈一尺，暗沟净长二百四十丈，

1 《奏为修建宁寿宫殿宇房座估需工料银两事折》，乾隆三十八年十一月十九日，《奏销档 323-07201》，中国第一历史档案馆藏。

2 《奏为修建宁寿宫殿宇房座估需工料银两事折》，乾隆三十八年十一月十九日，《奏销档 323-07201》，中国第一历史档案馆藏。

并各处甬路海墁散水以及陈设鼎炉石座等项工程除所需颜料、飞金、桐油、紫檀、楠杉等木铜锡纸张等项照例行各该处取用，砖块一项已奉旨交侍郎迈拉逊德烧造，其所需银两内应听该侍郎等自行奏领，随时烧造运工应用外，其余工料共估需银六十三万九千六百八十三两五分四厘，除拆得本工旧木石砖瓦并天津运到同文房间木植及上驷院大墙砖块，共抵除银十万一千八百二十四两九钱一分七厘，净需银五十三万七千八百五十八两一钱三分七厘内，除官办松木值银四万五千五百十三两六钱一分八厘，存库不领外，其余实需工料银四十九万二千三百四十四两五钱一分九厘，查先经奏明预备石料请领过银六万两，请于此内扣除。银四十三万二千三百四十四两五钱一分九厘，仍请向广储司领用，趁时办料，明春拆修，统于工竣[1]。

4. 宁寿宫后三路新增工程及预算

乾隆四十年，宁寿宫后三路又续添了活计，主要是改做配楼、增盖值房、库房、添砌院墙以及各殿宇内檐装修，工程项目如下：

阅是楼东山添盖正房三间，游廊三间，头停瓦、琉璃瓦、苏式彩画，估需工料银九百十七两六钱二分六厘。

东抄手楼后檐改做配景楼房五间，安垂柱绦环，沿边石挂落花砖成造头停瓦、琉璃瓦、苏式彩画，估需工料银三百六十二两六钱八分。

随四层殿东山添盖库房三间，头停瓦、琉璃瓦，估需工料银一千三十一两六分四厘。

四层殿西山添盖值房二间，影壁一座，头停瓦、琉璃瓦、苏式彩画，估需工料银一百九十七两二钱四厘。

景福宫东山添盖值房三间，头停瓦、琉璃瓦、苏式彩画，估需工料银三百四十五两三钱二分五厘。

佛日楼西山添盖值房一间，头停瓦、琉璃瓦、苏式彩画，估需工

1　《奏为修建宁寿宫殿宇房座估需工料银两事折》，乾隆三十八年十一月十九日，《奏销档 323-07201》，中国第一历史档案馆藏。

料银一百五十四两九钱六分二厘。

景祺阁前院改墁水纹石地面并翠环山洞添安门口，估需工料银三百五十一两五钱三分三厘。

乐寿堂西山外添做点景楼房一座，安垂柱绦环板，沿边石琉璃花挂落砖成造，苏式彩画，估需工料银一百十九两六钱六分一厘。

古华轩内里添安楠木天花（图5），估需工料银一千二百九十两七钱。

碧螺梅花亭内里添安柏木嵌紫檀木天花，估需工料银四百七十七两一钱。

符望阁南院内改墁水纹石地面并转角楼拆改装修，估需工料银二百三十一两六钱一分一厘。

保泰、蹈和门内影壁两边添砌院墙四道，头停瓦、琉璃瓦，随开门口，估需工料银四七十九两三钱七分八厘。

养性门前添做豆渣石暗沟一道，估需工料银一千三百二十二两四钱二分。

图5 古华轩

养性殿内里装修续添仙楼上下包镶楠木柱子、槛墙板，紫檀木包镶门口十八座，窗桶十二座，紫檀木供柜一座，栏杆二扇，夹纱方窗一座，楠木包镶柜格一座，门桶门口十三座，窗桶四座，楠木栏杆二扇，宝座后添安杉木壁子一槽，地平暖床十张。乐寿堂续添包镶楠木板墙二槽，紫檀木镶门桶一座，镶门口七座，镶方窗四座，炉座四座，香筒座二个，楠木镶门桶门口十一座，镶方窗四座，书格一座，贴落杉木窗桶一座，壁子门三扇，楠木包镶暖床三张，紫檀包镶地平一座。三友轩续添楠木包镶踏跺一座，书格下槛墙板一槽，紫檀木镶真假门口三座，方窗口一座，楠木镶方窗桶一座，配做楠木竹式床挂面一分。颐和轩续添楠木包镶板墙一槽，紫檀木镶门口门桶七座，镶方窗二座，楠木槛窗一槽，镶门桶门口四座，镶方窗一座，供桌十五张。穿堂续添进深杉木板墙二槽，紫檀木镶门口二座。景祺阁续添紫檀木配添万字方窗二扇，紫檀木镶门口二座，楠木镶门桶三座，楠柏木楼口飞罩二槽，方窗一座，随戏台曲尺壁子二槽，楠木别凳四张，香几一张。阅是楼续添廊门桶二座，花梨木包镶床二张，阅是楼东山正房续添板墙三槽，暖阁后门口一座，飞罩一槽，楠木方窗一槽，紫檀木镶门口一座，楠木镶门口三座，楠木包镶床三张。抄手楼二座结添板墙六槽，楠柏木飞罩一槽，方窗三座。东四所正殿四座，配殿八座，续添楠木镶门桶门口十九座，楠柏木方窗九座。景福宫续添紫檀木镶门桶门口三座，方窗口一座，楠柏木包镶床一张。梵华楼续添紫檀木镶门桶一座，推门一扇。佛日楼续添楠木贴落假柱子二根，踏跺十一座，紫檀木供桌一张，花梨木供桌六张。抑斋续添进深板墙一槽，落地罩、床罩三槽。禊赏亭续添楠木条桌三张。遂初堂改添板墙四槽，紫檀木镶门口二座。遂初堂东配殿续添楠柏木落地罩二槽，嵌扇一槽，线法壁子五槽。萃赏楼续添板墙一槽，楠木镶真假门口九座，紫檀木琴桌二张。转角楼续添花梨木阴纹罩二座，落地罩一槽。延趣楼续添楠木镶门口三座，后檐方窗二座。玉粹轩续添楠木佛座一道，方窗一座。符望阁续添紫檀木镶门口二十一座，门头花四块，券门楠木门头花八块，花梨木柜几一张。竹香馆续添柏木板墙一槽，门桶罩二座，门桶一座。倦勤斋续添楠木镶门口十三座，圆光窗一座，柏木镶门桶一座。景祺阁后值房二座内里添板墙二槽，落地罩床罩六槽，嵌扇四槽，暖床三十八张。东西厢房四座内里添隔断板四槽，真假门口八座，方窗四座，暖床二十张等项并板墙油饰，共估需工料银六千七百三十一两五钱，共估需银一万四千十二两七钱六分四厘[1]。

5. 宁寿宫前路新增工程及预算

乾隆四十年，宁寿宫前路新增工程有：

皇极殿内里屏风宝座楠木成做漆饰扫金地平栏杆杉木柱头绦环板，楠木朱红漆饰，估需工料银二千五百十八两九分五厘。

宁寿宫后檐并两山添安擎檐廊十七间，安装连笼擎檐枋绦环板云龙雀替成造柱木朱红油饰彩画金琢墨，估需工料银四千六百三十四两六钱三分五厘。

宁寿宫后檐添做铜烟筒二座，四面包砌细城砖，上安铜顶二座，头停椽望瓦片，庑座成造并地沟二道，估需工料银一千八百九十三两四分五厘。

西大墙外添盖诸旗房六十一间，改盖诸旗房十二间，共计七十三间，内隔火二十间，安砌素白琉璃椽望停头瓦挂釉琉璃瓦，估需工料银三千九三十三两五钱五厘。

宁寿宫内里神亭一座，神厨、毗卢帽挂面一槽，琴腿炕沿七堂，排插板一槽，八方神柱一根。东次间后檐仙楼一座，楼下楠木落地明一槽，栏窗一槽，包镶床十张，楼上带子板二槽，毗卢帽挂面二份，栏杆二堂。东西圆房进深隔断板三十槽，松木床六十张。东西六所前正殿内里进深板墙六槽，楠柏木嵌扇六槽，落地罩六槽，面阔落地罩床罩十二槽，地平床四十八张，后照房进深隔断板十八槽，松木床四十八张。东西厢房进深隔断板十二槽，松木床十二张，并神亭漆饰、隔断板油饰、

1 《呈宁寿宫后三路估需工料银两清单》，乾隆四十年五月二十四日，《奏案 05-0320-028》，中国第一历史档案馆藏。

裱糊等项，原估内未经估计，今估需工料银五千三百八十六两五钱三分三厘。

添安新汉白玉石灯座十二份，粘修旧床座十六份，新添腰圆石座十二份，并续安日晷月影各项石座十六份，粘修旧石座六份，共计九十二份，估需工料银四千四百二十八两五钱一分一厘。

共估需银二万二千七百九十四两三钱七分二厘。二共银三万六千八百七两一钱三分六厘[1]。

6. 宁寿宫工程续需钱粮数目及又新增工程预算

乾隆四十二年七月初二日，福隆安、英廉、和珅、刘浩谨奏修建宁寿宫前后路各殿宇房座仍要续需钱粮数目一事，称原续估银一百三十四万四千一百九十八两五钱七厘内除取用官办木植银十四万三千五十四两二钱四分五厘，扣存广储司银库不领外，净需银一百二十万一千一百四十四两二钱六分二厘。并声明如有增减活计及殿座内包镶隔断等项目，其钱粮数目随工成另行详细估算上报[2]。

又据宁寿宫工程监督呈报，查得原新增工程项目外，还有奉旨续添的工程项目有：

养性殿西耳殿香雪内成堆宣石山并仙楼上楠木别桌三张，踏跺三座。

乐寿堂仙楼上添换紫檀木夹纱玻璃心六十扇。

颐和轩楠木三镶门口一座。

畅音阁踏跺十座。

寻沿书屋包镶暖床三张。

景福宫花梨围屏座一份，三镶夔龙门口一座，壁子三扇。

梵华楼楠木踏跺一座。

---

1 《呈宁寿宫后三路估需工料银两清单》，乾隆四十年五月二十四日，《奏案 05-0320-028》，中国第一历史档案馆藏。

2 《奏为修理宁寿宫工程需钱粮数目事》，乾隆四十二年七月初二日，《奏案 05-0331-089》，中国第一历史档案馆藏。

遂初堂紫檀木三镶门口一座，东配殿插屏一座，西配殿松木柜十四座，木箱一个，龛柜一座。

萃赏楼楠木佛座七份。

转角楼花梨木包镶佛座一份。

倦勤斋楠木门口二座，各座柏木刻字镶绦二副，字画镶绦二十二副，并院内梅花罩五座，铜海杉木盖五十二个。

各院内添安陈设石座二十份。

拆改抑斋一座，计二间，添后廊进深四尺。

挪盖矩亭一座，游廊五间，改盖游廊二间，添盖游廊一间。

成堆山洞，添建仙台一座，罩门券三座，扒头券一座，如意券龛一座，安砌青白石角柱平水券，脸过梁压面汉白玉石栏杆板柱子，花斑石台面细砖发券成砌台帮等项。

禊赏亭南边加堆太湖山石，添盖诸旗房二十六间，值房五十一间。

大墙外东北二面曳水暗沟一道，通长一百六十五丈二尺，口宽二尺，均深三尺二寸，沟帮下截并棚盖俱豆渣石背底背后及上截沟帮俱灰砌城砖。

再宁寿宫仙楼下内里楠木书格二座，后檐隔断扇心、横披心添安隐板二十七块，东山改开门桶一座，添安门罩一座，板墙二道，石踏跺一座。

皇极殿内里花梨木书格八座。

东西头所履顺门内添盖值房八间，影壁门一座，掐子墙二道，头停俱黄色琉璃瓦。门外石甬路一道，长二十五丈四尺五寸，宽四尺，并暗沟墙垣、门口挂灯、高凳、零星什物，又拉运圆明园大太湖石一块，自得园拆运房间等车价并拆用太医院楠木，补给松木，价值铸还各寺庙铁钟以及裁种树株并各作现匠夫价等项，查前各项活计，奉旨后即遵照办理，所需银两未经逐款估奏。今前后路油画，遵旨于今岁起次第彩画出细一切活计，均需给发工价，呈请续奏领用等因前来。臣等复加查核，无异，所有前项估外，续添活计共二十七项，估值银三万五千三百七十两八钱七分三厘，相应奏明，向广储司支领应用，统俟工竣，详细数分款，另缮清单恭呈[1]。

从上述历年宁寿宫工程修建项目清单看，乾隆并没有保留康熙时留下来的宫殿，而是进行了拆除，再重新修建，因此，内檐装修亦为新作。如皇极殿并不是原宁寿宫，而是仿保和殿，加了重檐，提高了等级。乾隆于《宁寿宫铭》中注曰："我朝规制，宁寿宫、慈宁宫为奉养东朝之所，是以前殿即以宫名，并皆不施重檐，有深意也。恭遇圣母八旬万寿，朕始于慈宁宫增加前殿重檐，以崇尊养。兹新葺宁寿宫，待余归政后居处，则为太上皇临御之所，宜有前殿受贺，因题额曰'皇极殿'，制用重檐，而宁寿宫之榜则移后殿云。"宁寿宫也不是原宁寿宫后殿，而是仿坤宁宫重新建成了具有满族形式的建筑：原明间开门改为西一间开门，原隔扇门改为双扇板门，其余各间的棂花隔扇窗均改为直棂吊搭式窗，西四间设南、北、西三面炕，作为祭神的场所，与门相对后檐设锅灶，作杀牲煮肉之用。宁寿门亦改为重建，计五间，按斗科歇山成造，两边琉璃看墙八字墙安砌青白石须弥座汉白玉石栏板柱子出水龙头。景福宫也被拆除，按建福宫静怡轩改建成了三卷棚式。所以我们可以说太上皇宫宁寿宫是在原宁寿宫院基础上重新规划重新修建的。

（三）上梁日期

宁寿宫前后路各殿座的上梁日期，没有确切的记录，我们从档案中发现了两条，一条是后路最重要的宫殿养性殿和乐寿堂的上梁日期记录，一条是前路最重要的宫殿皇极殿的上梁日期的记录。宁寿宫后路工程项目众多，三十七年年初兴工，中路先开工兴建。前路工程项目少，三十九年年初兴工。

乾隆三十七年九月初六日，英廉、刘浩、四格奏称：恭照宁寿宫

1　《奏为修理宁寿宫工程需钱粮数目事》，乾隆四十二年七月初二日，《奏案 05-0331-089》，中国第一历史档案馆藏。

后路头层仿养心殿，二层仿淳化轩殿宇，大木俱已齐备，拟请于同日上梁，随经行令钦天监，谨择得本年九月十六日戊申，宜用辰时上梁吉等语，奴才等伏思此二座殿宇系皇上亿万斯年宫殿重地，非别项园亭可比，所有应行礼仪应加应加敬谨，除献神香供牲醴以及执事官员匠役人等花红犒赏等项，届期令随工预备外，其披梁需用贴金银花各一对，大红云缎各一匹，请向广储司领用，理合奏明请旨[1]。

乾隆三十九年八月初六日，英廉、四格奏称：宁寿门并皇极殿殿宇，大木已立架齐全，其上梁吉期行令钦天监谨择得本年八月十二日癸已，宜用辰时上梁吉等因，奴才等伏思前项殿宇门座系皇上亿万斯年宫殿重地，所有应行礼仪应加敬谨，除献神香供牲醴以及执事官员匠役人等花红犒赏等项，届期令随工预备外，其披梁需用贴金银花二对，大红云缎二匹，请向广储司领用，为此谨奏请旨[2]。

（四）材料备办

乾隆三十六年拆除原宁寿宫内的殿宇房屋后，决定于明年先修建宁寿宫后三路殿宇，其木料的备办则要先走一步，十一月二十六日，福隆安、三和、英廉、刘浩、四格谨奏宁寿宫中路后所殿宇工程应用大件柁梁，自二丈八尺至四丈不等，柱大长一丈八尺至三丈八尺不等，共计三百八十六件，现今四川省解运到通州正楠木四十件，余楠木二十件，陈楠木房料一百三十五件，遵旨在宁寿宫工程应用。臣等派监督富勒赫、杨作新前往通州将前项楠木逐件查量，内有长七八丈以外大件楠木十件，若行截用，实觉屈材，请留为整用外，其余大件楠木五十件，各长四丈以外至五六丈，大径二三尺，小役一二尺不等，今拟将根截径寸，大者抵作柁梁，五十四件稍截径寸，小者抵作柱木，四十六件共可

1　《奏为宁寿宫殿宇梁吉期应行仪注事》，乾隆三十七年九月初六日，《奏案 05-0300-034》，中国第一历史档案馆藏。

2　《内务府大臣英廉等奏为宁寿门皇极殿殿宇上梁吉期礼仪等事折》，乾隆三十九年八月初六日，《奏销档 328-043-1》，中国第一历史档案馆藏。

抵用，一百件内稍有尺寸不符者，酌量刮朵应用，尚需二百八十六件，遵照原奏在圆明园厂存楠木内酌量选用，再有不敷即在圆场运到大件松木内选取，刮朵应用，理合奏闻恭候命下，将前项楠木五十件运至宁寿宫工所，俟放线裁用之时。臣等眼同监督等率匠逐件详慎截用，务期尺寸允协，不致糜费。其长七八丈以外楠木十件，并陈楠木房料一百三十五件，已令其运交圆明园木厂收贮备用[1]。

乾隆三十八年三月二十七日，拆盖太庙内房屋二十七间时，发现有大架楠木可用于宁寿宫工程，据档案称："其中有举架甚大，面宽一丈五尺，进深二丈五尺者，木料颇大且间有楠木，请将此项楠木并大件松杉木料拆下交内庭工程处运用抵用，小件松木另由官厂木植内取用等因在案。今据该监督等于拆卸之后，查有楠木二十一件，大件松杉木八十六件，应照依原奏统交宁寿宫工程处运用，其应抵用松木丈墩五十七料，桁条五十五根，按例核值银一百九十二两六钱七分二厘，请由宁寿宫钱粮内发给还项。"[2]

宁寿宫各殿宇所用二尺金砖八千六百四十余块，一尺七寸金砖一万一千八十余块，由江苏巡抚负责烧造，并搭解运抵通州[3]。

（五）内檐装修

由于三十七年议定先修宁寿宫后路，到三十八年六七月时，乾隆下令把宁寿宫后路各殿的内檐装修及部分殿座的烫样，交与两淮盐政李质颖制作。十月六日，李质颖上奏请求回京觐见皇上："奴才李质颖谨奏，为仰恳圣恩事。窃奴才前蒙皇上豢养望成擢用盐政。前岁在京仰遇，格外荣恩，垂慈教育，至厚至周，刻骨铭心，难酬万一。自叩辞回

1　《奏为宁寿宫工程应用楠木运交圆明园事折》，乾隆三十六年十一月二十六日，《奏销档 306-184-1》，中国第一历史档案馆藏。

2　《奏为太庙拆盖房屋拆卸楠木等统交宁寿宫工程处运用事》，乾隆三十八年三月二十七日，《奏案 05-0311-032》，中国第一历史档案馆藏。

3　《钦定大清会典·光绪朝工部》卷八七五，第一册，台湾新文丰公司印行。

任今已二年，感激日深，孺念倍切。伏查六七等月接奉内务府大臣寄信，奉旨交办景福宫、符望阁、萃赏楼、延趣楼、倦勤斋等五处装修。奴才已将镶嵌式样雕镂花纹，悉筹酌分别预备集料，加工选定，晓事商人，遵照发来尺寸详慎监造。今已办有六七成，约计明岁三四月可以告竣。至盐务一切应办事件，奴才俱已办理全完。现在正值装闲暇之时，仰恳天恩府准，奴才于十月二十八日盐政印信照例暂交运使廷抡护理。奴才即束装起身，趋赴阙廷，瞻仰天颜，跪聆圣训。奴才犬马恋主之忱，得以少伸，感沐高厚恩遇于无次矣。为此巷折奏恳，伏乞皇上恩允谨奏。”十月二十八日，乾隆阅后下旨命李质颖继续留在两淮督办宁寿宫的内檐装修事项，不必来京面呈[1]。

李质颖遵旨留在苏州敬谨造办宁寿宫烫样与装修，乾隆三十九年四月初四日，他上奏称：“窃奴才于上年六七等月奉内务府大臣英廉等寄信奉旨交办景福宫、符望阁、萃赏楼、延趣楼、倦勤斋等五处装修并烫样五座，画样一百三张等因到扬。奴才随即选派熟谙妥商选购料物，挑雇工匠，择吉开工，上紧成造。奴才不时亲身查视，详慎督办，今已告成。奴才逐样细看，包裹装船，于四月初四日开行，专差家人小心运送进京，除备文并造具清册呈送工程处，逐件点收，听候奏请安装外，敬将装修五份镶嵌式样雕镂花纹绘画贴说，先行恭呈，御览谨缮折具，奏伏乞皇上圣鉴，谨奏。”[2]

乾隆三十九年十一月二十二日，福英、刘四谨奏恭查宁寿宫后路各殿宇楼座内里装修，均系遵旨发往交两淮盐政李质颖办造送工，现在俱已敬谨安装齐全。但京师风土高燥，与南方润湿情形不同，各项装修俱系硬木镶嵌成做，现值冬令，间有离缝走错并所嵌花结漆地等项俱微有爆裂脱落之处。奴才等详细查看，其硬木漆地活计有离缝走错者，即令该工监督楦缝找补收拾完整，其玉铜花结有脱落者，亦即交造办处随

1 《宫中档案乾隆朝奏折》辑 35，台湾故宫博物院印行，1982 年至 1985 年出版。

2 《宫中档案乾隆朝奏折》辑 35，台湾故宫博物院印行，1982 年至 1985 年出版。

时修整，务取妥固外，惟花结内有瓷片一项，虽迸裂只有三小块，但在京一时难于制办。奴才等愚见，该盐政从前成造时，或有余存亦未知，请交与李质颖坐京家人寄信，顺便照式寄送数块应用。是否允协，伏候圣明训示遵行，为此谨奏请[1]。

（六）外部陈设的制作

1. 铜缸的制作：

乾隆三十八年五月初四日，宁寿宫总理事务处上奏称宁寿宫添铸铜缸需用物料工价事，遵旨成造宁寿宫添设铜缸二十四口，交铸炉处官员按现办铜缸制作。十二月，总管内务英廉等奏折称：遵旨成造宁寿宫后所各殿宇院内安设烧古铜缸二十八件。内口径五尺铜缸八件，口径四尺铜缸二十件，俱已造成。其口径四尺铜缸二十件，业于本年九月内陆续安设。其口径五尺铜缸八件，现存铸炉处，俟明春驾幸圆园明后再行运往安设。成造铜缸二十八件，共用黄铜十二万六千八百二十四斤八两。四十年二月，又遵旨铸造宁寿宫、皇极殿前添安烧古铜缸二件，口径五尺，共约估用黄铜一万七百十四斤。

2. 铜龟鹤鹿鼎炉的制作

乾隆四十年四月，遵旨成造宁寿宫各座安设铜烧古龟、鹤、鹿、鼎、炉，计七对，并收拾见新。添配顶楼鼎炉二对，铜鹤一对，共用铸炉处黄铜二万一千二百八十六斤八两，行取红铜条一千二百九十六斤十二两，工价物料银四千三百九十一两六钱七分八厘。

3. 石座的制作

乾隆四十年五月，总管内务府福隆安奏折称石座已成造完工，添安新汉白玉石灯座十二份，腰圆石座十二份，并续安日晷、月影各项石座四十六份。

---

1 《清宫内务府档案总编》，第 37 册，乾隆三十九年十一月二十二日，人民出版社，2005 年。

4. 铜狮的制作

乾隆四十年十二月初七日，员外郎四德、库掌五德、福庆来说，太监如意传旨：现造铜镀金狮子二对，得时在景福宫门前安设一对，遂初堂衍祺门前安设一对[1]。

乾隆四十年闰十月二十四日，遵旨镀饰铜小狮子二对，着镀金五次，并铜鼎炉一座，共约用镀金叶二百三十一两。成造宁寿宫门前安设大铜狮子一对，着按例镀金五次，计用金三百三十四两三钱六分内除请领过金六十六两八钱七分二厘外，仍应领用头等镀金叶二百六十七两四钱八分八厘，亦经奏明向广储司银库支领应用。奏明请于库贮两淮解到头等金一万二千两零内动用[2]。

（七）对宁寿宫管理工程大臣及在工人员行赏

太上皇宫规模宏大，历经数载修建，至乾隆四十四年八月二十四日告竣，这天乾隆下达谕旨要行赏所有官员和匠役。经过将近一年的议叙，于乾隆四十五年四月十三日，总管内务府谨奏为议叙事准吏部咨称本部具奏：乾隆四十四年八月二十四日钦奉谕旨所有管理宁寿宫工程之大臣及在工人员俱著加恩交部议叙一案，随咨查宁寿宫工程处应行议叙管理工程之大臣及在工人员职名去后，旋据该工分别等第造册，咨送到部。臣等酌议请将管理工程之大臣及监督等即照雍正十一年修理宫殿告成，总管理大臣并一等监修官议叙之例酌量分别办理。应将管理工程之大臣兵部尚书公福隆安、大学士英廉、户部尚书和珅各准其加三级，工部侍郎奉旨革职，赏给三品职衔之刘浩，仍准其加三级注册。监督工部郎中富勒赫等请照从前宫殿告成，一等监修官议叙之例各准其加二级，至开列为一等之监修等官量为酌减，照从前宫殿告成。二等监修官议叙之例，各准其加一级，记录二次二等。监修拜唐阿马甲、永禄照例以应

1 《清宫内务府档案总编》，第38册，乾隆四十年十二月初七日，人民出版社，2005年。

2 《奏为镀饰宁寿宫门大狮子请于两淮解到金内动用事折》，乾隆四十年闰十月二十四日，《奏销档337-167》，中国第一历史档案馆藏。

升之处列名。查一等监督郎中七十一等二十五员均系内务府人员。臣部无凭定议，其应作何议叙之处，咨送内务府办理[1]。

三　宁寿宫的建筑布局特点

一座全新的太上皇宫出现了，它完全是按照乾隆自己的意愿建造的宫室，它超越了历史上任何一座太上皇宫，其建筑布局反映了如下特点：

第一，突出中轴。太上皇宫最主要的建筑布置于中轴上，自南而北建有皇极门、宁寿门、皇极殿、宁寿宫、养性门、养性殿、乐寿堂、颐和轩、景祺阁九座建筑，是九重天的象征，中轴是皇权的象征，九座建筑处于同一根中轴上，其数量和体量仅次于紫禁城中轴上的建筑。

第二，最高规制。皇极殿制如乾清宫，重檐，前有甬道，殿中设宝座，东设铜壶滴漏，西设大自鸣钟。重檐，乾隆在《宁寿宫铭》中注释说："我朝规制，宁寿宫、慈宁宫为奉养东朝之所，是以前殿即以宫名，并皆不施重檐，有深意也。恭遇圣母八旬万寿，朕始于慈宁宫增加前殿重檐以崇尊养，兹新葺宁寿宫，待予归政后居处，则为太上皇临御之所，宜有前殿受贺因题额曰皇极殿，制用重檐，而宁寿宫之榜则移于后殿云。"皇极殿用重檐，是因为太后宫慈宁宫用了重檐之故，理所当然太上皇宫也应用重檐，目的是"以崇尊养"。但这一条明显地把太上皇宫与乾清宫进行了等同。

皇极殿内立有四根沥粉贴金蟠龙柱，顶置八角浑金蟠龙藻井，品级仅次于太和殿。据档案记载，宝座完全照太和殿宝座样式制作："(乾隆四十一年九月）初二日，掌稿笔贴式海寿持来宁寿宫工程处来文一件，内开为知会事查皇极殿内屏风宝座地平一份，所有漆饰活计遵

---

1 《奏为宁寿宫工程之大臣及在工人员应行议叙事折》，乾隆四十五年四月十三日，《奏销档 360-267-1》，中国第一历史档案馆藏。

旨交造办处成做。司后经该处业将需用工料银两及行取物料派员支领后，今据该处人员声称此项屏风宝座照太和殿屏风宝座成做，应有铜镀金火焰龙须等语，查本工原估案内一应铜活镀金火焰龙须连铜坏一并请交造办处成做等因随回明尚书英廉准行遵此。副都统金辉准行遵此。总管永德、佛宁准行遵此。”[1]

第三，功能齐全。太上皇宫功能齐全，无所不包，不仅有举办庆贺大典的正殿皇极殿，还有祀神的宁寿宫，据乾隆称：“盛京大政殿后曰清宁宫，祖宗时祀神之所，祭毕召王公大臣进内食肉。国初定鼎燕京，则于乾清宫后殿坤宁宫行祀神礼，一如清宁之制，至今遵循旧章。余将来归政时，自当移坤宁宫所奉之神位、神竿于宁寿宫，仍依现在祀神之礼。”此外，养性殿制如养心殿，可以批章阅本，召对引见，宣谕筹谋。有花园、有戏台、有佛堂、有寝宫、有书屋等，而且他还把他一生中最喜欢的建筑几乎全部进行了仿建，如养和精舍仿玉壶冰、符望阁仿延春阁、玉粹轩仿凝晖堂、竹香馆仿碧琳馆、倦勤斋仿敬胜斋。我们可以说宁寿宫就是一座缩小了的紫禁城，突出了太上皇无上的权威。

四　宁寿宫的营建时间

按嘉庆时编纂的《国朝宫史续编》[2]一书的记载：“乾隆壬辰岁，敕葺宁寿宫，待归政后，备万年尊养之所。洎丙申落成，奉皇太后称庆。”可知乾隆三十七年下旨修建宁寿宫，于四十一年竣工。

这种说法，可能是依据乾隆四十一年所写的诗《新葺宁寿宫落成新正恭侍皇太后宴因召廷臣即事联句（有序）》，说宁寿宫于四十一年落成，诗中已经列出了宁寿宫前后路的几乎所有宫殿名称：箕范颂敷云黼

1 《清宫内务府造办处档案总汇》，第 39 册，乾隆四十一年九月初二日庚午，人民出版社，2005 年。

2 ［清］庆桂等编纂：《国朝宫史续编》卷五九，第 478 页，北京古籍出版社，1994 年。

丽（御制《五福颂》），汤盘铭著御屏镌（御制《宁寿宫铭》）。广披三路（宫制分中东西三路）地两戒，中峙九重（中路自皇极门至景祺阁凡九重）天大圆（以下中路）。皇极（前殿名）福征仍敛锡，坤宁神祀例诚虔（宁寿宫在皇极殿后，其制悉仿坤宁宫，将来归政时当移坤宁宫所奉之神位神竿至此，仍依现在祀神之礼）。无为养性（后宫前殿名）娱老可，未发颐和（轩名）中节缘。珍列廊墉宋阁仿（乐寿堂前后廊壁嵌御书敬慎斋法帖，如淳化轩阁帖例），乐（去声）殊山水《鲁论》诠（乐寿堂）。考惟祺矣犊九寓（臣汪廷玙），介尔景兮泝八埏（景祺阁）。德寿图安卑漫论（宋高宗居德寿宫），绍兴署逸鄙须捐（高宗有乐寿老人之号，见董其昌书论）。充之皆满化为国（颐和轩内额曰“太和充满”，臣钱载），是谓大同情乃田（御书乐寿堂联有“乐同乐而寿同寿”之句）。内建崇杓运斗极，外标重阙（下详中路宫门）纳熏弦。凝而聚总如山阜（凝祺门，臣汪永锡），泽所覃均及漏泉（昌泽门）。万宇受禧启孚甲（敛禧门），一人笃庆遍蠉蜷（笃庆门）。旁巡阁道错成绣（臣阿肃），左倚城隅直似弦（以下东路）。丝竹东山学晋傅，画图香社胜唐贤。楼名阅是阅如是，屋揭寻沿（书屋名）寻更沿。奚异羲爻太音畅（畅音阁），肯教何赋俪词妍（景福宫，晋何晏有《景福殿赋》）。奋从雷地心养素（导和养素，臣吴绶诏），幻出壶天道得筌（壶天宣豫）。境本最高香作界，佛真现在愿为船。梵华普散维摩谛（梵华楼，臣沈初），慧日恒融干闼禅（佛日楼）。挹翠鬟空嵚涌髻（翠鬟亭），出云窦细袅装棉（石洞上镌“云窦”）。对横禁堞排千雉（保泰门东出，正对紫禁左垣，臣陆锡熊），立矗文峰（石名）削一拳。气满函关来桂苑，晷宾旸谷丽兰槐。合门东上势回斡（臣陆费墀），广内右通经蜿蜒（以下西路）。敬胜倦勤号相易（倦勤斋之制即仿宫内敬胜斋，因系归政后所居，易斯名耳），遂初（堂名）符望（阁名）志犹悬，得闲（室名）信可得闲耳。萃赏（楼名）由斯萃赏旃，秋实春华芳采撷（撷芳亭）。鸢飞鱼跃趣招延（延趣楼），庭辉拓向重霄迴（旭辉庭，臣金士松）。轩古游经三代还（古华轩），维德之隅少至老（抑斋）。从心所欲后同前（矩亭），秀而文寄邱兼壑（耸秀亭，臣陈孝泳）。粹以精知玉匪璊（玉粹轩），螺碧层层岚宛转（石名碧螺）。竹香（馆名）个个影娗娟，岁寒友识画家致（三友轩，臣纪昀）。春禊赏寻书法妍（禊赏亭），胪讵参差诧昆阆。

但是，据《大清高宗纯皇帝实录》[1]记载，乾隆称："迨朕六旬大庆后，即敕豫葺宁寿宫，为将来优游颐养之所。"乾隆六十大寿时为乾隆三十五年八月十三日，过完生日后，乾隆即下旨修建宁寿宫。这一年的十一月二十六日，已开始为兴建宁寿宫备办材料，并预先向广储司支领五万两。三十六年拆除原宁寿宫院内建筑，三十七年正式开工修建宁寿宫后三路，三十九年宁寿宫前路开工兴建，四十年前路、后路殿座又增加了很多工程。四十二年七月初二日查得修建宁寿宫工程续添钱粮数目确定后，又新增了许多新的工程项目，仍要详细估算上报。至乾隆四十四年十二月，《总理宁寿宫事务为咨行事》称"今皇极殿已合龙，门悬挂匾额，大工全行告竣"，可知四十四年皇极殿合龙，到年底整个太上皇宫工程已宣布告竣。一些室内装饰至年底仍在作收尾工作，档案记载："(乾隆四十四年十一月初二日）接得郎中保成押贴，内开十月十四日奏准倦勤斋通景画已得九成，未完者一成，本月可以完工，但贴落画片计需二十余日方能完毕。今拟请将已画得通景棚顶画片，今伊兰泰、赵士恒带学手佰唐阿等敬谨持往倦勤斋，先期如式贴落。其现画未完风窗、药栏、门座已画得均有五六成，未完者四五成，着王儒学、黄明询、陈玺带学手佰唐阿等如期赴画，庶可无误接续贴落。其贴落画片需用脚手架子，向由工程处搭做。奏明。照例交工程处预备妥协，即前往贴落。"

又据《乾隆起居注》[2]记载，乾隆四十四年八月二十四日是宁寿宫竣工的日子，这天乾隆通过于敏中下达谕旨称宁寿宫"功届落成"，要行赏所有官员匠役："前经降旨缉治宁寿宫，为朕将来归政后颐养之

---

1 《大清高宗纯皇帝实录》，乾隆四十三年九月下。

2 《乾隆起居注》，第 29 册，乾隆四十四年八月二十四日乙亥，广西师范大学出版社。

所，现今功届落成，实为吉祥庆事，宜敷惠泽，以昭锡福，所有管理工程大臣及在工人员俱著加恩，交部议叙。”故《清史稿》[1]称“（乾隆四十四年八月二十四日）乙亥，宁寿宫成”。

宁寿宫的修建日期，乾隆自己对此都是前后矛盾的。按我们的理解，应该是四十一年时宁寿宫主体建筑部分基本完工，又赶上平定金川大功告成，于是在阅是楼前举办宴会，犒赏有功将领。乾隆喜作《蒙圣母赐膳于宁寿宫喜而成什一韵二首》：“西筰蒇勋绩，东朝豫懿怀。膳颁八珍列，乐奏六英谐。调鼎盐梅共，采薇将士偕（皇太后幸宁寿宫，既赐余膳，并于阶下将军阿桂、丰升额暨成功将领之功绩最著者抡二十三人及军机大臣六人饭食，赉物有差）。古来多凯宴，几见赐思斋。母子情牵处，忧劳略释怀。砌花都色喜，檐鸟亦音谐。阳雨幸时若，孙曾绕膝偕。还期就闲此，仍复侍萱斋。”选择在阅是楼举办庆功宴，有两个原因，一是正殿皇极殿还没合龙，二是阅是楼前有畅音阁，畅音阁是一座大戏台，皇太后与大臣们可一边尽膳，一边观戏。后来乾隆把这一盛况做成木框嵌珐琅圣母赐膳宁寿宫图，以作为永久的记念。

四十一年虽然主体建筑基本完工，但内檐装修以及院墙、值房、墁地等工程并没完工，还有一些改建工程等。《乾隆起居注》称四十四年宁寿宫“功届落成”，是有道理的。

所以，宁寿宫修建的年代，如果我们放宽一些，应是乾隆三十五年八月十三日后至四十四年八月二十四日完工，花了将近十年的时间进行营建。从宁寿宫实际工程量看，仅拆除原宁寿宫院内的殿宇房座，就花了一年的时间。宁寿宫后三路需建宫门、殿宇、穿堂、楼、台、亭座，共五十五座，计二百六十二间；游廊共五十座，计三百十三间；净房、值房共三十四座，计九十五间。通计六百七十间。三十八年底后路主体建筑已基本完工，但四十年时又增加了许多工程项目。还有拆砌后围大墙长一百五十丈。成砌琉璃影壁二座，花台四座。各座院墙、月

---

1 《清史稿》，第514页，中华书局，1976年。

台、丹陛、甬路、海墁散水，并缝石台阶、花斑石地面的工程量亦不小。还有堆砌青、黄太湖石山以及影壁油饰、彩画、糊裱等活计，各殿宇的室内装修也不是短时间内能够完成的。宁寿宫前路殿宇门座房屋八十座，计三百十七间，成砌大墙净长一百九十三丈五尺，院墙净长一百五十三丈一尺，暗沟净长二百四十丈，还有各处甬路海墁散水以及陈设鼎炉石座等项工程。如此庞大的工程，非十年不能完工。

五 宁寿宫营建的原因

乾隆在宁寿宫落成之时即乾隆四十一年所写的《新葺宁寿宫落成新正恭侍皇太后宴因召廷臣即事联句》[1]中称“本拟乾隆六十年，设诚如愿禅应然。敢期增益比皇祖，定卜京垓迈老筏”注中说：“皇祖临御六十一年，予不敢上同皇祖，是以践作之初，吁天默祝至六十年，即拟归政。”宁寿宫落成，在与大臣们的即事联句中，乾隆透露了自己即位之初向天默许下的诺言，“至六十年，即拟归政”。说明营建宁寿宫的原因，是为将来当太上皇作准备。

乾隆四十三年时，乾隆又从立太子的角度作了解释[2]。他先谈了历史上立嫡立长的弊病，说如果唐高祖不立建成而立太宗，明太祖不立建文而立永乐，就不会出现玄武门之变，金川门之难，出现骨肉伤残，忠良惨戮的局面。我朝家法，不豫定储位。自雍正元年（1723）创建秘密立储制后，克服了历史上立储弊病，实为立储良法。自乾隆元年我效法前徽，以皇次子为孝贤皇后所出，人品贵重端良，立其为皇太子。但不久薨逝，于是我将前旨明示众人，谥为端慧皇太子，不复再立。之后皇七子、皇五子亦我所钟爱，但又相继病逝，如果遵古制急于册立他们为

---

1 ［弘历］：《御制诗集四集》卷三三《新葺宁寿宫落成新正恭侍皇太后宴因召廷臣即事联句》，《钦定四库全书·集部·别集类》，台湾商务印书馆影印，1986年。

2 《大清高宗纯皇帝实录》卷一〇六七，乾隆四十三年九月下。

太子，成何体统。

乾隆三十八年冬，乾隆再次秘密立储，并把此事谕知军机大臣。所定何人除乾隆本人知晓外，任何人都不得而知。这年冬至，乾隆亲行南郊大祀，命众皇子侍仪观礼。他在心中默祷上帝：如其人贤，能承国家洪业，则祈佑以有成；若其不贤，亦愿潜夺其算，毋使他日贻误，予亦得以另择元良。乾隆此举，未尝不引起人们私下里谈论他贪恋宝位。对此，乾隆说："朕非不爱己子也。然以宗社大计，不得不如此。惟愿为天下得人，以继祖宗亿万年无疆之绪，此意昊苍实式凭之。是朕非不立储，特不肯显露端倪，俾众人有所窥伺耳。"为了证明自己没有贪恋宝位的打算，他说出了埋藏在他心中 43 年的一个誓言，在他即位时，曾焚香向上天表示："昔皇祖御极六十一年，予不敢相比。若邀穹苍眷佑，至乾隆六十年乙卯，予寿跻八十有五，即当传位皇子，归政退闲。"他说此意从未宣示，众人所以不知我内心深处的想法。等到我过完六旬大庆后，即下旨营建宁寿宫，以作为将来优游颐养之所。乾隆说："臣工应莫不共闻共见，岂有所伪饰乎?"

乾隆对今后可能出现的情况，作了两种打算，一是从现在算起至归政尚有 17 年之长，如果这期间，身体健康，则要兢业守成，实现我的初志。二是七旬八旬以后，神志衰弱，则绝不贪恋天位旷误天工。接着乾隆对历史上贪恋天位，不肯立储的君王发表了自己的看法，他说昔唐宣宗听到裴休立储之请时，说："若立太子，则朕为闲人。"又宋仁宗储位既定，表现得很是郁郁不乐。宋英宗册立太子后，潸然泣下。这些君王都是我所嗤鄙的人。其原因，乾隆认为他们惟知席丰履厚，以为君为乐，而不知为君之难。他们亦不明白为君之职。作为天下之主，既要管理好百官之事，又要常把百姓的疾苦系于心，"宵衣旰食，不遑宁居，但觉其难而不觉其乐"。

另一方面，大舜是乾隆学习的榜样，他希望能像大舜那样倦勤，他在《题养和精舍》诗中强调宁寿宫的功用是"洁治宁寿宫，聊以备倦勤"。并建倦勤斋，四十一年作《倦勤斋》诗："敬胜依前式（此斋依建福宫中敬胜斋式为之)，倦勤卜后居（将以八旬有五归政后居之)。”倦勤，出自《尚书·大禹谟》：“朕宅帝位三十有三载，耄期倦于勤。”舜因为到老还在勤于政事，但又因年老不胜政事之辛劳，于是让位归政。大舜归政的前提条件是因为天下太平，所以乾隆说如果真能像大舜那样倦勤，才真正算是功遂身退，才可以释重负而图真乐。而宋高宗、孝宗时，国家正值多事之秋，当励精图志，却图一己之佚乐，而不顾国计之重轻，未及耄期，遽行内禅，其人实不足取，为我所深薄者。

六　宁寿宫的理想

“尧舜传心是所钦”，乾隆追求的是传心，因此太上皇宫注入的将是乾隆的政治理想，其源头肯定是尧舜传下来的治国心法即“允执其中”，也就是天道、仁道。作为太上皇宫，建筑内涵突出长寿是第一位的，如果一个人囿于自身的长寿，那将是狭隘的。如果他把自身的长寿与天下万民的长寿等同起来，那就超越了自身。宁寿宫建成后，乾隆写了一篇《宁寿宫铭》[1]（图6)，来说明自己营建宁寿宫的意图，铭曰：

宁咸万国，寿先五福。宫用题额，文叶义淑。于赫皇祖，奉养慈闱。孝惠爰居，爰曰延晖。小子践祚，兹历数年。设复廿载，八旬五征。敬思仁皇，卜号康熙。六十一载，今古诚稀。同以为艰，敢期过益？况值耄耋，归政理得。适是新宫，以待天庥。企余望之，愿可如不！授终奉懿，其礼自殊。斟酌损益，匪曰侈图。殿称皇极，重檐建前。宫仍其旧，为后室焉。执神敬神，我朝旧制。异日迁居，礼弗敢废。清宁坤宁，祖宗所奉。朔吉修祀，宁寿期踵。虽谢万几，宁期九畿。始予一人，寿同黔黎。告我子孙，毋逾

1　[清] 于敏中等编纂：《钦定日下旧闻考》卷十八，《钦定四库全书·史部·地理类》，台湾商务印书馆影印，1986年。

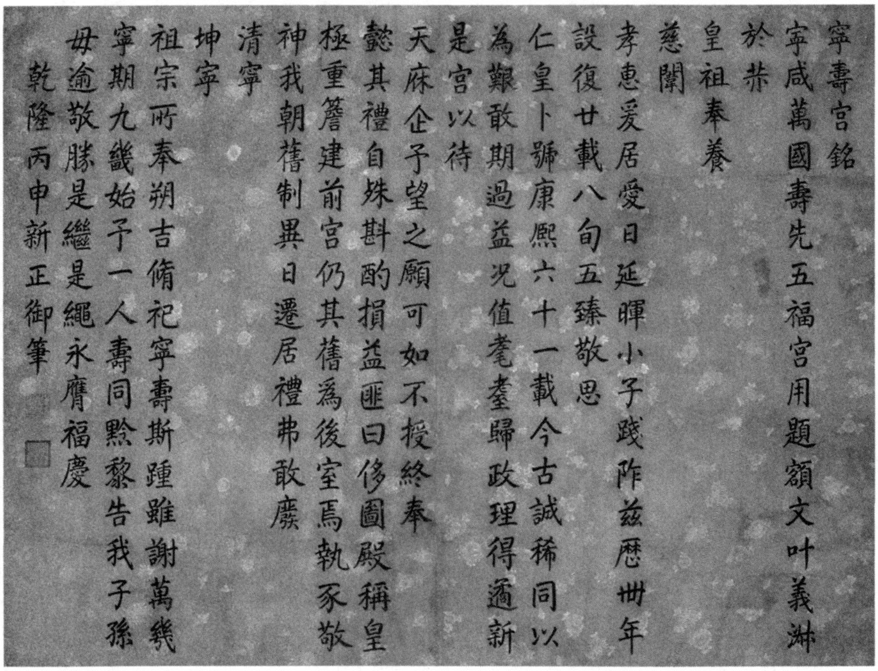

寧壽宮銘
寧咸萬國壽先五福宮用題額文叶義淵
於恭
皇祖奉養
慈闈
孝惠爰居愛日延暉小子踐阼茲歷卌年
設復廿載八旬五臻敬思
仁皇卜𢇁康熙六十一載今古誠稀同以
為艱敢期過益況值耄耋歸政理得適新
是宮以待
天庥企予望之願可如不授終奉
懿其禮自殊斟酌損益匪曰侈圖殿稱皇
極重簷建前宮仍其舊為後室焉執豕敬
神我朝舊制異日遷居禮弗敢靡
清寧
坤寧
祖宗所奉朔吉脩祀寧壽斯踵雖謝萬幾
寧期九幾始予一人壽同黔黎告我子孫
毋逾敬勝是繼是繩永膺福慶
乾隆丙申新正御筆

图 6 乾隆御笔宁寿宫铭贴落

敬胜。是继是承，永应福庆。

这篇铭文不难看出，乾隆强调的是一个“寿”字，原来万民长寿是古圣明帝王治理天下所实现的目标。“宁咸万国，寿先五福”，点明宁寿宫之义。宁咸万国，出自《周易·乾》“首出庶物，万国咸宁”，宁，安宁，指天下太平。五福，出自《尚书·洪范》“五福：一曰寿，二曰富，三曰康宁，四曰攸好德，五曰考终命”，是说帝王治理天下应遵循一定的法则，应将五福惠及于百姓，在五福中，寿排在第一位，所以赐给百姓应先赐寿。万民都长寿了，天下也就太平了。乾隆在更早时候写的《乾清宫铭》亦是这种观点：“五福敷锡，万国咸宁。”乾隆称自己二十年后为八十五岁，正好位满六十年，圣祖在位六十一年，不敢超过，理所应当归政。所以修建新宫，以待上天的庇护。前建皇极殿，将原宁寿宫改为后殿，依照清宁坤宁制度，奉祀本教。虽然息肩谢政，但仍希望天下永远太平。铭文最后以“寿同黔黎”，说明自己的理想是与百姓同长寿。要子孙牢记敬胜之义，才能永远获得福庆。

为了进一步说明他建宁寿宫的用意，又特写下一幅宁寿宫门联：“周雅庆攸宁，长宜茀禄；箕畴征曰寿，递演京垓。”周雅是指《诗经》的《周颂》篇与《大雅》、《小雅》。攸宁，出自《诗经·斯干》“君子攸宁”，指长久安定。茀禄，指福禄，出自《诗经》：“尔受命长矣，茀禄尔康矣。”箕畴，即《尚书》中提到的九畴，是治理天下的九类大法。古代相传为箕子所述，故曰“箕畴”。递演，即延及，出自《元史·崔彧传》：“官括商船，递演诸物。”京垓，数目名，千万为京，万万为垓。周雅是祝愿长久安定的，每一个人都会福禄长久；箕畴是象征长寿的，每个人都会长寿无穷。站得高一点来说就是用圣王之礼敷教天下，天下就会太平，福分才会得到延长；用箕子的大法治理天下，预示国运无穷，江山万年[1]。

太上皇宫的正殿曰皇极殿（图 7），出自《尚书·洪范》：“皇建其有极。敛时五福，用敷锡厥庶民。”既然曰皇极，就要“敛时五福，用敷锡厥庶民”，即把五福赐予百姓。殿内乾隆题匾曰“建极康宁”，联曰：“惟以永年，敷锡厥庶民，向用五福；慎乃有位，佑启我后人，抚绥万方。”“敷锡厥庶民，向用五福”出自《尚书·洪范》，“惟以永年”出自《尚书·毕命》，“慎乃有位”出自《尚书·大禹谟》，“佑启我后人”出自《尚书·君牙》，“抚绥万方”出自《尚书·太甲上》，对联的意思是唯一保持长久的方法是把五福惠及百姓，让百姓长寿。慎重地对待你的大位，可以启示佑助我们的后人，安定天下。

宁寿宫和皇极殿是太上皇宫最重要的两座宫殿（图 8），乾隆以殿名的方式用寿把古圣明帝王的治国之道联系在一起，宋儒周敦颐说：“圣人之道，仁义中正而已矣。”就是恪守天道，推行仁政，施善与民，让万民都长寿。这样就使自身的长寿与国运、百姓的长寿联系在了一起。

1　李文君：《紫禁城六百楹联匾额通解》，第 368 页，紫禁城出版社，2006 年。

图 7　皇极殿

图 8　宁寿宫

我们再来看看后路，后路分成中、左、右三路，中路上布置着最主要的建筑，它们是养性殿、乐寿堂、颐和轩、景祺阁，与前路宁寿宫、皇极殿同处一根中轴上。养性殿之义出自孟子“存其心，养其性，所以事天也”，养性首先要寡欲，即除掉自身的各种贪欲，恢复人的本性即善性，而人的本性是天给的，天的本性为善，这就要求人特别是最高统治者要效法天道即以天为准则，推行仁政，由此而达到知天的境界。乐寿堂之义（图9），乾隆在《乐寿堂有咏》诗中注称“斯堂擅山水之胜，因以智乐仁寿为名”，即《论语》所言：“知者乐水，仁者乐山；知者动，仁者静；知者乐，仁者寿。”为什么会长寿？因为你是一个仁者。仁者的本性与天的本性是一样的即为善，故能与天一样长寿。颐和轩表达的也是寿之意（图10），乾隆诗曰：“充之皆满化为国（颐和轩内额曰‘太和充满’），是谓大同情乃田（御书乐寿堂联有‘乐同乐而寿同寿’之句）。”景祺阁，出自《诗经·行苇》“寿考维祺”，长寿意，乾隆诗曰：“考惟祺矣臻九寓，介尔景兮浙八埏（景祺阁）。”西路

图9 乐寿堂

图 10　颐和轩

宁寿宫花园的大门命名为衍祺门，亦出自《诗经·行苇》“寿考维祺”，长寿意，说明衍祺门点明了整个花园的主题是长寿[1]。

东路景福宫原为圣祖康熙帝所赐殿名，乾隆修建太上皇宫时特意保留了此名，也许他的内心深处能感召到天意的存在。景福出自《诗经》“寿考维祺，以介景福”和“君子万年，介尔景福”句，是说长寿万年，是天赐给的大福。重新改建后的景福宫坐北朝南（图 11），面阔、进深各 5 间，三卷勾连搭式屋顶，前檐出抱厦三间，四周环以围廊，围合成半开敞的小庭院，院内植松柏。西侧游廊当中设垂花门，即景福门。并特于殿内陈设乾隆御题“五福颂”屏风一座，其中原因，乾隆说是没有以“五福堂”额名此殿，是因为他在期盼玄孙的降临。有了五福，还不算极致，因为五福属于自己，自己有了五福又能怎样呢？如果加上五代，子孙无穷，那才是上天赐给的最大福气。终于这一天到来

1　王子林：《宁寿宫花园的四幅通景画与乾隆的“延长寿命”理想》，《故宫学刊》，2009 年第 5 辑，紫禁城出版社。

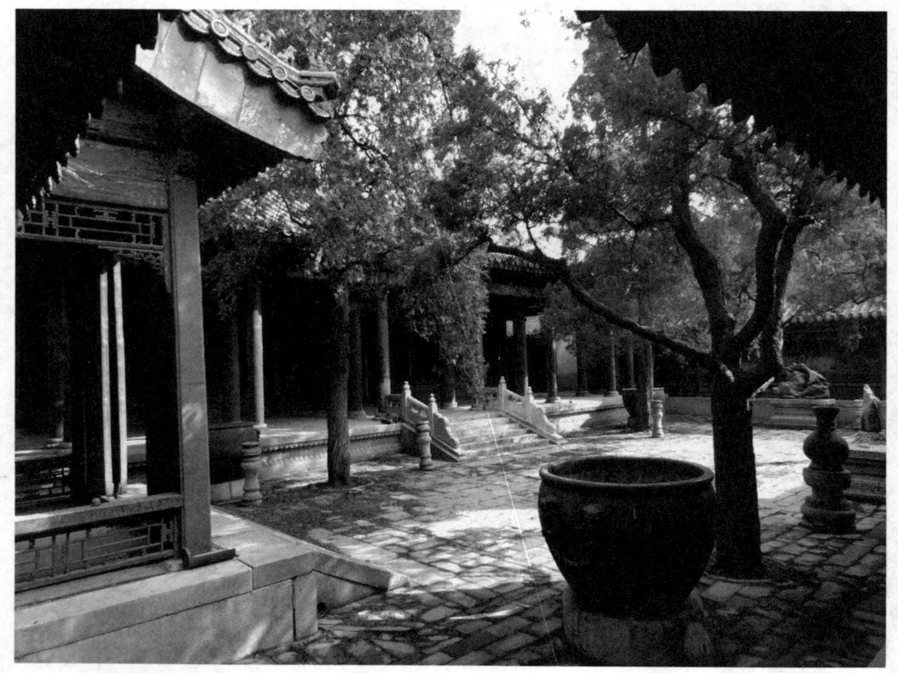

图 11　景福宫

了，乾隆四十九年的春天，景福宫传来喜讯，玄孙降生，五代同堂，乾隆兴奋无比，马上题额曰“五福五代堂”，挂于殿中。并于重华宫举办千叟宴，天下同庆，宴毕，乾隆踌躇满志，作诗曰：“内安外靖升平世，五代一堂康健身。”但承受如此的天赐大福，乾隆内心生起恐惧，“沐天恩实今古鲜，切已惧匶否泰循”，为了报答天赐之福，他一方面“忍弗孜孜敕几命”，勤于工作，把国家治理好，另一方面，把五福赐给百姓。

乾隆说“乐同乐而寿同寿”，他要与谁同乐同寿？显然是要与普天之下同乐同寿。他所追求的长寿超越了自身，所以，“宁咸万国，寿先五福”和“寿同黔黎”是乾隆建造太上皇宫的理想。

第九章　寿考惟祺

——乾隆帝的宁寿宫花园

一　宁寿宫花园概况

宁寿宫花园位于太上皇宫宁寿宫后西路，属于太上皇宫的一部分。但它并不是在原宁寿宫院里的花园基础上改建的，而是一座全新的花园（图 1）。

宁寿宫花园又称乾隆花园，南北长 160 余米，东西宽近 40 米，占地面积 10 余亩，是南北向的狭长地域。花园由南向北划分为四个院落，形成风格各异的四个景区。

第一进院落从大门衍祺门到古华轩，以古华轩为中心，坐北朝南，为一座敞轩，因轩前有一棵古楸树而得名。轩东西两侧是堆砌的假山，至衍祺门内合围成一石洞门，形成曲径通幽。轩前西侧为禊赏亭，为一座平面呈凸字形三面出抱厦的形式，亭内地面开凿流杯渠，取王羲之《兰亭集序》“曲水流觞”故事。亭北堆石为山，山上建旭辉庭。轩东侧假山上建承露台。院落东南角以曲折的围廊围出一小院，游廊转角处建矩亭，取《论语》“七十而从心所欲，不逾矩”之意。矩亭东侧为抑斋，其名沿用重华宫抑斋名，以示不忘旧也，取《诗经》“其未醉止，威仪抑抑”之意。抑斋对面为假山，山上建撷芳亭。

古华轩后是第二进院落的大门，是一个封闭的院落。遂初堂坐北

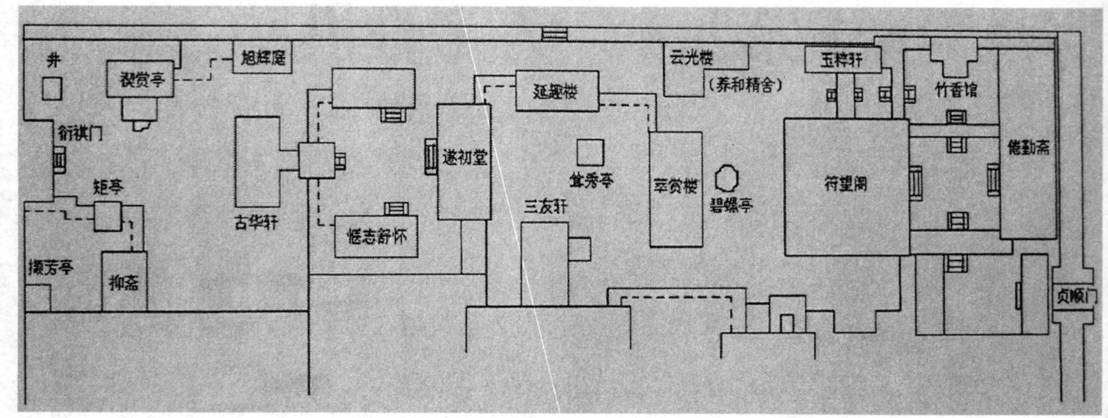

图 1　宁寿宫花园平面图（采自《紫禁城建筑研究与保护》）

朝南（图 2），堂名取自晋代隐士孙绰《遂初赋》，取“去官归隐，得遂心愿”之意。遂初堂有东西配殿，东配殿又称“惬志舒怀”殿。

推开遂初堂后门便是第三进落，放眼望去，院里满堆山石，山顶建耸秀亭，山顶东侧为平台，置石桌石凳，可小憩。山顶西侧原有天桥可直通延趣楼二楼，嘉庆二十三年拆除。山下洞谷相通，蜿蜒曲折。山的北面和西面倚山而建萃赏楼和延趣楼。山的东面地势较低，退缩一角，形成山坳，山坳内建三友轩，轩名取自《论语》：“益者三友，损者三友。友直、友谅、友多闻，益也。”后世把松、竹、梅比喻为三友。

第四进院从建筑布局到形制及假山分布形状均仿建福宫花园，位于院落正中的符望阁为二层重檐方殿，仿建福宫花园的延春阁，阁西南的平面呈曲尺形的养和精舍仿建福宫花园的玉壶冰，阁西的玉粹轩仿建福宫花园的凝晖堂，玉粹轩北的竹香馆仿建福宫花园的碧琳馆，阁北的倦勤斋仿建福宫花园的敬胜斋。符望阁前置假山，山石呈弯月，故阁前不像萃赏楼前那样山势逼人，留有一定的空间。拾级而上，可达山顶上的碧螺亭，登高远眺，花园美景尽收眼底。山顶北建天桥与萃赏楼相通，桥北置乾隆御制“周处斩龙”玉瓮。

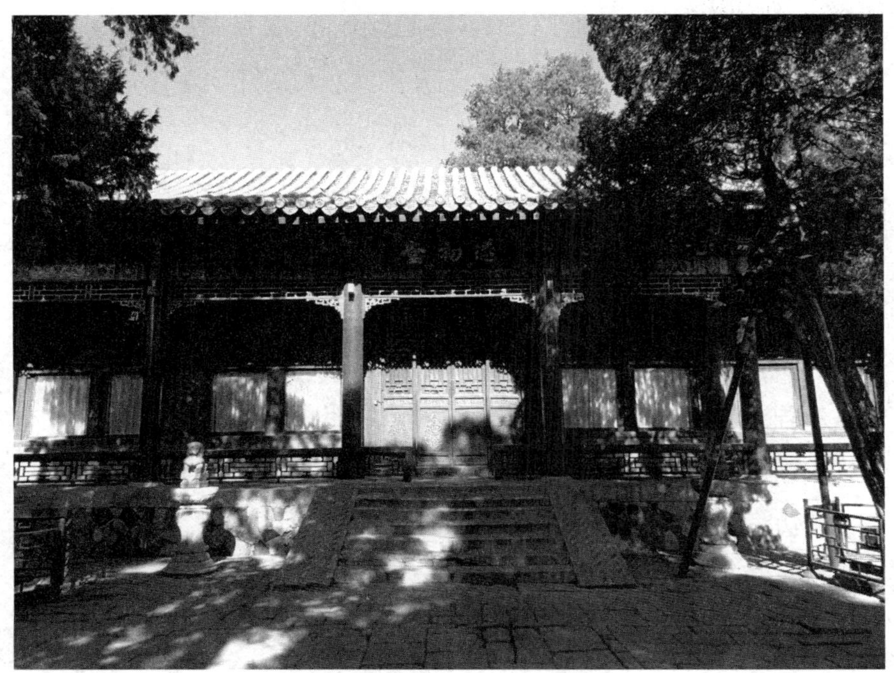

图 2　遂初堂

二　宁寿宫花园的营建

（一）建筑与室外设施

乾隆三十五年太上皇宫工程正式启动，三十六年正月二十九日，福隆安、三和、英廉、刘浩、四格的一份奏折显示这一年内原宁寿宫的旧建筑将被拆除，并要在院内叠石假山和重砌北大墙："所有今岁拆修后面殿座并院内堆做假山石以及拆砌北面大墙等工程，现在抵对旧料，详细估计，一时难得确数，业经奏请，先向广储司支领银两五万两在案。"[1]

花园内的叠石工程于乾隆三十七年六月开始堆砌，六月初八日，三和、英廉等奏称：宁寿宫拆运三百七十七块，其所拆分位补堆，青山

1　《内务府奏销档》，胶片 95，乾隆三十六年正月二十九日，中国第一历史档案馆藏。

石并地基刨糟，下柏木地丁，旧城砖掐当山洞，石壁背后巩打灰黄土，起创土山等项所用黄太湖石、青山石及丁铁油灰杂料并山子匠扛夫价运价预难确估，但乾隆下旨要遵照烫样堆做。

乾隆三十七年，原宁寿宫后路清理工程已全面告竣，十一月初六日，隆福安将宁寿宫花园烫样呈览，批准兴建。西路宁寿宫花园就是从这一年开始动工兴建，具体建筑样式，档案记载："衍祺门三间，抑斋二间，矩亭一座，撷芳亭一座，重檐，三友轩、禊赏亭一座，古华轩三间，旭辉庭三间，前殿遂初堂五间，两边延趣楼三间，耸秀亭一座，萃赏楼五间，转角楼仿玉壶冰六间，重檐符望阁二十五间，后殿倦勤斋九间，西边玉粹轩三间，竹香馆三间。"[1]

乾隆三十八年底，花园建筑告峻，但花园的设施如地面铺设、地沟改造、石座、水缸等的安设并未完成，部分建筑还需要进行改建、增建，内檐装修也未进行，实际上花园只是按计划盖好了一个个的空架子的房子而已。

乾隆三十八年四月二十一日宁寿宫各院安设水缸，七月二十九日各殿座前陈设周围添安铜栏杆，十二月初四日各殿宇院内安设铜缸二十八件。

乾隆三十九年十一月初七日，太监胡世杰传旨，新建宁寿宫各殿内，所有应安玻璃窗户，并镶墙玻璃镜等，俱着画样呈览查库贮现有的玻璃对尺寸安用，如有不足者开写尺寸清单，奏明粤海关要。

乾隆四十年五月二十四日，福隆安、英廉等奏称宁寿宫后三路要续添很多工程，如改做配楼、增盖值房、库房、添砌院墙以及各殿宇内檐装修等。本年进行了符望阁南院内改墁水纹石地面并转角楼拆改装修。

乾隆对花园中的一些建筑不甚满意，又进行了改建和添建，乾隆

---

1 《呈为约估修建宁寿宫殿宇抱厦亭座工料银两数目单》，《内务府奏案 05-0302-039》，乾隆三十七年十一月初六日，中国第一历史档案馆藏。

四十二年七月初二日，据福隆安、英廉等奏称拆改抑斋一座计二间，添后廊进深四尺，挪盖矩亭一座，游廊五间，改盖游廊二间，添盖游廊一间，成堆山洞，添建仙台一座，罩门券三座，扒头券一座，如意券龛一座，安砌青白石角柱平水券脸过梁压面，汉白玉石栏板柱子，花斑石台面，细砖发券成砌台帮等项。禊赏亭南边加堆太湖山石。同年各院内添安陈设石座二十份[1]。

（二）内檐装修与室内陈设

乾隆三十八年六七月时，室内装修设计烫样正紧锣密鼓进行，乾隆下令花园各殿的内檐装修及部分殿座即符望阁、萃赏楼、延趣楼、倦勤斋的烫样，交与两淮盐政李质颖制作。乾隆三十九年四月初四日，李质颖向乾隆报告了工程已顺利完工。十一月二十二日，由李质颖负责制作的室内装修俱已安装齐全，但因北京冬天寒冷干燥，有三小块瓷片迸裂，已寄信盐政再按原件办造数块已备应用。

乾隆三十九年正月二十三日，催长福明持来押贴内开本月二十一日太监胡世杰传旨，着造办处铸钟处将延春阁现设大墙表样式成做大墙表一份，得时在宁寿宫符望阁陈设[2]。

乾隆三十九年十二月十六日，员外郎四德、库掌五德、笔贴式福庆来说，太监胡世杰传旨，着福隆安、英廉将宁寿宫殿宇内有欧化、迎手、靠背、坐褥之处，查明数目，量准尺寸，并写清单分发三处织造、盐政、钞关等处成做，算伊供内呈进。

乾隆四十年五月二十四日，宁寿宫花园内檐装修项目有：古华轩内里添安楠木天花，碧螺梅花亭内里添安柏木嵌紫檀木天花。禊赏亭续添楠木条桌三张。遂初堂改添板墙四槽，紫檀木镶门口二座。遂初堂东

---

1 《内务府奏销档》，胶片 108，乾隆四十二年七月初二日，中国第一历史档案馆藏。

2 《造办处各作成做活计清档》，胶片 128，乾隆三十九年正月二十三日，中国第一历史档案馆藏。

配殿续添楠柏木落地罩二槽，嵌扇一槽，线法壁子五槽。萃赏楼续添板墙一槽，楠木镶真假门口九座，紫檀木琴桌二张。转角楼续添花梨木阴纹罩二座，落地罩一槽。延趣楼续添楠木镶门口三座，后檐方窗二座。玉粹轩续添楠木佛座一道，方窗一座。符望阁续添紫檀木镶门口二十一座，门头花四块，券门楠木门头花八块，花梨木柜几一张。竹香馆续添柏木板墙一槽，门桶罩二座，门桶一座。倦勤斋续添楠木镶门口十三座，圆光窗一座，柏木镶门桶一座。

乾隆四十一年二月初六日，太监胡世杰传旨，倦勤斋门神照数苏州成做。

乾隆四十一年十二月二十日，福隆安、英廉等奏称：宁寿宫新建养性殿、乐寿堂、颐和轩、景福宫、遂初堂、倦勤斋等座，应行安设帐幔、大褥、迎手、靠背、坐褥等项活计。

乾隆四十二年，又进行了殿内装修及配置陈设等项目，七月初二日，据福隆安、英廉等奏称：遂初堂紫檀木三镶门口一座，东配殿插屏一座，西配殿松木柜十四座，木箱一个，龛柜一座。萃赏楼楠木佛座七份。转角楼花梨木包镶佛座一份。倦勤斋楠木门口二座，各座柏木刻字镶绦二副，字画镶绦二十二副，并院内梅花罩五座，铜海杉木盖五十二个。

（三）装饰通景画

通景画在宁寿宫花园中得到了大量集中的装饰，是其他宫殿花园所无法比拟的，一方面反应了乾隆对此绘画形式的酷爱及当时流行的装饰特点，另一方面通景画能够很好地表现特定的内容与意义。通景画是对雍正、乾隆时期的一种独特的帖落画的专称。据档案记载，通景画又称线法画，它源于西洋油画的透视技法。通景画具有四大特点：一是它必须是帖落画。二是利用西洋焦点透视法与中国传统绘画技法相结合所创造的一种适应中国人欣赏趣味的绘画形式，主要用于室内装饰。三是尺寸较大，一般与墙壁、天顶等同。四是与室内装修或景物巧妙衔接，使室内空间仿佛得到延伸，使观者产生对空间的视觉幻像，故曰通景画，而不是断景画。雍正七年，年希尧在郎世宁的协助下完成的《视学精蕴》一书对此作了精辟的论述："试按此法或绘成一室，位置各物，俨若所有，使观之者如历阶级，如入户门，如升奥堂而不知其为画。"

通景画创作的高峰在乾隆时期，据档案记载，乾隆元年十一月十五日传旨养心殿西暖阁仙楼北楼梯上北墙画通景油画；乾隆七年六月初二传旨建福宫敬胜斋西四间内照半亩园糊绢，著郎世宁画藤萝；乾隆三年七月十八日传旨同乐园圆光门通景画着冷枚起稿；乾隆二十三年正月十一日传旨延春阁西门殿内宝座两边北门内西墙着王幼学画线法画两张。

宁寿宫花园装饰的通景画有：

倦勤斋西三间通景画，由王幼学主持绘制，档案记载："(乾隆三十九年二月）二十日，接得郎中德魁押帖一件，内开本月十一日太监胡世杰传旨：宁寿宫倦勤斋西三间内，四面墙、柱子、棚顶、坎墙俱着王幼学等照德日新殿内画法一样画。钦此。"[1]这幅巨大的藤萝架通景画至四十四年才完工："(乾隆四十四年十一月初二日）接得郎中保成押贴，内开十月十四日奏准倦勤斋通景画已得九成，未完者一成，本月可以完工，但贴落画片计需二十余日方能完毕。今拟请将已画得通景棚顶画片，今伊兰泰、赵士恒带学手佰唐阿等敬谨持往倦勤斋，先期如式贴落。其现画未完风窗、药栏、门座已画得均有五六成，未完者四五成，着王儒学、黄明询、陈玺带学手佰唐阿等如期赴画，庶可无误接续贴落。其贴落画片需用脚手架子，向由工程处搭做。奏明。照例交工程处预备妥协，即前往贴落等因。"

倦勤斋仙楼通景画："(乾隆四十二年六月十六日）接得郎中图明阿押贴一件，内开六月十三日太监常宁传旨：宁寿宫倦勤斋仙楼上北墙

1　《造办处各作成做活计清档》，乾隆三十九年二月二十日，中国第一历史档案馆藏。

线法画一张，着如意馆用绢画。钦此。”

倦勤斋东北间通景画：“(乾隆四十年三月十九日）接得员外郎六格押贴，内开二月十九日首领董五经交宣纸二十张。传旨：将宣纸交如意馆，著方琮、魏鹤龄、谢遂等画。钦此。……倦勤斋东北间北墙通景大画一张。”

倦勤斋东进间通景画：“(乾隆四十年十一月十八日）接得员外郎图明阿押贴一件，内开十一月初三日太监胡世杰传旨：宁寿宫倦勤斋东进间北墙着王幼学等画线法画。钦此。”

遂初堂东配殿通景画：“(乾隆三十九年二月二十三日）接得郎中德魁等押贴一件，内开本月十三日太监胡世杰传旨：宁寿宫遂初堂东配殿五间内着艾启蒙照玉玲珑馆林光澹碧殿内西洋景改正线法，着王幼学等画。钦此。”

遂初堂正殿西墙通景画：“(乾隆三十九年十月二十二日）接得员外郎图明阿押贴一件，内开十月初十日太监胡世杰传旨：宁寿宫遂初堂正殿西墙着王幼学画线法通景绢画一幅。钦此。”

遂初堂明间通景画：“(乾隆四十一年十八日）传旨：遂初堂明间后隔扇南墙用通景画一幅，着方琮、姚文瀚照奉三无私一样画。钦此。”

玉粹轩明间通景画：玉粹轩位于宁寿宫花园西北角，室内明间西墙通景画的作者，档案有不同的记载，一则记载为王幼学所画：“(乾隆四十年三月初十日）接得员外郎六格押贴一件，内开二月二十二日太监胡世杰传旨：宁寿宫玉粹轩明间罩内西墙着王幼学等画线法画一张。钦此。”[1]另一则档案记载为姚文瀚所画：“(乾隆四十年闰十月十二日）接得员外郎六格押帖，内开十月二十一日首领董五经交宣纸一张，传旨：宁寿宫玉粹轩殿内明间罩内西墙通景画一张，着姚文翰画。钦此。”

养和精舍明间通景画：“(乾隆四十一年二月二十八日）接得员外

1 《造办处各作成做活计清档》，乾隆四十年三月初十日，中国第一历史档案馆藏。

郎六格押帖一件，内开二月十六日首领吕进忠来说，太监胡世杰传旨：宁寿宫转角楼明间西墙，着王幼学等画线法画一幅，得时交造办处贴落。钦此。”[1]

三　追求长寿意境

乾隆三十五年下令修建宁寿宫花园，这时乾隆已 60 岁，按习惯传统该称为耆老了，表明乾隆已步入老年。老人追求长寿是天生本性，作为归政休闲的宁寿宫花园是否是以长寿为主题呢？

宁寿宫花园大门名“衍祺门”（图 3），“衍”通延，即延长意，“祺”，即祥，出自《诗经·行苇》“寿考维祺”。故衍祺为延长寿命之意。明嘉靖时改西六宫之长寿宫名为延祺宫，是因为长寿与延祺意相同之故。花园大门的名称，是对整个花园主题的概括，所以延长寿命是宁寿宫花园的主题。

乾隆是如何来表现他的这一主题的呢？

（一）用禊赏亭来点明花园之意在祈寿

衍祺门内迎面是一座假山，穿过假山，第一座建筑便是禊赏亭（图 4），座西朝东，周围山屏叠翠，古木交柯，亭三面开敞，西连爽厅，内辅石雕凿成水渠，象征会稽山阴的清流急湍，水载酒杯在石渠中流动，象征文人饮酒酬唱。乾隆虽仿王羲之兰亭，但却在命名上下了一番工夫。这种形式的建筑，乾隆一般命名为流杯亭，而此座建筑却命名为禊赏亭，显然乾隆想告诉我们，禊赏亭重点在古义“禊”字上。据王其亨先生的考证是因为禊赏亭着眼于全园的整体立意，用典于“禊赏”的精妙而造成的。禊赏，缘于“祓”或“祓禊”，也称“禊事”，原是古代禳灾祈福的一种巫祭活动。《广韵·霁韵》：“禊，祓除不祥也。”

1　《旨意底档·如意馆》，乾隆四十一年二月二十八日，第一历史档案馆藏。

图 3　衍祺门

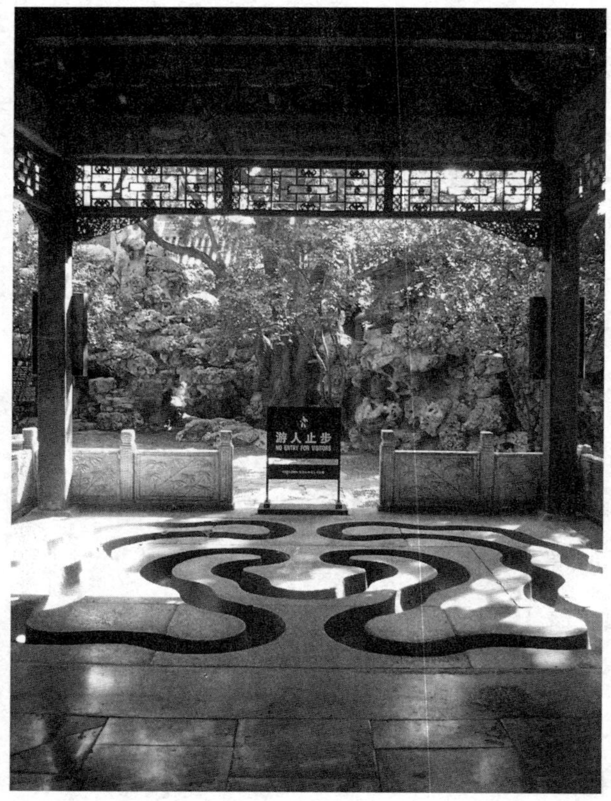

图 4　禊赏亭

《玉篇·示部》："祓，除灾求福也。""禊"为洁身除邪去疾，祈求安康宁寿。"祓"的衍义涵有洗涤清白之意，《广韵·物韵》："祓，亦洁也。"晋人阮瞻《上巳会赋》云："祈吉祥于斯涂，酌羽觞而交酬，献暇寿于无疆。"刘宋颜延之《三日曲水诗序》说："上膺万寿，下禔百福。"[1]乾隆通过用典，使"禊"的古义所隐喻的祈寿之意表达了出来，把"寿"与"禊"联系在一起，乾隆四十一年，宁寿宫花园完工时，御制《题养和精舍》诗一首，有"洁治宁寿宫"句，特地运用了一个"洁"字，也正是"禊"的本义。因此，更一层，则由"禊赏"致于"宁寿"即"延长寿命"[2]。

（二）用四幅通景画来说明亿万人增亿万寿

除了用建筑来表现长寿之义外，室内陈设也注重体现长寿之义。非常幸运的是宁寿宫花园里保存下来了乾隆时期的四幅通景画，我在《在乾隆的星空下—乾隆皇帝的精神境界》一书中已作了详细的论述，在这里还得引用，当写到乾隆追求长寿境界时，无法避开这四幅通景画，故引述如下。

1. 倦勤斋通景画

倦勤斋坐北朝南（图 5），面阔九间，东为五间，西为四间。西四间装修为一个室内戏院，其格局是宝座占了一间，戏台占了三间，戏台所占的三间没有隔开，是连在一起的，称为西三间，也就是档案所记通景画所在的空间。西三间的通景画据乾隆三十九年二月二十日的档案记载由王幼学主持绘制，参与绘画工作的还有其弟王儒学和黄明询、陈玺等画师，至四十四年完工，历时五年。

倦勤斋通景画粘贴于西三间的西壁、北壁和天顶上，绢质，与壁、

1　王其亨：《宁寿宫花园点睛之笔：禊赏亭索隐》，《中国紫禁城学会论文集》，第 196 页，紫禁城出版社，1997 年。

2　王其亨：《宁寿宫花园点睛之笔：禊赏亭索隐》，《中国紫禁城学会论文集》，第 196 页，紫禁城出版社，1997 年。

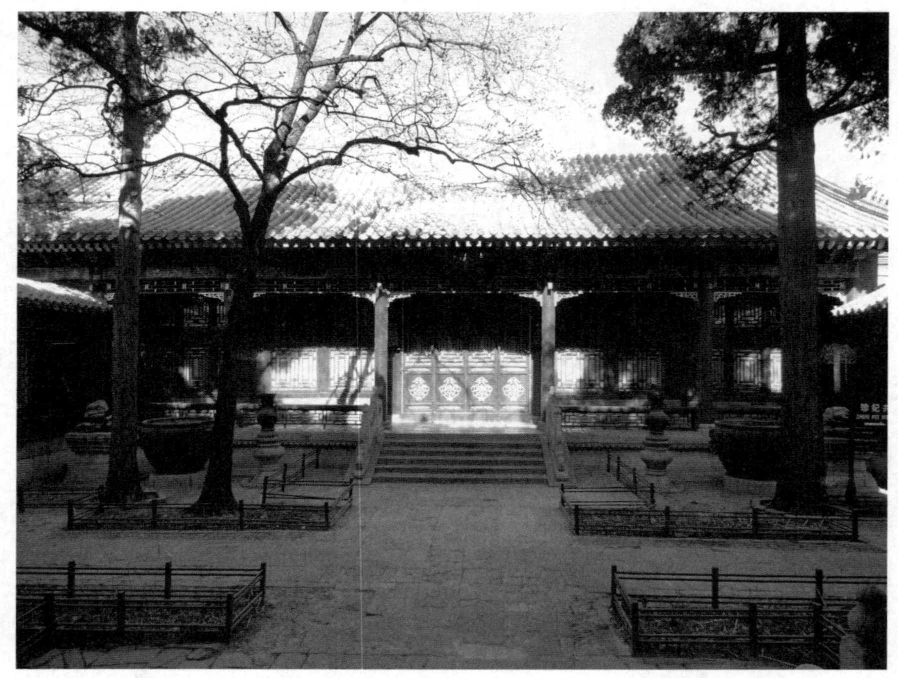

图 5　倦勤斋

顶等同。绘画内容以天顶的藤萝架为主，架上爬满藤萝，枝繁叶茂，并垂下累累果实。西壁绘制的一座高大的山峰，仿佛把室外的假山给引了进来。北壁绘制了一座金碧辉煌的宫殿，殿前绘制的竹篱笆墙与真实的竹篱笆墙相连，竹篱笆墙上的月亮门与对面真实的竹篱笆月亮门相对，一真一幻，在幻景的月亮门里盛开着牡丹花和一只展翅起舞的白鹤，一只喜鹊正朝月亮门飞来，另一只喜鹊停在篱笆墙上。

通景画所呈现的是一幅夏天的景致，藤萝延绵不绝，快意凉爽。极具写实的通景画把画中景色与室内装修巧妙结合，室内西壁和北壁的真实药栏与通景画中的药栏相连，画中天顶竹篱笆被藤萝覆盖缠绕，延绵不绝，仿佛屋顶变成了凉棚。

倦勤斋通景画的象征意义：

倦勤斋西三间藤萝架通景画主题由两部分组成，并以乾隆的御制诗句点明。第一部分是藤萝架（图 6)，藤萝缠满竹架，枝叶繁茂，象征延绵不绝，藤萝果实累累，其果实（即子）无法数清，象征子孙万

图 6　倦勤斋通景画局部——天顶藤萝架

代。在中国传统吉祥图案中，藤萝与葡萄、葫芦的象征意义是一样的。第二部分是一对喜鹊飞临竹篱笆月亮门（图 7），门内有仙鹤和牡丹花，象征双喜临门，牡丹象征富贵，仙鹤象征长寿，故曰二喜。西三间的中心是一个戏台（图 8），戏台的柱上悬挂着一副乾隆的御制诗对联挂匾："筹添南极应无算，喜在嘉生兆有年。""筹添南极应无算"出自乾隆九年的御制诗《恭祝皇太后圣寿诗》[1]："锦绣云霞淑景闿，阳回恰值舞莱新。筹添南极应无算，瑞满西池别有春。宝扇双开龄比鹤，华筵初启脯为麟。愿将甲子周千亿，纪取慈宁献寿辰。"原本是为太后祝寿的诗，乾隆也用在了这里。筹，古时以刻有数字的竹筹计算，称为竹筹。南极，星名，多用于比喻长寿。无算，无法计算。此句是说寿命无法计

1　《御制诗初集》卷二三，《钦定四库全书·集部·别集类》，台湾商务印书馆影印，1986 年。

图 7　倦勤斋通景画局部——双喜临门

图 8　倦勤斋西三间小戏台柱上悬挂的御制匾对

算。“喜在嘉生兆有年”出自乾隆三十年的御制诗《汉玉谷璧》[1]：“粟粒平擎若自然，葆光韫采谢雕镌。楚州底论第三宝，喜在嘉生兆有年。”嘉生，生长茂盛的谷物，在古代被称为祥瑞，有年，即丰年。此句说谷物生长茂盛，预示着丰年。乾隆在众多的诗中选择了这两句，并把它放在倦勤斋通景画中，显然意有所指。

上句“筹添南极应无算”是说自己的长寿无法计算，与天顶藤萝果实相对应，藤萝果实的子多得无法计算，象征子孙万代。反过来说，子孙无穷多，那么自己的寿命亦无穷长，因为自身的寿命是靠儿孙得以延续的。但乾隆并不是想着自身的长寿，他认为自己的长寿是与万民的长寿相同的，故《八旬万寿盛典》[2]称：“筹添南极应无算，亿万人增亿万年。”普天之下都长寿，这样就升华了长寿的境界。我们似乎从这里可以看见西方极乐世界的影子，因为在极乐世界里，人人都长寿无比。太上皇宫宁寿宫建好后，乾隆站在一个很高的角度，阐释宁寿宫之意是“宁咸万国，寿先五福”。

乾隆建归政之宫，显然表示他很长寿，能够把皇位禅让给儿子。但依照《尚书》之说，帝王要把寿先赐给老百姓，所以他在《宁寿宫铭》中说“寿同黔黎”，说自己的长寿是与老百姓相同的，说明乾隆已经把寿赐给老百姓了，这就摆脱了追求自身长寿的局限性，故才能把归政之宫堂而煌之名曰宁寿宫。

“天下太平”是用下句“喜在嘉生兆有年”来表现的。是说谷物生长茂盛，老百姓有饭吃，天下也就太平了。乾隆《焉有不仁者乎》[3]一文说：“民为邦本，食乃民天。菽栗如水火，斯民敦礼让之习，户有盈宁之象，仁风于是乎兴矣。”民为邦本，食乃民天，“仓廪实而知礼

---

1 《御制诗三集》卷四三，《钦定四库全书·集部·别集类》，台湾商务印书馆影印，1986年。

2 《八旬万寿盛典》卷一三〇，《钦定四库全书·史部·政书类》，台湾商务印书馆影印，1986年。

3 《御制诗初集》卷一，《钦定四库全书·集部·别集类》，台湾商务印书馆发行，1986年。

节”，如果户户有盈宁之象，天下仁风于是乎兴矣，也就是说天下太平了！

由这两句组合成的对联，是对藤萝架通景画的最好诠释，“万民长寿，天下太平”是这幅通景画的主题。同时，笔者认为这幅对联挂匾，反过来亦可当作警句，如果天下不太平，那么老百姓就不长寿，乾隆还有心情坐在这儿看戏，听高雅的岔曲吗？所以他用了一个“喜”字，能坐在这里看戏，是因为天下太平，万民长寿了。

乾隆把对生命本体的追求即追求长寿与政治理念相结合，给我们描绘了一个“天下太平，万民长寿”的美景蓝图，可能这也许是乾隆心中尧舜禹时代的景象。

2. 玉粹轩通景画

玉粹轩位于宁寿宫花园西北角，室内明间西墙通景画的作者，档案有不同的记载，乾隆四十年三月初十日的一则档案记载为王幼学所画，乾隆四十年闰十月十二日的另一则档案记载为姚文瀚所画。根据现存原状可知通景画中的众多隔扇心画的落款有袁瑛、杨大章、方琮、谢遂、贾全、黄念六位画师，隔扇心画为中国传统山水、花鸟画。正中的“三老图”由姚文瀚绘制，图两侧的乾隆御制句对联“亿万人僧亿万寿，泰平岁值泰平春”，由大学士董诰敬书。因此，玉粹轩通景画是一幅集体创作的作品。

玉粹轩通景画粘贴于明间西壁（图 9），绢质，与壁等同，画中所绘楠木垂罩、隔扇、壁纸与室内真实装修相衔接，仿若厅堂。厅堂右边的隔扇是开放的，穿过隔扇是月洞门，门外是花园，花园里有一株梅树，树枝上梅花盛开，一位皇子站在枝杈上把采撷的梅花往下递，另一位皇子站在山石上伸着双手去接。而画的另一边即隔扇墙处的两位皇子忙着把梅花插进花瓶里。厅堂广敞明亮，墙壁上挂着“三老图”，两边是由董诰书写的乾隆御制诗句“亿万人僧亿万寿，泰平岁值泰平春”(图 10)。靠墙摆放着一张紫檀长案，上面陈设着书匣、卷画、三代的青铜礼器。案前放置一张床榻，头戴貂皮帽凤冠的王妃端庄悠闲地坐

图 9　玉粹轩明间通景画贴落

图 10　玉粹轩明间通景画局部——御制对句

在上面，看着儿孙满堂，一丝喜悦泄露在她的嘴角，她是整个通景画的中心。王妃前面正中是一位皇子蹲在地上正手拈松柏枝拨弄着火盆里的碳灰以点燃（图 11)。厅角处一位年长的公主正在给王妃续茶，身后的幼小皇子正与她嘀咕着什么，不远处的公主一手拿太平鼓一手拿棰凝视他们，心想不知他们又在想什么坏主意。床榻边的皇子吹着笙，他一定是吹着一支欢快的乐曲，使站在床榻上最小的皇子被逗得手舞足蹈，连宫女手中的拨浪鼓都不值一顾了，尽力地挣脱扑向哥哥(图 12)。

图 11　玉粹轩明间通景画局部——说悄悄话

图 12　玉粹轩明间通景画局部——吹笙

从通景画中的太平鼓和“泰平岁值泰平春”对联看，描绘的是岁朝即元旦，这一天阳光明媚，无一丝寒意，儿孙们在厅堂里嬉戏玩耍，充满喜悦与幸福。

玉粹轩通景画的象征意义：

玉粹轩通景画描绘的是儿孙满堂，王妃嘴角泄露的一丝幸福的微笑，不正是乾隆发自内心的微笑吗？当乾隆归政后，进屋看到这幅儿孙满堂的通景画时，他一定有这样的幸福和喜悦。我们说儿孙满堂的背后，体现的是自己的长寿，因为个人生命的延续是靠儿孙来传递的。乾隆认为我所拥有的长寿，也就是天下万民所拥有的长寿即《宁寿宫铭》中所言之“寿同黔黎”。故玉粹轩通景画的主题由乾隆的御制诗句“亿万人僧亿万寿，泰平岁值泰平春”点明，此句出自乾隆三十七年《元旦试笔》[1]诗：“昕然旭彩耀晨光，献岁慈宁长发祥。怀任干逢支振美，苍精序入节青阳。久虞生懈敕宵旰，食以为天课雨阳。椒爵辛盘同日介，萱阶眉寿祝无疆。六律调和开凤纪，一元旋转运鸿钧。敬天勤政励初志，图易思艰恤小民。亿万人增亿万寿，泰平岁值泰平春。彩笺试笔宜何句，训着文言在体仁。”这种用御制诗句点明主题的方式与倦勤斋通景画同出一辙，其用意在于表达一个意思即“万民长寿，天下太平”。

画中的“笙”即“升”，“瓶”即“平”，寓意“升平”。案上青铜瓶中插有一柄如意，寓意“平（瓶）安如意”。

3. 养和精舍明间通景画

养和精舍东临萃赏楼，建筑平面呈曲尺形，为二层楼阁式，俗称为转角楼，其正间和东间各装饰有一幅通景画贴落，据乾隆四十一年二月二十八日的《旨意底档》记载为王幼学所绘。郎世宁去世后，乾隆建宁寿宫花园时，具有西洋透视风格的通景画创作的重任便落在了王幼学的身上了，花园中主要的通景画创作都是由他主持的。

---

1 《御制诗四集》卷一，《钦定四库全书·集部·别集类》，台湾商务印书馆影印，1986年。

养和精舍明间通景画粘贴于明间西壁（图 13），绢质，与壁等同，画中所绘屋顶、地面与室内真实屋顶、地面相连，纵深排列的廊柱和远处的山峦，构成极具透视的近景和远景，仿若前面横立着一座走廊。画中有七位皇子在廊下嬉戏，正中三位皇子蹲在地上掷骰子，一位皇子手拿团扇在旁边观战（图 14）。两位骑木马的皇子，其中一位身挂红绫手拿爆杖。柱旁的皇子手托花篮给两位头戴凤冠的王妃献花（图 15）。另外三位皇子在廊柱旁放风筝，一只红色蝙蝠式风筝挂在天边（图 16）。山坡上长满菊花，秋高气爽，正是放风筝的好时节（图 17）。

图 13　养和精舍明间通景画贴落

图 14　养和精舍明间通景画贴落局部——掷骰子

图 15　养和精舍明间通景画贴落局部——献花

图 16　养和精舍明间通景画贴落局部——放风筝

图 17　养和精舍明间通景画贴落局部——菊花盛开

养和精舍明间通景画描绘是儿孙嬉戏的场面，其主题由风筝点明。风筝被做成一只红色蝙蝠，被孩儿手中的线送到高高的天上，寓意洪福（红蝠）齐天，福与天同，则暗示寿与天一样长久。放风筝的线是无穷的，比喻延续不断，福寿得到延长。已经把花献给王妃了，下一步不就是暗示王妃要结子吗？故给王妃献花寓意“花开结子”。

4. 养和精舍东间通景画

养和精舍东间通景画粘贴于东间南壁（图 18），绢质，与壁等同，画中的隔扇与东间真实的墙壁、屋顶相连，画中的地面亦与真实的地面相连，画中的壁纸与真实的壁纸相同，仿若东间向南还开辟了一间，空间顿觉明亮广敞。画中正面墙上挂着两幅对联，对联的内容是花（图 19）。靠墙的紫檀案上陈列的瓶里亦插的是花。画面左下角绘有两位人物，一位是头戴凤冠的王妃双手各拿一朵花，从隔扇门后走出来，一位是皇子，正从外面跑进来，踮着脚尖，高举双手，要母亲

图 18　养和精舍东间南壁通景画贴落

图 19　养和精舍东间南壁通景画局部——百花盛开

图 20　养和精舍东间南壁通景画局部——花开结子

抱他（图 20）。

养和精舍东间通景画的象征意义：

养和精舍东间通景画描绘的是母子情深，有母亲的慈爱，也有孩子盼望母亲亲他的渴望。其主题就是由这对母子的行为动作点明，母亲手拿开着的花，作接抱皇子状，皇子则踮着脚尖，伸着双手，作扑抱状，母子的行为动作演绎了一段动人的场景瞬间故事：花开结（接）子。墙上画的花，瓶里插的花，母亲手中的花，描绘的都是开着的花，花开了，下一步就应该是结子。但通景画中没有画出果实，而是用母抱子来寓意“花开结子”。画中描绘了如此众多的花，那么它所反映的季节，应该是春天，因为春天百花怒放，只有春天花开的多，秋天结的果实“子”才会多，所以这幅通景画与倦勤斋通景画极具写实的藤萝果实形成鲜明的对照，一虚一实，相得益彰。

养和精舍东间通景画用“花开结子”来隐喻多子之意，多子也就延长了自身的寿命。

5. 延长寿命是四幅通景画的主题

玉粹轩和养和精舍通景画中孩儿们嬉戏的题材，大部分来自于唐人路德延《孩儿诗》[1]中所描写的游戏场景。画中孩儿形象按诗中所言描绘成“桃红两颊鲜”、“臂膊肥如瓠，肌肤软胜绵”调皮任性，天真活泼可爱。通景画中的童嬉项目如吹萧、插花、放纸鸢、骑马、掷骰子、上树摘花等，符合诗中所言“添丝放纸鸢”，“嫩竹乘为马”，“指敲迎使鼓，箸拨赛神弦”，“笛管欠声镌”，“藏钓乱出拳”，“斗草当春径”，“忽升邻舍树”。

童稚的淘气和可爱，使画面增添了无穷的乐趣，但画意的表现还不仅仅在于此，儿孙是构成通景画中生命的亮点，它由画中的物、场景、人物行为等得到传达。

四幅通景画描绘了春夏秋冬的四个场景[2]：春天百花盛开，夏天藤萝果实挂满凉棚，秋天纸鸢放飞，冬天梅花飘香。春夏秋冬是天的四德，是天把善施予万物的体现，生命在春天开始萌生，一年四季，周而复始，无穷无尽。《周易·系辞下》说“天地有大德曰生”，天地最大的道德是生，乾卦《文言》说万物的出现，显扬了天地的善性，“元”就是“仁”，仁是首要的善。朱熹对此解释说善体现于四季的运行之中，春天草木生长，有个生气，夏体现为亨通即生长繁盛，秋体现为成实即成熟，冬体现为贞固即潜伏。在夏秋冬，生意也未曾停息。正因为天性为善，万物才得以出现，天地以生物为心，天包着地，别无所作为，只是生物而已。亘古亘今，生生不穷，人物则得此生物之心以为心。心：一言以蔽之曰生而已。天地有大德曰生，人受天地之气以生，故此心必仁，仁就是生的意思[3]。

乾隆在《元者善之长也》[4]一文中说：“元者，善之长也；亨者，

1　［宋］赵与旹：《宾退录》卷六，《钦定四库全书·子部·杂家类》，台湾商务印书馆，1986 年。

2　宁寿宫花园里不只这四幅通景画，遂初堂还有通景画，但现原状已无存。不论宁寿宫花园里装饰了多少幅通景画，均不防碍这四幅通景所表现的主题及所反映的春夏秋冬四季。只是给我们的研究带来了一些缺陷而已。

3　钱穆：《朱子新学案》（上），第 238 页，巴蜀书社，1986 年。

4　《御制诗初集》卷一，《钦定四库全书·集部·别集类》，台湾商务印书馆发行，1986 年。

嘉之会也；利者，义之和也；贞者，事之干也。天具四德，而为春夏秋冬，人体四德而为仁义礼智。然夏秋冬咸统于春，而义礼智实归于仁，故曰元者善之长也。”万物生长是春天开始的，春是长，有了春才有四季，故春统贯四季。天道对应人道，反映于人道上，即人亦具有四德即仁义礼智，有了仁，才有义礼智，故义礼智归于仁。

四幅通景画所表现的儿孙满堂则随四季轮回而轮回，亦无穷无尽，它不仅反映出天地之心是生之意，同时也暗示着乾隆的寿命得到了延长。如果乾隆的寿命很短，只有 30 多岁，就不可能出现儿孙满堂的景象。既然乾隆儿孙满堂，寿命得到延长，则这正是天地之生意的体现，那么乾隆就更应该去效法天道，施仁于天下。所以乾隆的个人长寿又与他的政治理念结合在一起，乾隆认为我的长寿是与老百姓的长寿一样的，我的寿命延长了，老百姓的寿命也延长了，这就是《尚书·洪范》里圣王明君的“皇建其有极。敛时五福，用敷锡厥庶民”的理想吗？

（三）用供奉罗汉和西方极乐世界来说明延长寿命的目的

乾隆的长寿观并没有停留于传统的帝王思想之中，而是走得更远。

1. 罗汉供奉

乾隆喜欢于宫殿里供奉佛像，宁寿宫花园里也不例外，我们发现花园中的罗汉供奉达到了他一生中的顶峰，这是其它佛堂、花园、寺庙中所未有者。据《宁寿宫花园陈设档》[1]记载和现存原状，养和精舍二层供奉有紫檀边黑漆嵌白玉十六尊者围屏一座、十六尊者十六轴、催生石伏狮罗汉仙山一件、御制十六应真赞一册、御笔仿郑重画达摩一轴、御书赵孟頫罗汉像并赞一卷。养和精舍一层供奉有陈居中画罗汉二轴、御制贯休画十六应真赞一册、紫檀边缂丝应真飞锡图挂屏和缂丝应真渡海图挂屏一对。抑斋东壁挂供紫檀嵌玻璃框十六应真挂屏一对、西壁镶嵌十八罗汉擦擦壁龛。玉粹轩净尘心室供奉汉玉达摩仙山一件、卢楞

---

1 《宁寿宫花园陈设档》，故宫博物院图书馆藏。

迦画十六尊者一册、释法龙画罗汉一卷、催生石罗汉仙山一座。倦勤斋明间供有顾铨画十六罗汉图。

特别值得一提的是养和精舍楼上所供奉的紫檀边黑漆嵌白玉十六尊者围屏（图 21），以五代贯休罗汉画为本，制作于乾隆四十二年，围屏体量巨大，每扇高 195.5 厘米，宽 59 厘米，计十六扇，陈设于养和精舍楼上大佛龛的莲花台上，呈凹形排放，正中十尊，两侧各三尊。每扇四框及下裙板均为紫檀木质，在宽 50 厘米的正方形下裙板上，前后两面各雕刻有四条拐子龙纹。屏风背面为黑色光漆地，再以金漆分别绘竹、牡丹、籐萝缠石、美人蕉等吉祥图案。正面屏心为木质涂黑色光漆地，并且凹于四框，用 0.5 厘米厚的白玉片镶嵌成罗汉形象，相貌怪异，或庞眉大目，朵颐鼻隆；或皱额凹头，深目翻鼻，大似胡貌梵相。每尊罗汉相的上方，均嵌有乾隆御制赞一首。每尊罗汉名号旁都加有“乾隆宝辰”、“得而自在”印。第十喇乎拉尊者旁边的嵌石上，刻有篆

图 21　养和精舍供奉的紫檀边黑漆嵌白玉十六尊者围屏局部

字："信州怀玉山十六罗汉，广明初，于登高和安送十身，西岳僧贯休作。以乾宁初，冬孟二十三于江陵再续前十本，相去已十四年也。时景昭禅人自北来见，请当年将归怀玉。"介绍了贯休罗汉画像散失复还的经过。在第十六扇即最后一扇屏风上，嵌有乾隆题跋一首："唐贯休画十六应真像，见《宣和画谱》。自广明至今，垂千年流传浙中，供藏于钱塘圣因寺。乾隆丁丑仲春南巡，驻西湖行宫，诣寺瞻礼，因一展观，信奇笔也。第尊者名号，沿译经之旧，未合梵荚本音。其名次前后，亦因章嘉国师据梵经所定互异。爰以今定《同文韵统》合音字并位次，注于原署标识之下，各题以赞，重为书籤，仍归寺中，传世永保。夫四大本无，尽于何有，乃斤斤于名相文字之别，得毋为诸善者所诃耶？御识。"[1]可知，养和精舍十六罗汉围屏之罗汉相，是乾隆二十二年（1747年）南巡时于圣因寺亲眼鉴观，按照贯休真迹而制作的，并依据章嘉国师所定及《同文韵统》合音字考订其名号位次，注于原署标识之下，各题以赞。

2. 罗汉与西方极乐世界组合在一起供奉

花园中的罗汉供奉并不都是单独地供奉，它是与西方极乐世界组合在一起的。

养和精舍一层檐下悬乾隆御笔"养和精舍"匾，据《钦定日下旧闻考》[2]记，养和精舍东佛室门额为乾隆御笔"西方极乐世界安养道场"(图22)。据现存原状，东佛室空间狭小，不足6平米，进入东佛室的门为楠木雕莲花纹夹纱落地花罩，御笔"西方极乐世界安养道场"横条就贴在门的上方，它是乾隆帝开辟的最小的西方极乐世界道场。东壁挂供《缂丝应真飞锡图》挂屏（图23）和《缂丝应真渡海图》挂屏一对(图24)，南壁上贴有乾隆四十二年御制《题养和精舍》贴落一幅。

1　李中路：《乾隆御赞十六罗汉屏风》，《紫禁城》，第21页，1990年第2期，紫禁城出版社。

2　［清］于敏中等编纂：《钦定日下旧闻考》卷一八，《钦定四库全书·史部·地理类》，台湾商务印书馆影印，1986年。

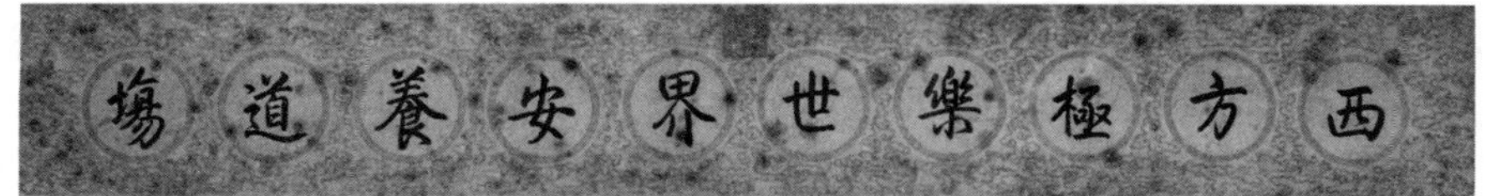

图 22　乾隆御笔“西方极乐世界安养道场”贴落

图 23　养和精舍供奉的《缂丝应真飞锡图》挂屏

图 24　养和精舍供奉的《缂丝应真渡海图》挂屏

除了养和精舍，乾隆还开辟了另一座与之相似的的佛堂，它位于抑斋的东间。抑斋位于花园第一进院内的东南角，座北向南，硬山式卷棚顶，前后出廊，前后开门，门户错置。室内以隔断隔为东西两间，西间为书屋，东间为佛堂，东间有门可通养性殿的西配殿佛堂。东间西壁上中嵌擦擦西方极乐世界佛龛，两侧嵌擦擦十八罗汉佛龛，组合成中堂对联形式。东壁上挂供紫檀边画十六应真玻璃挂屏一对即《姚文瀚画罗汉像》挂屏和《赵孟頫画罗汉像》挂屏。

罗汉与西方极乐世界关系密切，原来是因为与罗汉的双重性格有关系。罗汉本为佛教小乘追求的终极目标，但是佛祖遗言要他们延长寿命，常住世间，护持佛法，引渡众生。因此，罗汉具有双重性格。

性格一：出世逍遥法外。

罗汉是梵文阿罗汉的略称，意译应真、真人等，指小乘佛教修行者所要达到的四种果位中的最高境界即阿罗汉果，故称为罗汉。阿罗汉是在佛住世，有佛法的时候，听闻佛法而悟道的，有些甚至只听闻一句佛法就觉悟，故称为声闻。注重自身的修养，依靠顿悟求得解脱，取得阿罗汉果的觉悟者灭尽了一切烦恼，不再有生死业之生起，成为受人天供养的圣者。罗汉者皆身心六根清净，无明烦恼已断。已了脱生死，证得涅槃果，在修道上已无可修学，故阿罗汉称为无学圣人。由于罗汉取得了阿罗汉果位，堪受诸人天尊敬供养。于寿命未尽前，仍住世间梵行少欲，戒德清净，随缘教化度众。《法住记及所记阿罗汉考》[1]说：“阿罗汉离世，而菩萨则入世。小乘之阿罗汉增多，佛法必灭。大乘之菩萨数众，佛法则存。此处两种相背的教义之间，提倡护法不入涅槃之阿罗汉，盖为一种调和二教之尝试。”

在小乘佛教里，罗汉只注重自身的修行，取得阿罗汉果后，逍遥于世，不再修行。阿罗汉果是指小乘佛教声闻修道的阶位。又称四向四

1 ［法］莱维、孝阀纳著，冯承钧译：《法住记及所记阿罗汉考》第 134 页，商务印书馆，1930 年。

得、四双八辈，或称八补特迦罗、八贤圣、八圣、八辈。也就是：须陀洹向（预流向）、须陀洹果（预流果）、斯陀含向（一来向）、斯陀含果（一来果）、阿那含向（不还向）、阿那含果（不还果）、阿罗汉向、阿罗汉果。第一项须陀洹向是最低位，阿罗汉果则是最高的悟境，证得阿罗汉果的人称为无学。其他七位是有学。有学之中最初的须陀洹向称为见道位，其他六者是修道位。所谓见道是指已经断除见惑的阶位。所谓修道就是断除思惑或修惑的阶位。断除这两方的一切迷惑烦恼之后，就是阿罗汉果的阶位，这也是声闻的最高悟境。以达阿罗汉位者已获得“心解脱”。

性格二：入世振救众生。

虽然罗汉追求自身解脱，是出世的，但随着大乘佛教的兴起，罗汉又具有另外一种特性，即“上求佛道，下化众生”，既是除了自己修行解脱证果外，还要引导其他众生解脱生死轮回，走上涅槃之道。所以罗汉又具有入世振救众生的特性。

据经典说，他们受了佛的嘱咐，不入涅槃，常住世间，受世人的供养而为众生作福田。古代译经中如北凉道泰译的《入大乘论》说：“尊者宾头卢、尊者罗睺罗，如是等十六人诸大声闻散在诸渚……守护佛法。”西晋竺法护译《弥勒下生经》云：“所谓大迦叶比丘、军屠钵叹比丘、宾头卢比丘、罗云上丘，汝等四大声闻要不般涅槃，须吾法没尽，然后乃当般涅槃。”《舍利弗问经》也说：“我去世后摩诃迦叶、宾头卢、君徒般叹、罗睺罗四大比丘住不泥洹，流通我法。”隋智䫨《法华经文句》卷二即根据此说云：“佛敕四大罗汉不得灭度，待我法灭尽。由是住持于今，未得入无余涅槃。”

《大阿罗汉难提密多罗所说法住记》[1]说：

1　［唐］玄奘：《大阿罗汉难提密多罗所说法住记》，《大藏经》，第 49 册，第 13 页，台湾新文丰出版公司，1993 年。

世尊告曰："汝等谛听：如来先已说法住经，今当为汝粗更宣说，佛薄迦梵般涅槃时，以无上法付嘱十六大阿罗汉并眷属等，令其护持，使不灭没。"

《大阿罗汉难提密多罗所说法住记》[1]又说：

如是十六大阿罗汉，一切皆具三明六通八解脱等无量功德，离三界染诵持三藏博通外典，承佛敕故，以神通力延自寿量，乃至世尊正法应住常随护持，及与施主作真福田，令彼施者得大果报。

本来罗汉求得阿罗汉果即正得涅槃果位后，就完成了自身的修行，但依佛的遗言，佛要他以神通力量延长寿命，长住世间，护持佛法，因此罗汉又具有延长福寿的一面。罗汉延长寿命的目的，是护持佛法，使众生得大果报。

于是在西方极乐世界中，罗汉扮演着极其重要的角色，他们围绕在莲花池旁，为众生念超度经，众生从莲花池中盛开的莲花中诞生，所以罗汉是众生进入西方极乐世界的超度者。当乾隆把两座西方极乐世界道场供奉于宁寿宫花园中时，众多的罗汉供奉也就随之登场了。

3. 西方极乐世界安养道场

原来乾隆所追求的长寿，并非简单地"宁咸万国，寿先五福"，还有宗教信仰，开辟养和精舍东佛室"西方极乐世界安养道场"即是这种信仰的体现。为什么乾隆要把西方极乐世界放在养和精舍中呢？

精舍指佛教修行者的住处。释迦说法普度众生时，有竹林精舍，祇园精舍，祇树给孤独园，鹿野苑等精舍。精舍的面积不分大小，不一定是小的地方才称为精舍。后来精舍成为佛徒、居士等修行的场所。乾

1　［唐］玄奘：《大阿罗汉难提密多罗所说法住记》，《大藏经》，第 49 册，第 13 页，台湾新文丰出版公司，1993 年。

隆建养和精舍，说明他是一位在家修行的居士，据《养吉斋丛录》[1]记乾隆号“长春居士”，养和精舍里供奉罗汉，与居士修行有关，据佛经记载古代印度的弥兰王（Milinda）曾经特别问过那位在佛经中著名的那先比丘（Nagasena），是不是在家的居士也有可能成为阿罗汉，得到的答案是肯定的[2]。

我们先来看看什么是西方极乐世界。

佛经中有很多经都描绘了西方极乐世界的景象，它不仅永超三界还充满享乐，人人没有生、老、病、死之痛苦，只有长寿和幸福，《佛说阿弥陀经》称[3]：

> 尔时佛告长老舍利佛，从是西方过十万亿佛土，有世界名曰极乐，其土有佛号阿弥陀……彼土何故名为极乐？其国众生无有众苦，但受诸乐，故名极乐。极乐国土，七重栏楯，七重罗网，七重行树，皆是四宝周匝围绕，是故彼国名曰极乐。极乐国土有七宝池，八功德水，充满其中，池底纯以金沙布地，四边阶道，金银、琉璃、颇梨合成，上有楼阁，亦以金银、琉璃、颇梨、车碟、赤珠、马瑙而严饰之。池中莲花大如车轮，青色青光，黄色黄光，白色白光，微妙香洁。极乐国土，成就如是功德庄严。
>
> 彼佛国土，常作天乐，黄金为地，昼夜六时，天雨曼陀罗华……
>
> 彼国常有种种奇妙杂色之鸟……

1 《养吉斋丛录》记：“长春书屋为九洲清宴别室。雍正间，高宗尝赐居长春仙馆，嗣纂当今法会，记一时问答语。高宗蒙赐号长春居士，和亲王号旭日居士。故乾隆间所御书屋，往往以长春命名，以寓追慕之意。盖不止一二处也，后在御园之东为长春园，欲为归政息养之所，其名长春，仍此志也。”见清人吴振棫《养吉斋丛录》卷十七，第190页，1983年。

2 白化文：《中国的罗汉》，《佛教与中国文化》，第230页，中华书局，1988年。

3 ［北朝］鸠摩罗什译：《佛说阿弥陀经》，《大藏经·宝积部下·涅槃部全》，第12册，第346–347页，台湾新文丰出版公司影印，1997年。

彼佛国土，微风吹动，诸宝行树及宝罗网出微妙音，譬如百千种乐同时俱作。……

彼佛光明无量，照十方国，无所障碍，是故号阿弥陀。……彼佛寿命及其人民无量无边。

《佛说阿弥陀经》描绘了极乐世界的无比美妙景象（图25）：在西方十万亿的佛土中，存在着极乐世界佛土，阿弥陀是这个世界的主宰者。何谓极乐世界？是因为居住在这个国度中的众生没有苦难，只有无边无际的诸种快乐，故曰极乐。在极乐世界里，有七重行树，以四宝装饰周围。有七宝池，八功德水充满其中，池底布满金沙。池四边阶道皆用金、银、琉璃等诸宝合成。池上楼阁亦用金银等宝装饰。池中莲花大如车轮，诸种颜色，微妙香洁。黄金为地，天乐常作，昼夜六时，天降雨花。微风吹动，微妙音俱作。阿弥陀佛光明无量，普照十方国土，佛与众生俱得长寿，无量无边。

显然养和精舍是乾隆以居士身份的修行之所，通过修行，乾隆可以像弥兰王那样成为罗汉，成为罗汉的目的是什么？一方面可以成为无学之人，逍遥于世，另一方面，也是最重要的方面是拯救众生，进入极乐世界，所以养和精舍中开辟了“西方极乐世界安养道场”。我们惊奇地发现在养和精舍西方极乐世界安养道场的南壁上留下了一幅乾隆的《题养和精舍》御制诗贴落，诗曰：

和于气为春，和于理为仁。
夫人所宜养，最要者为君。
九寓及万物，方寸怀应肫。
有时或用义，由仁施乃纯。
洁治宁寿宫，聊以备倦勤。
精舍号养和，拟议非不伦。
乾惕励此日，优游待他辰。

图 25　《西方极乐世界》唐卡

苟诚得斯憇，余年颐此身。
仁尚可勿居，义更何足论。
养和乃真养，图称无事人。

诗的大意是说，与气相和的是春天，与理相和的是仁。也就是说春天万物生长，于气为和，于理为仁。这是人所应该培养的。作为君主，最重要的是培养自己的仁心。四海之内乃至万物，都有一颗真挚的心。只有保持仁心，万物之心才会达到至纯。我于宁寿宫颐养天年，聊且作为自己的倦勤之处。取精舍名为养和，并非不伦不类。从今天开始朝夕乾惕，勤于政事，等到归政后才优游取乐。如果真能够实现退闲归政的梦想，我就要于此安养自己的晚年。养和乃称真养，只有达到了这种境界，才能称得上是无事人。所谓养和，就是要培养仁心即天心，回归天理，只有当自己的心与天心合一时，才能真正地做一个无事人。所谓无事人不就是证得阿罗汉果的无学之人吗？只有当你具有了仁心，也就是大舜“乐取于人以为善”，你才有可能把善施予普天之下，去拯救众生。

在这首诗中，乾隆把儒家的仁与西方极乐世界结合起来，乾隆认为所谓修行，就是在于培养“和”，只有达到了和的境界，才具有了天心即仁心。至此，我们就明白了什么是养和精舍之义，明白了养和精舍之义，也就明白了什么是“西方极乐世界安养道场”之义，亦即明白了什么是乾隆的无量圣界之义。

早在乾隆十五年阐福寺西方极乐世界竣工之时，乾隆写了一篇《御制阐福寺碑文》，文中他提出了佛超度众生到达彼岸与古圣帝明王敛福锡福是一样的观点：

思自无始劫来，生人生物，凡诸福德，各各具有，亦各具足。而彼众生，芸芸冥冥，惟以各得所欲为福。未得求得，已得求益，无有餍足。为嗔为忮，为丐为寇，穷劫相寻，展转缠缚。时维因陀罗秉南面权，廓纮恢纲，约以皇度，驭以禁宪，沐以膏泽，浸以醇醲，敷锡多福于有生众。厥有生众善根深固，一心信向，正知正见，屏诸邪杂，咸得福庆。安乐老寿，满所愿欲。如其弗祇弗延，乃背而驰，式抵大戾，备诸苦恼，亦其自取。大慈氏发洪誓愿，施无畏力，拯诸厄难，随声赴感，一时普度拔去孽根，顿生福慧。孽缘净尽，福应备臻，于其本来了无欠缺。要知法王非以己福施彼众生，亦非别能于彼众生有所增益。凡此诸福，众生自有，亦各具足，能仁慈悲，遂得普度。古圣帝明王敛福锡福，其亦有同于此也耶！

乾隆说自无始劫以来，生人生物，凡诸种福德，各各具有，亦各具足。但芸芸众生惟以各自的欲望以为福，未得到的要千方百计以求得，已得到的则要求得到更高的利益，毫无餍足。痴、嗔、贪三毒侵身，或沦为乞丐，或沦为盗寇，被无尽的穷劫所缠绕，无法摆脱。实际上就是被私欲蒙蔽而失去本心，如困于暗室中，迷闷却出不去；或如沉没于大海里，没有边际地随波飘泊。当众生无所寄托时，大慈氏许下宏愿，施展无畏力，从诸种厄难中把众生拯救出来。就好像随声赴感一样，为众生拔去孽根，福慧立刻显现，孽缘全部荡净，诸种福份一应俱全。这就好像忽然遇见大力人，辟开大门打开窗户，使处于黑暗中的人享受到了大光明灌顶。又好像忽然遇见大慈航，脱离了凶险的浊浪，到达了彼岸。使人重新回到了本来的清净性上，如重获新生一样。所谓福就是要去掉欲望，保持清净之性。并非是佛把自己的福施给众生，而是帮助众生恢复本性。

“古圣帝明王敛福锡福，其亦有同于此也耶”！乾隆说这与古圣帝明王敛福锡福是一样的，“敛福锡福”出自《尚书·洪范》：“敛时五福，用敷锡厥庶民，惟时厥庶民于汝极。”能达到圣帝明王的人是圣人，他们具有仁心，用五福教导百姓，并把五福用来普遍地施给百姓。并不是圣帝明王把自己的五福施给百姓，而是让百姓明白了五福之理。在五福中，寿排在第一位，所以古圣帝明王赐福先赐寿，老百姓都长寿了，天下也就太平了。西方极乐世界不就是一个太平的世界吗？在这个世界里，众生不都是寿命无穷吗？

乾隆把追求自身的长寿与古圣明帝王的政治理念结合起来，认为老百姓都长寿了，天下才算太平，所以“宁咸万国，寿先五福”是他的终身追求目标。同时乾隆把西方极乐世界植入其中，通过室内陈设的形式，更加完美地表现了“宁寿”景象：众生回归于本性，没有贪欲，世界放大光明，人人寿命无穷，永无轮回之苦。

第十章　君子体仁

——乾隆帝的书屋

一　弘历读书处

康熙六十一年春天，胤禛的私园圆明园牡丹盛开，康熙乘兴来到园中“镂月开云”牡丹台观花，胤禛向康熙引见了弘历。康熙遂将弘历养育宫中。这一年弘历 12 岁，正是上学读书的年龄(图 1) 。弘历在《乐善堂文钞》序中说：“余生九年始读书，十有四岁学属文。”弘历上学读书的年龄较晚，被养育宫中之前在哪读书，居于宫中之后又在哪读书，弘历没有提及，但有一点可以肯定的是真正开始学习写文章是被养育宫中之后。祖父给了他极大的关怀，使他有机会常陪侍于皇祖之侧，据乾隆《御制乾清宫五屏风铭》记：“予年十二时，始解文义，每侍皇祖于乾清宫。”乾隆在《避暑山庄纪》[1]中说我随皇祖来到避暑山庄，赐居于纪恩堂之侧堂即三十六景中的万壑松风，于是得以与皇祖朝夕相处，形影相随，不仅一同进膳，甚至连批阅奏章、接见官吏等这些国家大事，皇祖也让我陪在身边，“夙兴夜寐，日觐天颜；绨几翻书，或示章句；玉筵传膳，每赐芳饴；批阅章奏，屏息侍傍；引见官吏，承颜立

1　［清］弘历：《御制文二集》卷一二《避暑山庄记》，《钦定四库全书·集部·别集类》，台湾商务印书馆影印，1986 年。

图 1 少年弘历像

侧”。在《恭谒景陵》一文中也说道：“予幼龄仰蒙圣祖恩眷，养育宫中，俾得日侍左右、亲聆圣训。盖圣鉴洞烛至今，隐有付托之意。”显然弘历居宫中，其学习条件必然较前有很大的改善，况且祖父还会对他进行言传身教，解释文义，可以看出祖父对弘历的影响很大。

康熙时，诸皇子皇孙分居读书，并无统一读书的地方。康熙二十三年，康熙南巡回京后于西北郊启建畅春园，作为“避喧听政”之所，以后每年约有一半的时间在园内居住。为了便于随时掌握皇太子学业情况，康熙于畅春园建无逸斋专供皇太子读书，“朕建此无逸斋，寓意学则无逸。乃皇太子读书处。”《康熙起居注》[1]记：“皇太子进膳，又赐诸臣食。食毕，上复至斋中（即无逸斋），命移案近南荣。皇太子、皇

1 《康熙起居注》，第 1644-1645 页，中华书局，1984 年。

长子、皇三子、皇四子、皇五子、皇七子、皇八子俱侍。汤斌奏曰：'皇上教皇太子过严，当此暑天，功课太多，恐皇太子睿体劳苦。'上曰：'皇太子每日读书，皆是如此，虽寒暑无间，并不以为劳苦。若勉强为之，则不能如此暇豫。汝等亲见，可曾有一毫勉强乎？'"其他皇子皇孙读书之处，康熙并没有建立专门的学堂，但从这则康熙对太子学习抓得很紧的记载看，康熙对皇子皇孙的学习也不会放松。

康熙晚年时对诸皇子争夺皇位感到心寒，对诸皇子失去信任。在人生的最后岁月里，康熙发现了皇孙弘历，对这位皇孙有着更多的感情依赖，皇孙成为他人生的慰藉，故康熙到哪儿，都让弘历倍伴。那么弘历的读书地点也随之变动，有时在畅春园，有时在避暑山庄，有时在紫禁城，但具体地点没有记载。等到弘历的父亲胤禛即位后，弘历读书环境和条件更为优越，其读书地点才有明确的记载，大约有四处。

一处是补桐书屋，位于瀛台藻韵楼东南。雍正二年弘历读书于此。乾隆九年作《补桐书屋作》诗，回忆说："瀛台双桐向所有，因循枯一成独树。秋夜春朝失侣阴，认巢好鸟徘徊去。老干吟风似作悲，团叶无心奉承露。树犹如此人何堪，爰命郭橐为补足。佳荫依然掩绿窗，相得乍喜矧相妬。未必人心似树然，世间云雨纷新故。倚桐无语立斯须，仿佛廿年前觅句（雍正二年在此读书，屈指至今二十年矣，光阴瞬息为之怵然）。"

一处是日知阁，位于南海。雍正初年十三四岁时，弘历读书于此。乾隆五十三年时，作《日知阁》诗一首，回忆说："阁俯闸流额日知（阁建石梁上，下为水闸，太液池水从此出，达于织女桥，流为午门内金水河，阁额为皇祖御书），十三四忆读书斯（雍正初年，予十三四岁时，皇考命读书于此）。集成荟说又多载（予自十四岁学属文，日课诗论颇多，丙辰即位后，裒为《乐善堂集》，集中未备载者，复择其精要语二百六十余条，别为四卷，名曰《日知荟说》，迄今又五十余年。尊闻行知时时体验，尚未敢自信耳），何有尊行每愧之。"

一处是乐善堂，位于圆明园桃花坞。雍正四年，弘历 16 岁，读书于此，《钦定日下旧闻考》[1]记：“武陵春色额为皇上御书四十景之一也，旧总名桃花坞，雍正四年皇上读书于此，颜曰乐善堂，旋移居长春仙馆。”弘历在《乐善堂记》一文中说乐善堂有“书屋数间，清爽幽静，山水之趣，琴鹤之玩，时呈于前。莱圃数畦，桃花满林，堪以寓目”，在此读书可谓能修身养性，静下心来专注于读书明理。

一处是上书房，位于乾清门内东侧南庑。大约于雍正四年之后，为了便于皇子们读书，雍正设立上书房，将皇子皇孙集中于此读书学习，统一管理。据《东华录》[2]记：“我国家之制，诸皇子六岁以上，即就上书房读书，即皇孙、皇曾孙亦然。既选京堂瀚林以份课其读，复派大学士、尚书数人以总视其成，更简满洲、蒙古大臣、侍卫等以肄之国语骑射，长幼相聚，听夕程功。”上书房成立后，弘历遂转入上书房读书，福敏、蔡世远和朱轼成为弘历的老师。弘历在《读书以明理为先论》一文中说：“雍正七年，皇父驾临上书房，亲洒宸翰，恩赐御联，题曰：‘立身以至诚为本，读书以明理为先。’余兄弟盥手祗领，谨悬座右，爰以宝训。”

雍正五年，弘历 17 岁，成婚立家，七年时，弘历还在上书房读书，也就是说，弘历即使成婚了，在皇宫学堂上书房里读书也一直没有中断。

二　书屋遍布宫内外

黑暗中残睡未醒，时复倚柱假寐。然已隐隐望见有白纱灯一点入隆宗门，则皇子进书房也。吾辈穷措大专恃读书为衣食，尚不能早起，而天家金玉之体，乃日日如是。既入书房，作诗文，每日

1 《钦定日下旧闻考·圆明园二》卷八一，《钦定四库全书·史部·地理类》，台湾商务印书馆影印，1986 年。

2 ［清］王先谦：《东华录续编》，乾隆四十三年九月。

皆有程课。未刻毕，则又有满洲师傅教国书、习国语骑射等事，薄暮始休。然则文学安得不深？武事安得不娴熟？宜乎皇子孙不惟诗文书画，无一不擅其妙；而上下千古成败理乱，已了然于胸中，以之临敌，复何时不办？[1]

这是乾隆初年军机章京赵翼在军机处值班时，亲眼所见皇子们天未明时提着灯笼从隆宗门进来，路过军机处去上书房读书的情景，赵翼感喟道："吾辈穷措大专恃读书为衣食，尚不能早起，而天家金玉之体，乃日日如是。"可见皇子读书十分辛苦。

雍正八年六月奉命在皇子弘历书房行走的胡熙称："皇四子（弘历）无日不酌古准今，朝吟暮诵，无日不构思抽秘，据案舒卷。"[2]这一年，弘历 19 岁，《乐善堂文钞》出版，弘历在序中称自己："余生九年始读书，十有四岁学属文。今年二十矣。其间朝夕从事者，《四书五经》、《性理纲目》、《大学衍义》、《古文渊鉴》等书、讲论至再至三。顾质鲁识昧，日取先圣贤所言者以内治其身心，又以身心所得者措之于文，均之有未逮也。日课论一篇，间以诗歌杂文，虽不敢为奇辞诡论，以自外于经传儒先之要旨，然古人所云文以载道者。"

弘历从小接受了最优越的教育，加之天资聪颖和刻苦学习，故能文能诗，贯通古今，因此乾隆对给他智慧的书籍情有独钟，喜欢整天沉浸于书本之中。书房作为读书人看书、藏书和写作的地方，更是读书人修心养性之处。弘历登基后，使他有能力有条件来设计建造自己的书屋，并倾其全身心为之。在其一生中，乾隆于宫内外建造的书房几达百座，冠绝古今，分布于紫禁城、北海、中海、南海、三山五园、盘山行宫、承德避暑山庄等地，书屋有：

长春书屋、涵德书屋、补桐书屋、菊香书屋、邻山书屋、抱素书

---

1 ［清］赵翼：《檐曝杂记·皇子读书》卷一。

2 ［清］胡熙：《乐善堂文钞序》。

屋、古藤书屋、荫榆书屋、澹思书屋、清溪书屋、讨源书屋、挹源书屋、贮清书屋、夕佳书屋、味真书屋、湛虚书屋、味腴书屋、静怡书屋、得一书屋、得趣书屋、四宜书屋、四知书屋、天香书屋、静益书屋、静缘书屋、袖岚书屋、梅花书屋、静娱书屋、湛虚书屋、韵泉书屋、清绮书屋、盎春书屋、贮清书屋、经畬书屋、挹秀书屋、怡然书屋、味甘书屋、怀新书屋、陶嘉书屋、澹思书屋、解愠书屋、涵德书屋、养素书屋、含芳书屋、挹源书屋、襟岚书屋、云岩书屋、挹秀书屋、解愠书屋、写音书屋、探真书屋、天籁书屋、静香书屋、寻沿书屋、体素书屋、得趣书屋、双松书屋、古松书屋、鉴止书屋、云岩书屋、味真书屋、青杨书屋、搴芳书屋、古芳书屋、夕佳书屋、怡然书屋、荷香书屋、澹漪书屋、韵泉书屋、夕佳书屋。

其中涵德书屋位于圆明园清晖阁前松云楼右，《涵德书屋》诗曰："书斋回据假山岚，窗置玻璃远景探。不尽其中趣生悟。德诚美矣要当涵。"

古松书屋踞避暑山庄东峰顶，因有古松苍然得名，《古松书屋作歌》诗曰："书屋据最高，以高弗频至。我與人则肩，恐乖忠恕意。今朝过雨山，风凉数息径。造山之堂童，童佳荫送谡。籁如遇故友，把臂相徜徉。于斯岂可作，常语梦中之。我得非汝（梦书曰松为人君，梦见松者，见人君也），而我居然称古稀。视汝之古，不啻太仓之粟一粒黍。"

抱素书屋位于西苑镜清斋之东，《抱素书屋》诗曰："夤缘曲廊上，朴筑据岩巅。似此最幽迥，允宜味简编。却嫌少清暇，小憩便言旋。抱素付书屋，今年与昔年。"

天籁书屋位于避暑山庄内水月庵之后栴檀林旁，《天籁书屋》诗曰："碧宇寥寥迥太清，千林天籁作秋声。云山四季赏无尽，底论嘉禾项子京。"

贮清书屋位于长春仙馆旷然堂后，《贮清书屋》诗曰："巀嵲复崚嶒，千回将万层。云关绕得叩，石磴更须登。步处那辞倦，坐来实绝胜。龙标工比物，一片玉壶冰。"

夕佳书屋位于旷然堂东池上，《夕佳书屋》曰：“西窗向日受斜照，到处夕佳名命之（万寿山避暑山庄俱有此名）。却是闲情懒留滞，几兽坐久玩陶诗。”

味真书屋位于圆明园濂溪乐处楼西，《味真书屋》诗曰：“曲转回廊处，明窗净几陈。琴尊亦弗藉，翰墨雅相亲。汲古以时懋，居今勉日新。诗书有真味，知味是何人。”

从上述所引几首乾隆所题写的书屋诗中，可以看出乾隆对书屋环境了若指掌，可以肯定地说他几乎去过他的每一处书屋。

三　耽书是宿缘

乾隆建如此众多的书屋，已远远超出我们的想象，为何？乾隆在诗中说是“耽书是宿缘”（图2）。

图2　乾隆像

乾隆六年《题抑斋》："窗纱浸绿鸟声频，拂拂花香户外新。座有兰烟文作篆，壁留筝字额题银。偶然得句绿新意，长自躭书是宿因。惭媿当年斋内客，擘笺煮茗一闲身。"

乾隆四十六年《探真书屋》："芸编绨几足相亲，名语耽书是宿因。学欲探真知者伙，应思谁果践其人。"

乾隆五十六年《寻沿书屋有会》："耽书是宿缘，此语向爱之（元蒲道源诗得句因新意，耽书是宿缘。向在上书房时爱此二语，曾以之镌宝）。自幼攻芸编，岂因老废斯。书屋待归政，遂以寻沿题。彼时当得闲，更可枕葄怡。沿流在溯源，尊闻无穷期。匪曰效武公，实觉念在兹。"

乾隆六十年《葄经馆》："少小耽书是宿缘，至今耄耋上勤旃。葄经馆设刮目待，犹我惟增意恧然。"

"耽书是宿缘"出自元人蒲道源《偶书》一诗，诗曰："入树秋风早，惊心节序迁。晚云兼去鹤，凉雨静鸣蝉。得句因新意，躭书是宿缘。平生爱冲澹，何事亦华颠。"宿缘：佛教谓前身因缘，《华严经》卷二五："同行宿缘，诸清净众，于中止住。"唐人姚合《寄主客刘郎中》诗："汉朝共许贾生贤，迁谪还应是宿缘。""耽"除了耽搁，耽误以外，还有沉溺，入迷的意思。乾隆非常喜欢蒲道源这句"得句因新意，耽书是宿缘"，还把它镌为一方印章，亦作为对联题在弘德殿东室下层。乾隆喜欢看书，读书的嗜好实际上是经过长期熏陶培养而成的，乾隆与蒲道源一样把爱好读书归结为前世的宿缘，嗜书的境界得到了提升，是前世注定的，是改变不了的。

"少小耽书是宿缘，至今耄耋上勤旃"，乾隆从小就爱看书，想把大量的时间都耽误在书中，但是他做不到，因为他是君主，要把时间花在处理国家大事上。"书屋待归政，遂以寻沿题。彼时当得闲，更可枕葄怡"，现在好了，他终于有了个期盼，60 岁时，他下令建造太上皇宫宁寿宫，以作为他执政 60 年后的归政退闲之处。在这里，他精心地为自己设计建造了一座很大的书屋，书屋名曰寻沿书屋（图 3），位于庆

图 3　寻沿书屋

寿堂前，面阔五间，进深一间，前后出廊，绿琉璃瓦黄剪边卷棚硬山顶。前有垂花门一座，既是院门，亦为整个庆寿堂建筑群的主入口。东西配殿各三间。正殿、配殿及垂花门之间以抄手游廊环抱相属，自成天地，营造出一个清雅幽静的环境，以实现他前生的宿缘。他终于可以静下心来，不理朝政，轻轻松松地看书了，可以全身心地沉溺其中，在书海中溯流而上，去探寻源头。

乾隆《寻沿书屋》诗曰："法宫那得无雕饰，书屋偏欣藻缋捐。插架芸编足佳味，大都知味在寻沿。"现在的寻沿书屋已成一座空屋，我们只能依据现存的《寻沿书屋陈设档》[1]来恢复我们对乾隆书屋室内陈设的印象，来感知乾隆书屋的气氛：

明间正中设紫檀嵌玉字诗意五屏风一座，紫檀嵌玉宝座床一座，上铺三层毡毯，下层是红色猩猩毡和红白毡，上面辅绛丝花夹毯，上置

1　道光十八年所立《寻沿书屋陈设档》，故宫博物院图书馆藏。

衣素坐褥靠背迎手和鹅黄细绣五彩坐褥靠背迎手两份。坐褥左边设紫檀嵌玉三块如意一柄，坐褥右边设紫檀边糊文锦朱洤画玻璃容镜一件。床上右边设竹如意一柄、紫檀罩盖匣一件（内盛“十全老人”青玉宝一方)、紫檀罩盖匣一件（内盛《御制十全记青玉册页》)、紫檀镶汉玉汉纹璧插屏一件（上刻“乾隆甲申新春御题”，底刻“大清乾隆庚子秋御题”)、白瓷红龙撇口瓶一件、汉玉汉纹扁瓶一件。床上右边设紫檀嵌玉冠架一件、青白玉梅枝菊花插屏一件、哥瓷葵瓣盘一件。紫檀嵌玉炕案一张上设嘉窑青龙凤双耳双环瓶一件、青白玉朝天耳四足出戟炉瓶盒一份、定瓷铜口拱花碟一件。

宝座床东边设东边设紫檀大案一张、青绿周仲驹壶一件（内插玳瑁边嵌牙花宫扇一柄)、《通鉴宋元纪事本末》一部、青玉兽面双环扁瓶一件（底刻“乾隆仿古”)、玳瑁亭式座钟一架。

地下设玻璃水法转盘表亭一对。

东间面南设宝座床一座，上设紫檀绣蓝纱炕隔一件、洋漆书隔一对、紫檀雕鸂鶒木插屏一对。上铺三层毡毯，下层为红白毡二块，上层为红地绣花毡一块，上置衣素坐褥靠背迎手一份，鹅黄细绣五彩坐褥靠背迎手一份，鹅黄细绣五彩坐褥靠背迎手套一份。坐褥左边设紫檀嵌玉三块如意一柄，坐褥右边设紫檀边糊文锦玻璃容镜一件、雕漆痰盆一件、竹边股扇一柄、铁鞘嵌珊瑚顺刀一把。床上左边设定瓷娃娃一件(紫檀床座上“刻乾隆丙申御题”)、汉玉仙山一件（上刻“乾隆御题”)、青白玉出戟有盖扁瓶一件。床上右边设定瓷铜口葵瓣洗一件、青白玉双耳双环有盖炉瓶盒一份、紫檀嵌银片字诗意插屏一件，木根瓶花一件。西边设:紫檀镶漆心炕案一张上设哥磁铜口葵瓣盘一件、青白玉有盖四足炉瓶盒一份、嘉窑白地青龙蒜头瓶一件。东边设紫檀镶漆心炕案一张上设官窑撇口瓶一件（乌木座，上刻“乾隆丙申御题”)、《御制拟白居易新乐府》二部、《御制全韵诗》一部、紫檀镶汉玉鳌鱼插屏一件。东间东边设紫檀条案一张上设：哥瓷双管方瓶一件、青绿汉饕餮方鼎一件、《御制诗二集》一部四套、青玉蕉叶六方花觚一件。西边设紫檀条案一张上设青绿商父乙罇一件、内插玳瑁边檀香宫扇一柄、影青瓷双管瓶一件、《御制满蒙汉三合切音清文鉴》一部四套。

东间设洋漆格二件。

西间面东宝座床一座，上铺三层毡毯，红白毡二块，红地绣花毡一块，衣素坐褥靠背一份，锦褥一个。坐褥左边设紫檀嵌玉如意一柄，坐褥右边设紫檀边糊文锦魏鹤龄画玻璃容镜一件、雕漆痰盆一件、和珅字董诰画竹边股扇一柄、坐褥下安青玉夹靶红熏皮鞘顺刀一把。

床上左边设青汉玉鸠镶竹柱杖一根、紫檀镶嵌匣一件（内盛《御制春帖子词》一册，每件内盛御墨六屉一匣，十六锭一匣，计一百锭）、紫檀镶嵌岁岁平安长方匣二件、雕紫檀长方匣二件、青白玉刀靶二件、青白玉剑靶二件。床上右边设紫檀炕案一张，上设青花白地瓷云龙觚一件、青白玉朝天耳四足鼎一件、《御制拟白居易新乐府》一部二套、哥瓷葵瓣盘一件、青玉碟一件（底刻“大清乾隆仿古”）。

床上西边设紫檀嵌玻璃翡翠炕屏一座、银镀金花树雕紫檀插屏一件、青绿汉蟠纹壶一件（内插嵌王小如意一柄，铜吉庆一件）。

床上右边设紫檀炕案一张，上设青玉笔筒一件（上刻“乾隆丁卯夏御题”，内插《御制安南阮惠归顺封王进贡志事诗》一卷）、紫檀嵌玉二块如意一柄、董诰字画棕竹边股扇一柄、青绿周络纹壶一件、紫檀嵌汉玉蚕纹璧插屏一件（上刻“乾隆丙申御题”）、嘉窑青花龙凤耳净瓶一件、汉玉龙尾觥一件（内盛宋澄泥石亟砚一方，五彩瓷水盛一件，随墨一锭）。

床上右边设雕紫檀插屏一件、白玉楼阁仙山一件、雕紫檀圆盒一件（内盛白玻璃碟九件）、楠木罩盖匣一件（内盛乾隆年制德兴刀一把，乾隆年制秋霜刀一把，乾隆年制唾芒刀一把，乾隆年制涌泉刀一把，乾隆年制宿挺刀一把）、金桃皮鞘楠木罩盖匣一件（内盛乾隆年制挥霆刀一把，乾隆年制含英刀一把，乾隆年制转电刀一把，乾隆年制炼金刀一把，乾隆年制配威刀一把）。

床上右边设雕紫檀插屏一件、青绿汉蟠夔壶一件、画宫扇一柄、雕紫檀圆盒一件（内盛白玻璃碟九件）。

西间设洋漆隔一对。

四 乾隆书屋的理想

唐人刘禹锡《陋室铭》说自己的书屋，“斯是陋室，惟吾德馨。苔痕上阶绿，草色入帘青。谈笑有鸿儒，往来无白丁”。书屋虽是陋室，但自己的品德高尚，就像孔子说的那样“何陋之有”？乾隆书屋里的陈设与一般读书人的书屋相比，实在富丽堂皇，绝无陋室之称，但在德方面二者却是一样的。如果只就书屋本身而论，书屋给读书人创造了一个空间，读书人可以把自己的身心寄托于此，来表达自己的理想，来抒发自己的情感，来展示自己的心路历程。乾隆在这方面确实发挥到了极致。

（一）勉以终身力

在乾隆众多的书屋中，有些书屋是对旧日书屋的复制，可以看出乾隆不仅是一个恋旧的人，更重要的是因为这些书屋对他的人生产生了巨大的影响。

乐善堂书屋可能是乾隆最早的书屋，在圆明园桃花坞，是乾隆青少年树立远大志向的书屋，大舜“乐取于人以为善”从此成为他终身追求的目标。结婚后居住紫禁城西二所时，又把乐善堂书屋搬到了这里，即位后改建潜邸时专门把前殿崇敬殿开辟为乐善堂书屋。乐善堂书屋伴随了乾隆的一生，是他学习圣王心学的地方，第八章“正谊明道”已谈及，此不赘言。

抑斋与乐善堂一样（图 4），也是对旧日书屋的复制，乾隆御制《抑斋记》[1]曰：

---

1 ［清］弘历：《抑斋记》，《钦定四库全书·别集类·御制诗初集》卷二八，台湾商务印书馆，1986 年。

图4　宁寿宫花园中的抑斋

予向居重华宫，洁治西厢为书室而名之曰抑斋。践阼之后于凡御园行馆处，山水之佳，适性情之雅，可以凭扉几，展芸编者，无不以是为名，示不忘旧也。而向未有记，夫记之意识也。左史记言，右史记事是也。又记之言，志也。公府奏记，进已志是也。深居九重，暇余万几，宵衣旰食之际，左右史之职废已久矣！夫谁与记之？而公府奏进已志，其能陈天命之艰，决屋漏之隐者，亦鲜焉！是在自谨其起居，自任其出，令以代左右史之识，凛顾諟钦几微，以通公府之志。尤不可不作于今日者也。夫预向之所云抑者，不过欲退损以去骄，客慎密以审威仪，所以敬业身群之事耳。若夫今之所云抑，则岂数语所能尽者，命不易哉！无曰高高在上，抑也。日盈则昃，月盈则蚀。予临万民，凛乎若朽索之驶六马，抑也。无平不陂，无往不复，艰贞无咎，抑也。斯其大者，至于一言之不谨，一事之不慎，其害将贻于天下后世。呜呼今日之抑之艰，岂昔日之抑之易，所可相提并论者哉！卫武公作抑之诗，使人日诵于侧，以自警彼诸侯也。上知以是为棘。则预之不忘旧日之命，而益励日新之德，于以代左右史之职，通公府之志，不亦宜乎！

抑斋是乾隆未即位之前在长春仙馆和西二所的书屋名，登基之后，凡是御园行馆，山水佳处，适合涵养性情之雅的地方，无不以此名名之，以示不忘记过去。乾隆三十九年《抑斋》诗曰："长春仙馆中，斋额沏青宫（长春仙馆为皇子时所居也，颜书室曰抑斋，与重华宫西厢同，即位后凡园亭行馆有可静憩观书者，率以抑斋为额）。到处兹数典，坐来惟恧躬。业修德进未，昔日此人同。祗有抑然志，庶几如武公。"乾隆五十一年《题抑斋》诗曰："赐宴命教歌抑戒，老来最欲武公循。"抑斋语出《诗经·小雅·宾之初筵》："其未醉止，威仪抑抑。"是说饮酒不要过度，才能够保持威仪。《诗经》是讲人的行为要止于礼，《毛序》曰："《宾之初筵》，卫武公刺时也。幽王荒废，媟近小人，饮酒无度，天下化之。君臣上下，沉湎淫液。武公既入，而作是诗也。"这首诗传为卫武公所作，其意是告诫君臣不要沉湎于游玩享乐[1]。乾隆《抑斋》诗曰："昔读武公诗，书斋因额之。威仪德隅凛，敬慎远犹思。饬已臻尚未，治人艰可知。如云警既耄，将亦逮其时。"

乾隆称青年读书时，以抑斋名书屋，是为了警示，不要贪图享乐，要刻苦学习。现在抑斋书屋多了，但重未写过一篇记，他认为记就是表现自身的意识。过去是左史记言，右史记事，记录君主的言语，实际上就是记录君主的意志。但深居九重，暇余万几，宵衣旰食之际，左右史职责早已荒废，没有人来监督你，又有谁来作记录呢？而公府所上呈的奏书，能陈述天命之艰难，决屋漏之隐患者，太不多见了。所以乾隆称谨起居全靠自己。深居简出，不及时行乐，重在抑，即抑制自身的欲望。"欲退损以去骄，吝慎密以审威仪"，做到这点才能敬业，才能专

1　程俊英等注释：《诗经》，第232页，岳麓书社，2002年。

心地做好治理国家的大事。什么叫抑，就是不要高高在上，所谓日盈则昃，月盈则蚀，是同样的道理。乾隆说我临驾万民，小心敬畏，就好像用朽索驾驶六马一样，随时都有巅覆的危险。泰卦说："无平不陂，无往不复，艰贞无咎。"没有只平而不倾斜的地面，也没有只往而不返回的运动，但只要在艰难中守正就没有灾祸和过错。艰难守正就是抑。往大了说，哪怕是不小心说错了一句话，做错了一件事，其危害都将贻留给天下后世。所以乾隆长叹道："今日之抑之艰，岂昔日之抑之易，所可相提并论者哉！"年轻时的抑斋是为专注于学业，现在的抑斋是面对天下，因此不能有丝毫的非份之想。乾隆在《题抑斋》诗的注释中说："太和殿之左为文华殿，右乃进讲所御，于二月初六日行经筵礼。经筵后，例赐讲官宴，而无乐，侑席兹，特命乐工歌《大雅·抑戒之章》，遂以为例。予于清暇亦时命歌以听之，且自戒也。"经筵结束后赐宴，一般来说都要有歌舞助兴，但乾隆特别注重礼乐，特命乐工演奏《大雅》之音，高雅而严肃，并非靡靡之音。

书屋名曰抑斋，意在不断地警示自已，鞭策自已，哪怕是到了76岁也是如此。乾隆如此地要求自已，以示不忘旧日之志，以益励日新之德。乾隆五十七年，已八十二岁高龄的乾隆写下最后一首《抑斋》诗，将以终身之力来实现抑然之志，诗曰："重华读书时，抑以养潜德。负扆莅政后，抑以受众益。他年逮倦勤，似乎无事抑。然而乾之上，文言明垂则。守正戒不知，何莫非抑式。顾名思义间，勉以终身力。"

（二）乾元君子体为仁

1. 一生钟爱长春书屋

长春书屋可能是乾隆一生最钟爱的书屋，这与雍正帝赐号他长春居士有关，《养吉斋丛录》[1]记："长春书屋为九洲清宴别室。雍正间，高宗尝赐居长春仙馆，嗣纂当今法会，记一时问答语。高宗蒙赐号长春

1　［清］吴振棫：《养吉斋丛录》卷十七，第190页，1983年。

居士，和亲王号旭日居士。故乾隆间所御书屋，往往以长春命名，以寓追慕之意。盖不止一二处也，后在御园之东为长春园，欲为归政息养之所，其名长春，仍此志也。”

乾隆三十二年，乾隆在《长春书屋》[1]诗中的注释里亦如此称：“曩时蒙恩尝读书于此，即长春之号亦系赐予者，故各处书屋率以此名之。”乾隆五十六年，又于《长春书屋》[2]诗中注曰“雍正年间，纂当今法会书，因赐号曰长春居士。……长春园、万寿山静宜园、避暑山庄、宁寿宫等处，皆以此颜斋”。

乾隆所创建的长春书屋，遍及宫内外，《钦定日下旧闻考》记有翠云馆长春书屋、养心殿长春书屋、养性殿长春书屋和太液池长春书屋等：

(翠云馆) 东次室额曰长春书屋[3]。

(养心殿) 西暖阁后北接后轩三楹，东为无倦斋，为长春书屋[4]。

(养性殿) 西暖阁之北为仙楼……其西南室额曰长春书屋[5]。

(太液池) 绮思楼西崇台北为长春书屋[6]。

《养吉斋丛录》[7]记圆明园九洲清宴别室亦为长春书屋。

据清宫造办处的档案记载，养心殿长春书屋建于乾隆元年：“八月初十日太监胡世杰传旨养心殿西暖阁着装修仙楼，尔先做样呈览，钦

---

1 ［清］弘历：《御制诗集三集》卷六一《长春书屋》，《钦定四库全书·集部·别集类》，台湾商务印书馆发行，1986 年。

2 ［清］弘历：《御制诗集五集》卷六六《长春书屋》，《钦定四库全书·集部·别集类》，台湾商务印书馆影印，1986 年。

3 《钦定日下旧闻考》卷十六，《钦定四库全书·史部·地理类》，台湾商务印书馆影印，1986 年。

4 《钦定日下旧闻考》卷十七，《钦定四库全书·史部·地理类》，台湾商务印书馆影印，1986 年。

5 《钦定日下旧闻考》卷十八，《钦定四库全书·史部·地理类》，台湾商务印书馆影印，1986 年。

6 《钦定日下旧闻考》卷二二，《钦定四库全书·史部·地理类》，台湾商务印书馆影印，1986年。

7 ［清］吴振棫：《养吉斋丛录》卷十七，第 190 页，北京古籍出版社，1983 年。

此。于本月二十九日将仙楼毛图呈览，奉旨：将仙楼上边万字栏杆份做五堂，再楼下隔扇俱做柏木群板，绦环画彩漆博古，楼下对面隔扇安腿单棍帘架，楼下西边对门圆窗改为方窗，明间大鼓棚不用，仍安闲余鼓棚，地平板不用墁砖，东西两边一样与后殿台阶一般平，再楼上楼下俱安挂灯栏杆，上亦安套头，其余照样准做，钦此[1]。”

经过一个月的装修，于十月初六日基本完工，这天乾隆正式命名仙楼为长春书屋：“元年十月初六日交养心殿西暖阁仙楼上用御笔‘长春书屋’匾文一张，‘丛云’匾文一张，葵黄绢挑山一张，粉红色五言对一副，七言对一副，朱绢五言对一副，朱绢‘福’字一张，戴临敬书横披一张。”[2]

元年的长春书屋指的是西暖阁仙楼，到乾隆十一年时，乾隆下旨拆除长春书屋装修改为佛堂：“(乾隆十一年正月二十五日）太监胡世杰传旨：西暖阁对楼梯阁西墙通景油画起下，另糊白纸，夔龙门内西墙油画亦起下，另糊白纸。”[3]乾隆十二年（1747 年）挂供从阐福寺移来的 24 轴唐卡：“正月十一日太监胡世杰传旨：西暖阁楼上坎窗、宝座、围屏俱各拆出，将先交出五方佛、八大菩萨配背光供在正面，将阐福寺现挂的挂像佛二十四轴取来挂在两边，再安宝座处照东边现挂幔子一样用金线缎配做幔子，钦此。”[4]

仙楼改为佛堂，但长春书屋并未请出，而是挪到了楼下与无倦斋相对，但面积小了许多，为一间临窗对景的书室，长春书屋匾挂于宝座床罩上（图 5），宝座床上设紫檀木嵌玉三块如意一柄，痰盆一件，铁镀金银如意一柄，红皮鞘回子刀一把，青汉玉诗意笔筒一件，内插紫檀木镶嵌小如意一柄，笔二枝。北窗户台上设碧玉双环瓶一件，官窑瓷渣

1　清宫《造办处活计档》，乾隆元年八月初十日，中国第一历史档案馆藏。

2　清宫《造办处活计档》，乾隆元年十月初六日，中国第一历史档案馆藏。

3　将仙楼长春书屋改为仙楼佛堂，参见拙作《仙楼佛堂与乾隆的养心养性》，《故宫博物院院刊》，2001 年第 4 期，紫禁城出版社。

4　清宫《造办处活计档》，乾隆十二年正月十一日，中国第一历史档案馆藏。

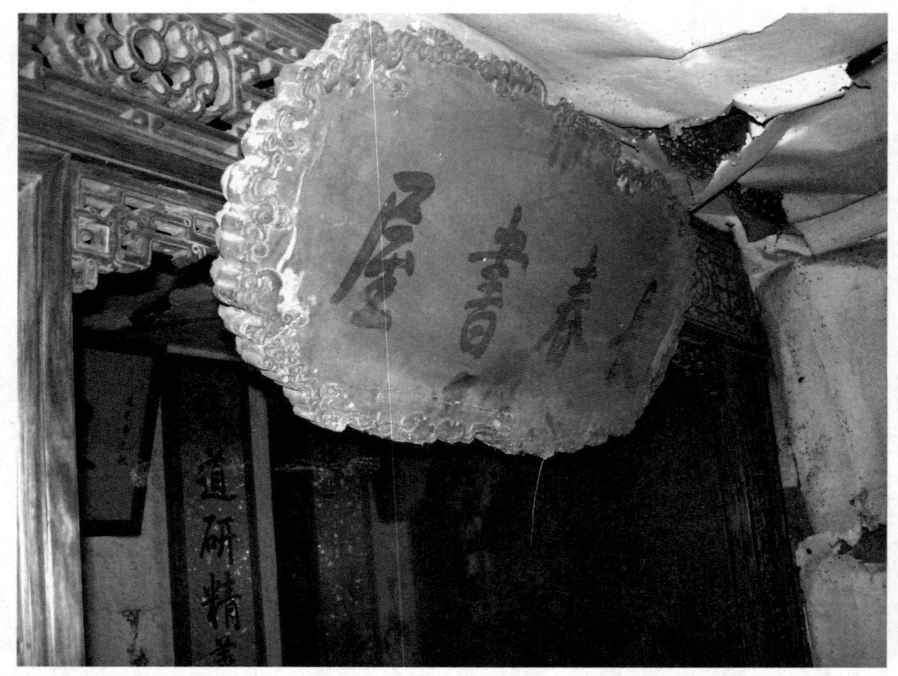

图 5　养心殿西暖阁仙楼中的长春书屋

斗一件，斑竹边棕竹股扇一柄（朱珪字画），汉玉乳钉炉一件，乾隆宝二方。紫檀木长方匣一件内盛青玉宝三方，御咏董其昌书画一册，上设御咏文征明温兰图一卷，御咏钱选观鹅图一卷，李唐清溪鱼隐图一卷，瓷莲蓬盒一件。紫檀木四方罩盖匣一件，内盛青白玉宝一方，青玉人物笔筒一件，汉玉鹿山子一件，玉台新咏一套，计六本，青白玉朝天耳三足鼎一件，青汉玉人物山子一件，汉玉卧鹿一件。地下设：五彩磁绣墩一对，花梨木漆面香几一件，周馃簠一件，紫檀木座上刻御题，内盛象牙边玻璃镜一件。

乾隆四十一年又仿照此长春书屋建养性殿西暖阁长春书屋（图 6），面西设宝座床一座，上设红地黑花猩猩毡一块，红猩猩毡一块，红白毡二块，衣素坐褥靠背迎手一份，鹅黄绸绣五彩坐褥靠背迎手套一份，紫檀嵌汉玉三块如意一柄，紫檀嵌玉璧净尘盒一件，雕漆痰盆一件，铜镀金鞘白玉靶顺刀一把。北窗台上设白玉朝冠耳有盖炉瓶盒一份，霁红磁小花觚一件，内插棕竹边股扇一柄，青玉碗一件，青白玉番花双耳盖瓶

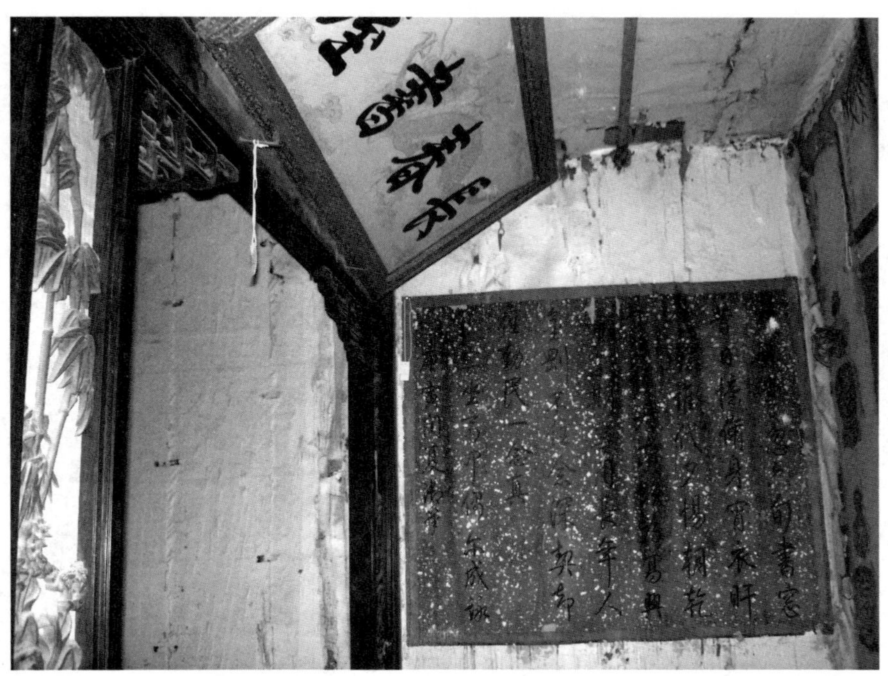

图 6　养性殿西暖阁仙楼中的长春书屋

一件，青玉镶白玉圆璧一件，哥瓷葵瓣洗一件，白玉四喜四环象耳有盖瓶一件，紫檀商丝长匣一件，内盛汉玉蚕纹昭文带二件，汉玉乳钉昭文带二件，桂芳临赵孟俯书雪赋一册，景泰掐丝珐琅三足螭耳火盆一件，烧古螭耳有盖炉一件，汉玉蚕纹双耳双环瓶一件，紫檀嵌玉博古诗意插屏二件，乾隆年制青花白地瓷玉壶春二件，均釉盆奁一份。东墙挂紫檀嵌牙边画挂屏一件。

万寿山静宜园长春书屋，建于乾隆十一年，可能是利用原有建筑而改为长春书屋的，档案记载："七月十三日，司库白世秀来说首领遭进孝传旨：将长春书屋换下之匾在香山挂，其正谊明道之匾亦在香山挂，钦此。"[1]

太液池瀛台长春书屋建于乾隆十五年，规模比较大，像一座小型花园，有正殿三间，还有游廊、药栏等，《奏销档》记："正月二十五

1　清宫《造办处活计档》，乾隆三年三月初八日，中国第一历史档案馆藏。

日）奴才海望、三和、德保额尔登尔谨奏为奏闻约估银两数目事，奴才等遵旨，瀛台长春书屋后檐改安门桶二座，正殿三间，平台游廊二座，各计三间，接盖转角游廊五间，找砌墙垣铺墁地面成做内里装修油饰糊裱，拆卸原旧偏厦游廊二间，药栏二道，挪安剑石。”到十二月，瀛台长春书屋建成挂匾：“十二日太监刘成来说首领文旦交御笔宣纸漱芳润匾文一张，传旨：做一块玉的璧子匾镶八份宽蓝绫边，钦此。于本月十六日领催白世志将做得宣纸漱芳润一块玉璧子匾一面持进赴瀛台长春书屋内挂讫。”[1] 瀛台长春书屋的具体位置，嘉庆朝《钦定大清会典事例》[2]，“绮思楼西，山上有台，额曰八音克谐，台北为长春书屋，屋后小室曰漱芳润，屋西有亭，临池曰怀抱爽，左右山石间，有剑石二，曰插笏，其南隔池相对者为宝月楼。”

档案中还有记载制作长春书屋匾的史料，但不知挂于何处，档案记载如下：

> （乾隆三年三月）二十八日，首领夏安来说，太监胡世杰交委怀琴书、长春书屋绢字本文二张，传旨：著做糊锦边匾二面，钦此。于本年三月初八日，首领夏安将做得糊锦边匾二面持去讫[3]。
>
> （乾隆十二年七月）二十一日，太监张国祥来说，首领文旦交御笔宣纸长春书屋匾文一张、御笔宣纸随安室匾文一张、御笔宣纸桃山一张、御笔宣纸对一副，传旨：将匾文做一块玉璧子匾二面镶蓝绫边，其桃山对子画宋花边托贴，钦此。……于七月十二日，柏唐阿英敏将做得长春书屋匾一面、随安室匾一面持去讫[4]。
>
> （乾隆三十一年三月）于十五日，催长四德来说太监胡世杰交来黑漆金字云岑匾一面（九州清晏北泊岸），鸡刺木蓝字元和在抱

1 清宫《造办处活计档》，乾隆十五年十二月十六日，中国第一历史档案馆藏。
2 《钦定大清会典事例·工部四》卷六六二。
3 清宫《造办处活计档》，乾隆三年三月初八日，中国第一历史档案馆藏。
4 清宫《造办处活计档》，乾隆十二年七月十二日，中国第一历史档案馆藏。

匾一面，……于二十四日交出白纸长春书屋匾文一张[1]。

(乾隆五十四年三月) 初二日太监梅进宝来说总管张进喜交来御笔笺纸字横披四张，字条一张、字斗一张、字对一副 (仪富春楼、长春书屋、怀清芬、高梁桥、慎修思永、静明园)，传旨：横披三张、字条一张俱镶一寸宽，蓝绫边一块，玉璧子横披随托钉挺钓挂屏安闷钉护眼，具余各镶一寸蓝绫边托贴，钦此[2]。

(乾隆五十五年十二月) 十七日太监梅进宝来说首领董五经交御笔笺纸匾式字横披三张，(御花园二张，长春书屋一张)，笺纸字挂屏一件 (北海)，传旨：字横披三张，字挂屏一件，镶一寸蓝绫边，俱做一块玉璧子横披随托钉挺勾，挂屏安闷钉护眼安挂，钦此[3]。

乾隆于元年在养心殿所建长春书屋，此举在当时来说，简直不可理逾，因为即位之初，百废待兴，怎么能够有如此之闲暇时间去建一座无关紧要的书屋呢？看来长春书屋在乾隆的心中很重要，非建不可。此举本身就说明了长春书屋的重大意义所在。自养心殿长春书屋建成后，我们发现乾隆从此一发不可收拾，不断地建长春书屋，一直到他的晚年，可以说长春书屋伴随了他的一生。

长春书屋在乾隆的心中太重要了，影响了他的一生。

2. 长春书屋之义为仁

乾隆是因为父亲赐给他长春居士号才建长春书屋，长春书屋与怀念父亲有关，但并非仅仅如此，乾隆一生写了众多的《长春书屋》诗，不断地阐释长春书屋之意，是为了牢记父亲的敦敦教导，“用昭圣训，垂示体仁临民之要”[4]。

1　清宫《造办处活计档》，乾隆三十一年三月二十四日，中国第一历史档案馆藏。

2　清宫《造办处活计档》，乾隆五十四年三月初二日，中国第一历史档案馆藏。

3　清宫《造办处活计档》，乾隆五十五年十二月十七日，中国第一历史档案馆藏。

4　［清］弘历：《御制诗集五集》卷六六《长春书屋》，《钦定四库全书·集部·别集类》，台湾商务印书馆影印，1986 年。

乾隆三十九年（1774年），乾隆作《长春书屋》[1]诗，如此解释道：

> 元既贯四德，春应含四季。
> 义经曰统天，已示长春义。
> 书屋此为号，讵予师已意。
> 况值开韶月，而适斯临憩。
> 即境一心会，澄观万物备。

乾隆说“统天”一词，揭示了长春之义。“统天”，出自《易》所言“大哉乾元，万物资始，乃统天”之句：乾元即乾阳，它具有统御天体运行的功能，万物借助了乾阳才开始具有生命。乾阳统贯天德，天有四德即元、亨、利、贞，乾隆在《元者善之长也》[2]一文中进一步论说道：

> 元者，善之长也；亨者，嘉之会也；利者，义之和也；贞者，事之干也。天具四德，而为春夏秋冬，人体四德而为仁义礼智。然夏秋冬咸统于春，而义礼智实归于仁，故曰元者善之长也。惟其善之长，故亨亦元之亨，利亦元之利，贞亦元之贞。天道一人道，故曰仁也者，人也，合而言之道也。苟失其仁，则不可以为人，于义礼智乎何有？故气成形而理成性。苟无其气，不可以成形，苟无其理，不可以成性，而其气其理统一，元为之枢纽。大哉乾元，万物资始，乃统天。夫子盖明示之矣。

《易》说元、亨、利、贞四德就是体仁、嘉会、利物、贞固。“元

1　［清］弘历：《御制诗四集》卷一七《长春书屋》，《钦定四库全书·集部·别集类》，台湾商务印书馆影印，1986年。

2　［清］弘历：《御制诗初集》卷一《元者善之长也》，《钦定四库全书·集部·别集类》，台湾商务印书馆影印，1986年。

者，善之长也”：元是创始，在四德中，元居第一，故天地以善为长，四德由元统贯。四德对应四季，万物生长是春天开始的，春是长，有了春才有四季，故春统贯四季。天道对应人道，反映于人道上，即人亦具有四德即仁义礼智，有了仁，才有义礼智，故义礼智归于仁。按照这种对应关系，可以确定春就是仁。

《易传》[1]云：“乾，上出也；从乙，物之达也；从倝，光明之意。积阳为天……上人为元，上从一始也。春木，仁也。”“春木”，按五行说法，木代表春，故春木就是春的意思。

阳气是宇宙中的生命之气，天就是由积阳而形成的，有了阳气才会产生万物，形成四季。生命是从一开始的，一就是阳气，生命的出现是从四季之首春天开始的，有了生命才体现出天之大德，这大德就是仁，仁就是生物的意思。朱熹说：“春为仁。”

故乾隆的长春书屋之义是仁。

乾隆在另一首《长春书屋》[2]诗中说：

> 四时一贯气长春，书屋今来景益亲。
> 到处抚时思切已，欲因元善体为仁。

“元善体为仁”，是说元是善之长，体现于仁上，使万物生长。

天之四时之气凝聚于春，有了春，才会出现生，四季才会永无停息，今天来到长春书屋，看到万物欣欣向荣的景色，更加感到亲切。这一切的出现都是因为天体现为仁的反映。

从乾隆的《长春书屋》诗中，可以得知他建了多处长春书屋，因此揭示长春之意也是他所要面对的问题：

---

1 ［清］朱骏声：《六十四卦经解》，第 3 页，中华书局，1990 年。

2 ［清］弘历：《御制诗三集》卷六二《长春书屋》，《钦定四库全书·集部·别集类》，台湾商务印书馆影印，1986 年。

书屋长春到处如，长春之义可言诸。

元为善长功生物，人以仁名语启予。

潜毓当年悦有素（曩时蒙恩尝读书于此，即长春之号亦系赐予者，故各处书屋率以此名之），起行今日惧违初。

阳和渐觉回寰宇，嘉兴吾民共恺舒。[1]

在诗中，他明确地指出，长春之意，是由于受到《易传》“元者，善之长也”这句话的启发，以长春之号名书屋，是为了经常提醒自已不要违背了当初父皇的教诲即“体仁”。乾隆写下《长春书屋口号》[2]强调长春体仁之义：

书庐到处额长春，此日名和实逼真。

个里若寻切己句，亦云元善勉依仁。

所以乾隆说：“四序春为首，一心长体仁。”[3]

在乾隆《长春书屋》组诗中，提到最多也最引人注目的一个字是“仁”字，如“人以仁名语启予”、“欲因元善体为仁”、“一心长体仁”、“五德首惟仁”、“乾元君子体为仁”、“亦云元善勉依仁”、“敢不体仁勖”、“体仁贵有养”，“仁”是长春书屋的核心，仁与长春书屋之间的关系，也就是仁与春的关系，春即是仁。

笔者发现乾隆所题写的这些《长春书屋》诗，大都写于春天，如：

---

1 ［清］弘历：《御制诗三集》卷六一《长春书屋》，《钦定四库全书·集部·别集类》，台湾商务印书馆影印，1986 年。

2 ［清］弘历：《御制诗集三集》卷九四《长春书屋口号》，《钦定四库全书·集部·别集类》，台湾商务印书馆影印，1986 年。

3 ［清］弘历：《御制诗三集》卷六九《长春书屋》，《钦定四库全书·集部·别集类》，台湾商务印书馆影印，1986 年。

阳和渐觉回寰宇，嘉兴吾民共恺舒（乾隆三十二年春天）[1]。

点笔吟韶始，凭窗对景新（乾隆三十三年春天）[2]。

旧日题书屋，今朝临始春（乾隆三十四年春天）[3]。

况逢即景韶初稚，益切体乾元实应（乾隆三十八年春天）[4]。

况值开韶月，而适斯临憩（乾隆三十九年春天）[5]。

湖傍书屋号长春，名副春来实倍亲（乾隆三十九年春天）[6]。

寄怀弗忘旧，今岁又从新。凭窗景无尽，展编意觉亲（乾隆四十一年春天）[7]。

而兹更即景，亲切领韶煦（乾隆四十五年春天）[8]。

春天是万物开始萌生的季节，是生命的开始，在春和日暖之时，乾隆亲临长春书屋，对景深情，即兴赋诗，与天地融合一体：

湖傍书屋号长春，名副春来实倍亲。

讵必柳桃辉锦绣，已欣山水蕴精神。

早妆彩胜曲屏缀，雅有芸编净几陈。

1　[清] 弘历：《御制诗三集》卷六一《长春书屋》，《钦定四库全书·集部·别集类》，台湾商务印书馆影印，1986 年。

2　[清] 弘历：《御制诗三集》卷六九《长春书屋》，《钦定四库全书·集部·别集类》，台湾商务印书馆影印，1986 年。

3　[清] 弘历：《御制诗三集》卷七七《长春书屋》，《钦定四库全书·集部·别集类》，台湾商务印书馆影印，1986 年。

4　[清] 弘历：《御制诗四集》卷九《长春书屋》，《钦定四库全书·集部·别集类》，台湾商务印书馆影印，1986 年。

5　[清] 弘历：《御制诗四集》卷一七《长春书屋》，《钦定四库全书·集部·别集类》，台湾商务印书馆影印，1986 年。

6　[清] 弘历：《御制诗四集》卷一八《长春书屋》，《钦定四库全书·集部·别集类》，台湾商务印书馆影印，1986 年。

7　[清] 弘历：《御制诗四集》卷三四《长春书屋》，《钦定四库全书·集部·别集类》，台湾商务印书馆影印，1986 年。

8　[清] 弘历：《御制诗四集》卷六五《长春书屋》，《钦定四库全书·集部·别集类》，台湾商务印书馆影印，1986 年。

即景问何为契要，乾元君子体为仁[1]。

长春书屋依湖而建，春天来临时，倍感亲切，桃柳相互争辉，山水蕴含精神，面对勃勃生机，乾隆不禁要问什么是万物复苏的契要，乾隆参悟到的是“乾元君子体为仁”。

在乾隆70岁时，他在《长春书屋》诗中仍念念不忘皇考赐给他的“长春居士”号，可见“长春”一词影响了乾隆的一生。乾隆怀想昔年的赐号，至今仍能体悟出上天的眷顾之情和自已的希求目标：

人心小天地，闻之宋儒语。
一气总涵春，所以首四序。
锡号缅昔年（于长春居士之号，皇考所赐也），体乾励今所。
函处额书屋，育物勤相辅。
而兹更即景，亲切领韶煦[2]。

在乾隆即将归政之日，他写下了最后一首《长春书屋》[3]诗，长春书屋的秘底，他终于揭开了：

先年赐号曰长春（雍正年间，纂当今法会书，因赐号曰长春居士，尔时王大臣共闻之，今无一人知此者矣），到处颜斋训仰谆（长春园、万寿山静宜园、避暑山庄、宁寿宫等处，皆以此颜斋，用昭圣训，垂示体仁临民之要）。

宁只谈禅适清豫，临民要在体元仁。

1 ［清］弘历：《御制诗四集》卷一八《长春书屋》，《钦定四库全书·集部·别集类》，台湾商务印书馆影印，1986年。
2 ［清］弘历：《御制诗四集》卷六五《长春书屋》，《钦定四库全书·集部·别集类》，台湾商务印书馆影印，1986年。
3 ［清］弘历：《御制诗集五集》卷六六《长春书屋》，《钦定四库全书·集部·别集类》，台湾商务印书馆影印，1986年。

乾隆说“长春居士”是自己的法号，年轻时，父皇雍正所赐，当时王大臣都知道这件事情，时间过去了快60年了，今天无一人知晓了。书屋取名“长春”，一方面是为了怀念父皇之恩，另一方面则是为了昭示圣训，垂示体仁临民之要，并不是只在于谈禅追求清静。

被历代统治者奉为群经之首，万法之源，一部不朽的圣典《周易》曰：“天地之大德曰生，圣人之大宝曰位，何以守位曰仁。”

3. 建长春书屋的目的是为了推行仁政

乾隆建长春书屋的目的是为了学习元太祖，推行仁政。乾隆三十四年（1769年）《长春书屋》[1]诗阐释了其观点，是要学习元太祖忽必烈推行仁政之理想：

> 旧日题书屋，今朝临始春。
>
> 四时恒不息，五德首惟仁。
>
> 颜子弗违处，邱翁进义辰（邱处机号长春子，元太祖延见问道，其进说有节欲保躬天道好生恶杀语）。
>
> 参观均切已，便拟致于民。

五德即仁义礼智信，仁为首。颜子即孔子的弟子颜渊，《论语》记颜渊问仁于孔子的典故。邱翁即邱处机，号长春子，全真派道士，元太祖曾延见之，《元史》[2]记：

> 处机每言欲一天下者，必在乎不嗜杀人。及问为治之方，则对以敬天爱民为本。问长生久视之道，则告以清心寡欲为要。太祖

1　［清］弘历：《御制诗三集》卷七七《长春书屋》，《钦定四库全书·集部·别集类》，台湾商务印书馆影印，1986年。

2　《元史·列传第八十九》卷二〇二，第4524页，中华书局，1976年。

深信其言，曰："天锡仙翁，以寤朕志。"

乾隆说"长春书屋"名为旧时所题，今朝才始临春，这使他更加思绪起伏，想到昔日元太祖问"道"于长春子邱处机，长春子进说"节欲保躬"、"天道好生恶杀"语，促成了元太祖推行仁政之道。参观对照此道正符合自已的想法：四时永恒不息，仁为五德即仁义礼智信之首，仁是天道的反映，应该施仁于民。

乾隆《长春书屋》组诗中有如下诗句："阳和渐觉迴寰宇，嘉兴吾民共愷舒。"[1]"参观均切已，便拟致于民。"[2]"吾民谁为省忧者，足食足衣愧未能。"[3]"金刚不住念深契，却住勤民一念真。"[4]这些诗句，反映了乾隆以民为本的思想，处处为百姓担忧，为百姓解难，为百姓祈佑。

（三）俯仰探幽旨

讨源书屋在畅春园西，一条溪水从屋前蜿蜒流淌，树木蓊郁，水草茂盛，禽鸟鸣唱，环境幽静，有正殿五间，左右配殿各五间，再后敞轩三间为观德处。《御制讨源书屋记》曰：

畅春园之西，有屋数楹，临清溪，面层山。树木蓊蔚，既静以深。溪之藻，匪蒲伊荷；山之禽，匪哓伊歌。额之楣曰"讨源"，则我皇祖摛天文而垂擘窠也。昔予小子日侍清宴之所，今以问安视

---

1 ［清］弘历：《御制诗三集》卷六一《长春书屋》，《钦定四库全书·集部·别集类》，台湾商务印书馆影印，1986 年。

2 ［清］弘历：《御制诗三集》卷七七《长春书屋》，《钦定四库全书·集部·别集类》，台湾商务印书馆影印，1986 年。

3 ［清］弘历：《御制诗四集》卷九《长春书屋》，《钦定四库全书·集部·别集类》，台湾商务印书馆影印，1986 年。

4 ［清］弘历：《御制诗三集》卷九〇《长春书屋》，《钦定四库全书·集部·别集类》，台湾商务印书馆影印，1986 年。

膳之暇，亦每憩此。咨政抡材，肯构继志之衷，久而弗敢懈。盖尝深维“讨源”之义，岂以其据浑浑之泉府，似窈窈之洞天，骚人寓意所为武陵桃源之比也哉！孟子曰：“原泉混混，不舍昼夜，盈科而后进，放乎四海。”朱子解之曰：“如人有实行，则亦不已而渐进，以至于极。”斯言也，引而未发，然内圣外王之学，实概括而无遗夫。水则有源，人何独无是？故尧舜，政治之源也；孔孟，道德之源也。非特此也，颉之书，羿之射，输之巧，旷之音，鹊之医，僚之丸，秋之奕，无不各有其源。或曰如是，则其源已纷而流，益莫可同矣。顾尝论之圣人人伦之至，而武周夷齐相反，是得谓之同乎？然其心之自安，各行其至是，则无不同，故百越适京师，则北辕，朔漠适京师，则南首，南首北辕大不同矣。及其既至，则同。故尧舜政治之源在心，而孔孟道德之源亦在心。颉之书羿之射，输之巧，旷之音，鹊之医，僚之丸，秋之弈，何一不在心哉。且夫天下之水其源多矣，而海则无源，无源正众水之源，则水之源亦在心，昭昭明矣。如是，则圣人讨源之旨，直上接十六字之心传，而非怡情山水之为，益可知矣。乾隆七年。

讨源书屋原是乾隆年少时陪侍皇祖康熙进膳之处，乾隆《季夏讨源书屋》诗曰：“书屋碧溪边，煌煌圣藻悬。询安常憩此，抚景每思前。”乾隆称讨源书屋是他向母亲问安视膳之暇，到此憩临的地方。同时在此商议政事，为国家选拨人才，这样做意在讨源即继承皇祖之志，所以从来不敢有所懈怠。并不是因为书屋处于山水之中像窈窈之洞天，而把它寓意为骚人笔下的避世武陵桃源。

孟子说众泉水汇集成河流不舍昼夜，然后奔向大海，形成浩瀚无际之壮观，这就好像人经过一步一步的积累，循序渐进而达到极至一样。但这壮观是一点一点积累起来的，所以大海的源头在泉水，既然水有源，人的成功又何尝不是这样。

仓颉之书，后羿之射，公输之巧，师旷之音，扁鹊之医，宜僚之丸，奕秋之奕，他们是各行各业中最杰出者，其源头虽然各不相同。但有一点是相同的，即他们的心，是因为其心自安，才能达到这样的成就。就比如从百越去京师，是往北走，从朔漠去京师，则是往南走，南辕北辙，其方向是不一样的，但终点是相同的。又好像如天下之水其源虽各不相同，奔腾到海，海无源，无源正是众水之源，是包容它们的心。

所以万物之源在于心，无论是尧舜的政治之源，还是孔孟的道德之源，都归于心。

乾隆在《御制讨源书屋记》中想要告诉人们的是，书屋环境幽静，但不要因为书屋名曰“讨源”，就认为书屋的主人是在追求陶渊明的桃花源，那是大错特错的。书屋名曰讨源，是要探寻治国之源。乾隆从名人之技、众水之源，尧舜政治之源的探讨中，发现源头皆归于心。治理国家有不同的方法，但要找到其根本大法在哪里，国家就好治理了。尧舜禹太平盛世的出现，在于十六字心传。《论语·尧曰》记载尧让位给舜的时候，说：“咨！尔舜！天之历数在尔躬，允执其中。四海困穷，天禄永终。”上天的大命已经落在你的身上了，诚实地保持中道吧！如果天下的百姓都困苦贫穷，上天给你的禄位就会永远终止。“允执其中”出自《上书·大禹谟》“人心惟危，道心惟微，惟精惟一，允执其中”，是说人心是危险的，而道却是精微的，所以要像种子一样精心培育，永远诚实地坚持中正之道即天道，也就是仁道。这就是尧禅位舜时所传授的治国大法，是要他诚实地恪守天道。这句话被儒家称为“十六字心传”。

乾隆《冬日讨源书屋》诗曰：“霜后菊犹黄，冬初枫尚紫。书屋临清流，一匣镜光美。翰墨生古香，俯仰探幽旨。心法与治法，非彼亦非此。”所以建讨源书屋的目的是在于探寻治理国家之根本大法即追求内圣外王之学。找到了治理国家的源头，尧舜禹太平盛世就会重现。讨源之旨在于上接十六字心传，直接与圣人之心相接，而非怡情山水之为。

（四）民情亲切永心存

圆明园西峰秀色迤东有东西船坞二座，北岸为四宜书屋。四宜书屋为雍正所建，为圆明园四十景之一。所谓四宜即“春宜花，夏宜風，秋宜月，冬宜雪，居处之适也”。乾隆六十年作《四宜书屋》诗回忆说：“四宜意喻四时宜，园是新名屋旧基（予于壬午年南巡观海塘，地方大吏即以海宁陈氏之陈园为行馆，因赐名曰安澜。回京后喜其结构之佳，就御园四宜书屋左右前后肖其位置为之，四宜书屋为圆明园四十景之一，乃皇考时所创建也）。仁者谓仁知谓知，系辞义着合深思。”乾隆在归政之际总结道四宜书屋是自己施仁于天下的表现。

原来乾隆二十七年南巡海塘，曾住在陈氏隅园，故赐隅园名曰“安澜园”，寄海澜永宁之意。海宁陈氏安澜园，原名遂初园，在盐官镇西北隅，为南宋安化郡王王沆故园。陈元龙曾祖、明代戏曲家陈与郊（号隅阳）时重建，取名隅园，后传与清代文渊阁大学士陈元龙，当地俗称陈园。明清时期与南京瞻园、苏州狮子林、杭州小有天园并称为江南四大名园。乾隆回京后，因喜爱陈园的结构布景，下令重新改建四宜书屋。乾隆称改建四宜书屋，一是书屋年久失修，二是改建书屋所需费用不多，而且可按照陈园进行改建，可谓一举两得。改建后将园更名为安澜园，“左右前后，略经位置，即与陈园曲折如一无二”。安澜园之正宇五间为四宜书屋，东南为葄经馆，又南为采芳洲，其后为飞睇亭，东北为绿帷舫。西南为无边风月之阁，又西南为涵秋堂，北为烟月清真楼，楼西稍南为远秀山房，楼北度曲桥为染霞楼。乾隆二十九年作《四宜书屋》诗曰：“（四宜书屋）为圆明园四十景之一，因岁久修葺，略为更置，宛然盐官安澜园，皇考御额在焉。春夏秋冬无不宜，所宜乐总读书时。何须千里盐官忆，即景吾方勉近思。”

乾隆《御制安澜园记》[1]曰：

---

1 ［清］弘历：《御制安澜园记》，《御制文集二集》卷七，《钦定四库全书·集部·别集类》，台湾商务印书馆影印，1986 年。

> 安澜园者，壬午幸海宁所赐，陈氏隅园之名也。陈氏之园何以名御园？盖喜其结构致佳，图以归，园既成，爰数典而仍其名也。然则枷欤曰非也。就四宜书屋左右前后略经位置即与陈园曲折如一无二也。四宜书屋者，圆明园四十景之一，既图既咏至于今，已历二十年也。土木之工二十年斯弊，故就修葺之便，稍为更移，费不侈，而一举两得也。彼以安澜畼额则因近海塘，似与此无涉也。然帝王家天下，薄海之内均予户庭也。况予缱念塘工，旬有报而月有图，所谓鱼鳞土备，南坍北涨诸形势无不欲悉，安澜之愿实无时不谨于怀也。由其亭台则思至盐官者，以筹海塘而愿其澜之安也。不宁惟是凡长江洪河与夫南北之济运，清黄之交汇，何一非予宵旰切切关心者，亦胥愿其澜之安也。是则予之以安澜名是园者，固非游情泉石之为，而实蒿目桑麻之计，所谓在此不在彼也。

为何要按陈园进行改建呢？原因有二：一是陈园设计别出心裁，太巧妙了。二是因陈园临近海塘，已赐额易名为“安澜园”，仿安澜园，就是为了让四宜书屋有安澜园的影子，使自己每到书屋时，都能联想到治理海塘的重大责任。乾隆三十七年作《四宜书屋》诗曰：“御园小景写隅园，书屋闲来书偶翻。恰是南巡江浙典，民情亲切永心存。”

如何才能得到春夏秋冬四宜呢？显然乾隆要告诉我们的是治理海患的重要性。只有无海患，才能放下心来欣赏四时之宜。所以乾隆时时牵挂治理海塘的工程，半月有来报，一月有图呈，对南坍北涨诸形势无不悉知，安澜之愿无时不牢记于心。乾隆三十九年作《四宜书屋》诗：“图来陈氏隅园景，构筑居然毕肖观。每月奏闻涨沙势，何曾一日忘安澜。”由花园的亭台楼阁而想到盐官镇，进而筹划治理海塘，以实现海澜永安的愿望。由此，乾隆还想到治理长江、洪河和南北漕运以及黄河的治理，哪一件事都让他牵挂睡不安稳。愿海澜永宁，这就是乾隆以安澜名御园的原因，并不是游情泉石之为。

（五）兢业识毋忘

四知书屋位于避暑山庄正殿后室，乾隆解释说："山庄正殿后室，皇祖题'依清旷'三字，而无檐额。去岁筹划台湾军务，日于此召见军机大臣，实因先事知几有合于豫之六二爻义，得以蒇功，因取系辞所云'知微'、'知彰'、'知柔'、'知刚'之意，颜其檐额曰'四知书屋'，却非杨震之所谓四知也。"乾隆《御制四知书屋记》曰：

> 杨震四知，千古以为名言，而予以为书屋之名者，非袭其迹也。彼其却王密之贿，廉则廉矣，然而小哉。为人君者亦无其事。予之所谓四知者，盖引孔子系辞"知微"、"知彰"、"知柔"、"知刚"之义，内以正心，外以敕政，而更慎于用兵之际。朱子疏此以为释豫六二爻义。且文王系卦则曰"利建侯行师"，周公系六二之爻则曰"介于石，不终日，贞吉"，是三圣人之意，胥示以明慎用兵见几而作，不俟终日之义，可不审乎？予昔着迟速之论，虽约略言之，而未阐三圣人之训。行师贵知几，亲切着明。若是也，盖微柔阴也，彰刚阳也，阳动而阴静，动无不由静，彰无不由微，然而柔能制刚，微能揜彰，静能胜动，此又圣人扶阳抑柔之本义。正心敕政以及用兵者，不可不深知所谓见几而作不俟终日者，宜何如其凛凛哉！因思避暑山庄正殿后室皇祖题之为"依清旷"于楣间者，实理事召见群臣之所。去岁筹划台湾诸务，日或三四觐军机大臣于此，兹幸赖天佑，彰国威定海澨，实因先事知几，得以有成，不可不识其事。且御笔祗题屋内楹间，其余檐实无额名，因即以"四知书屋"之名额之檐间。更思"依清旷"似寄山水之意，无涉熙政诘戎之为，而予则亦有说焉。夫水澄然而清故明，山廓然而旷故公，公与明非熙政诘戎之本乎？由知几而推为四知，又岂外清与明旷与公乎？是则奎文三字非示万世以熙政诘戎之大法乎？则予题四知于书屋之檐，不亦宜乎？

乾隆称四知书屋虽与杨震的千古名言“四知”相同，但其意却不同。乾隆《四知书屋八韵》诗曰：“微隐显为彰，柔卑高制刚。系辞缘述孔，数典不因杨。”据《后汉书·杨震传》记载杨震的高祖杨敞是汉昭帝的丞相，封安平侯，到孙子杨谭时因获罪而被免为庶人。杨震年少好学、博览群书，被时人誉为“关西孔子”。五十岁时，承蒙大将军邓骘听闻其贤能而力荐为秀才。在东汉初年任刺史、太守，刚正不阿，为政清廉，在东莱太守任内，曾因拒收他荐举为秀才的王密十斤黄金贿礼，说出“天知，神知，我知，子知”这句千古名言，而升任太尉。乾隆说杨震四知是没有接受王密的十斤黄金贿赂，虽然是廉洁的表现，但还是小义。乾隆说我所谓的四知，是引用了孔子系辞“知微”、“知彰”、“知柔”、“知刚”之义，内可以正心，外可以整饬政事，特别是在用兵之际，更能保持一颗谨慎之心，这与文王《豫》卦辞“利建侯行师”，周公《豫》卦之六二爻“介于石，不终日，贞吉”，合为三圣人之意。都在明示谨慎用兵之道是不要错过时机，要见机而作，立即行动起来。“不俟终日之义，可不审乎”？豫是谦的覆卦，谦是谦虚，豫是骄满喜豫，是一种不知后果的盲目喜乐。出兵征伐，要心知肚明，了然于心，要有十份的把握。乾隆称我过去写过《尺速之论》，虽作了一番简约论说，但并没有阐释三圣人之训。用兵贵在知几知彼，清楚明白。

微指阴柔，彰指阳刚，阳动阴静。动无不是由静产生的，彰无不是由微而显现的。然而柔能克刚，微能掩彰，静能胜动，这就是圣人扶阳抑阴的本义。端正心思，整饬政治以及用兵，不可不深知见机而作果断立决的道理。于是乾隆想到了避暑山庄正殿后室皇祖题额名曰“依清旷”，但实际上并不意味着这里是消夏之处而是召见群臣之所。乾隆称去年筹划台湾事务，每日三四次在此召见军机大臣，幸赖天佑，彰国威定海疆，但实则是因为事先知道有多少胜算，才得以成功，所以不可不识其事。且皇祖御笔只题写了明间额名，其余房间均没题额，故即以“四知书屋”额名之。

《四知书屋八韵》诗曰："清旷山水德，明公挞伐方。五言重衍义，兢业识毋忘。"乾隆认为"依清旷"表面上看似乎是寄情于山水，不涉及熙政诘戎之为，但实际上有深意。乾隆分析说水清澈故曰明，山豁达开阔故曰公，公与明难道不是熙政诘戎之本吗？由知几推及四知，这难道不是从外清而知内明，外旷而知内公吗？"依清旷"三字难道不是显示了万世熙政诘戎的大法吗？我给书屋题写"四知"之名，难道不合适吗？我将兢兢业业遵从祖训，永远不会忘记祖父"依清旷"之圣意。

中国传统文化的精神灵魂照亮了紫禁城，照亮了永乐帝和乾隆帝，照亮了中国古代的每一个人，也照亮了他们的梦想：至若王畿之内，辇毂之间，沃野弥望，原陆宽闲。烟火相接，鸡犬相闻。宵无警柝，外户不关。以牧则蕃，以种则获。以田以渔，以耕以凿。随其所营，皆得其乐。在古代，太平盛世是人们回味无穷的话题和永不退缩的奋斗目标，欲达到此目标，则要效法天道，与民休息，推行仁政，才能实现百姓的安居乐业。个人天性的实现也无不与此有关，养心养性，去掉自身的贪欲，使自己的本性善光明起来，成为最诚实的人，能达到此境界，离圣人的目标则不远了。

写到此时，本书也就结束了。抬头望夜空，星光灿烂，北极星依然明亮不动。古人是因为找到了北极星才发现了天道主生，天道就像北极星一样永远不会改变，因此由天遗传给中国古人的基因也会永远不会改变。由这种精神铸造的紫禁城也不会改变，它将像太阳一样光芒四射。

附　表

北京城紫禁城主要宫殿建筑变化表

宫殿名	始建年代	更名	烧毁与重建	备注
奉天殿	永乐十五年十一月初二日	取太祖南京宫殿奉天殿名，嘉靖四十一年更名为皇极殿，顺治元年更名为太和殿。	永乐十九年烧毁，嘉靖三十六年重建，三十九年建成。万历二十五年烧毁，天启五年重建。明末毁于战火，清顺治二年重建。清康熙十八年烧毁，三十四年重建。	
华盖殿	永乐十五年十一月初二日	取太祖南京宫殿华盖殿名，嘉靖四十一年更名为中极殿，顺治元年更名为中和殿。	永乐十九年烧毁，嘉靖三十六年重建，三十九年建成。万历二十五年烧毁，天启五年重建。明末毁于战火，清顺治二年重建。清康熙十八年烧毁，三十四年重建。	
谨身殿	永乐十五年十一月初二日	取太祖南京宫殿谨身殿名，嘉靖四十一年更名为建极殿，顺治元年更名为保和殿。	永乐十九年烧毁，嘉靖三十六年重建，三十九年建成。万历二十五年烧毁，天启五年重建。明末毁于战火，清顺治二年重建。清康熙十八年烧毁，三十四年重建。	顺治三年至十三年，顺治帝曾居住保和殿，时称“位育宫”，大婚亦在此举行。康熙自即位至八年亦居保和殿，时称“清宁宫”。
乾清宫	永乐十五年十一月初二日	取太祖南京宫殿乾清宫名	永乐二十年烧毁，正统五年重建。成化十一年烧毁，当年重建。正德九年烧毁，十年重建，十六年建成。隆庆元年维修。万历二十四年烧毁，三十二年建成。明末毁于战火，顺治元年重建。康熙八年因栋梁朽坏，重修乾清宫。嘉庆二年十月，乾清宫烧毁，三年重建。	

续表

宫殿名	始建年代	更名	烧毁与重建	备注
中圆殿	永乐十五年十一月初二日	嘉靖十四年更名为交泰殿	永乐二十年烧毁，正统五年重建。成化十一年烧毁，当年重建。正德九年烧毁,十年重建,十六年建成。隆庆元年维修。万历二十四年烧毁，三十二年建成。明末毁于战火,顺治元年重建。嘉庆二年十月，乾清宫烧毁,三年重建。	又名圆殿、穿堂。
坤宁宫	永乐十五年十一月初二日	取太祖南京宫殿坤宁宫名	永乐二十年烧毁，正统五年重建。弘治十一年十月烧毁。重建后的坤宁宫又于正德九年正月烧毁,当年十二月重建,十六年建成。隆庆元年维修。万历二十四年二月烧毁，二十五年二月重建。明末毁于战火,顺治十二年重建。嘉庆二年十月延烧至前檐,三年重修。	清代顺治时将坤宁宫明间和西暖阁改为祭祀萨满神的场所
东西六宫	永乐十九年前	嘉靖十四年前,东六宫名曰长阳宫、永安宫、长寿宫、咸阳宫、永宁宫、长宁宫,西六宫名曰寿昌宫、万安宫、长乐宫、寿安宫、长春宫、未央宫。嘉靖十四年更东六宫之长阳为景阳,永安为永和，长寿为延祺，咸阳为钟粹，永宁为承乾,长宁为景仁;西六宫之寿昌为储秀，万安为翊坤,长乐为毓德,寿安为咸福,长春为永宁，未央为启祥。	明末毁于战火，清顺治十年重建景仁、承乾、钟粹宫于东,永寿、翊坤、储秀宫于西。康熙二十二年重建启祥宫、长春宫、咸福宫于内廷之西。二十五年又重建延禧宫、永和宫、景阳宫于内廷之东。至此东西六宫全面得到恢复。	

续表

宫殿名	始建年代	更名	烧毁与重建	备注
钦安殿	永乐十九年前	嘉靖十五年十二月十九日更名为玄极宝殿，隆庆元年恢复钦安殿名。		供奉真武大帝铜像
文楼	永乐十九年前	嘉靖四十一年九月更名文昭阁，清初更名为体仁阁。	明末毁于战火，清顺治三年重建。乾隆四十八年烧毁，当年重建。	
武楼	永乐十九年前	嘉靖四十一年九月更名武成阁，清初更名弘义阁。	明末毁于战火，清顺治三年重建。	
文华殿	永乐十九年前		明末毁于战火，康熙二十二年重建。	
武英殿	永乐十九年前			
宁寿宫	乾隆三十五年	原名仁寿宫，康熙二十八年重建后更名为宁寿宫，乾隆时定宁寿宫为太上皇宫名。	明末毁于战火，康熙二十八年改建为宁寿宫院，乾隆三十五年至四十四年拆除原宁寿宫院，重新修建。	太上皇宫
重华宫	乾隆元年	原为乾西二所，改建后于乾隆元年更名为重华宫。		潜邸
文德坊	永乐十九年前	清代慈禧时更名溥仁	天顺七年四月烧毁，五月重建。	
武功坊	永乐十九年前	清代慈禧时更名振武	弘治十七年五月烧毁，后重建。	
五部	永乐十九年前			吏、户、礼、兵、工部及鸿胪寺、钦天监、太医院等机构。

续表

宫殿名	始建年代	更名	烧毁与重建	备注
五军都督府	永乐十九年前			中、左、右、前、后五军都督府、刑部、太常寺、锦衣卫等机构。
崇文门	建于元代	原名文明门，正统年间更名崇文门。		
宣武门	建于元代	原名顺承门，宣德时更名宣武门。		

后　记

中国古人最讲究精神两字，什么都要追求一个精气神，山有山的精神，水有水的精神，城有城的精神，而这些不过是人的精神的映射而已。

芸芸众生，或在田间劳作，或在街市吆喝，或在旅途奔波，或在庙堂议政，有的是为生计活着，有的是为道义活着，而有的则是行尸走肉，不知天地冷暖之变化。各种不同的角色充斥着这个社会，而他们都是上天的子民，本无可厚非，天地之大，彰显的就是它的博爱。你的命既是天给的，也是自己决定的，同时也是要受他人影响甚至决定的。

我们能跳出三界之外吗？

我们的梦很神奇，在梦中我们会变成各种角色，享受各种角色的生活滋味，有时美好，有时辛酸，有时无奈，有时神气。而回到现实生活中时，真实的自己是那么的无法按自己的意图去生活。

而儒家的声音却是那样的宏亮而深沉，使人洗心革面，去面对自己的灵魂，去战胜自己的灵魂，去抛开尘世的一切烦躁与不安。《中庸·尽性章》说：“惟天下至诚，为能尽其性；能尽其性，则能尽人之性；能尽人之性，则能尽物之性；能尽物之性，则可以赞天地之化育；可以赞天地之化育，则可以与天地参矣。”上天创造人，人作为万灵之长，因此就被赋予一种伟大的责任。这种责任存在于每一个人的心灵深处，只是被掩盖了许久，有一天当阳光透过密布的乌云照在你的心间时，你的伟大的责任就会被激发出来，使自己成为天下最真诚的人。只有天下最真诚的人，才是能够充分实现自己天性的人；能够充分实现自己的天性，就能够充分实现他人的天性；能够帮助别人充分实现天性就能充分实现万物的天性；能够让万物充分实现天性，就可以赞助天地化育万物；可以赞助天地化育万物，就可以跟天和地并列为三了,这样的人才是天地间最伟大的人。效法天道，然后去替天行道，就可以明明德于天下，这是古人最崇高的理想。

于是儒家的核心价值观就产生了，是仁、义、礼、智、信，这也是我们古老民族的核心价值观。

所以紫禁城的精神是“正谊明道，厚德载物”。

由于紫禁城绝大部分建筑为永乐帝所建，所反映的基本思想已于永乐时确定。后世对建筑改动最大的是乾隆帝，他不仅修建了重华宫和宁寿宫两大成体系的建筑，还几乎对每座宫殿都进行了重新装修，题写匾联，粘贴贴落，但遵循的都是儒家思想，唯乾隆帝更加深入到自己的内心，故本书主要以永乐帝和乾隆帝两位帝王所建宫殿为主来论述紫禁城的精神灵魂。

感谢故宫出版社的领导和编辑对本书出版的支持及付出的辛勤劳动。

2013年春